一個德國人的故事

1914–1933回憶錄

Geschichte eines Deutschen

Die Erinnerungen 1914 – 1933

賽巴斯提安·哈夫納◎著　周全◎譯

SEBASTIAN HAFFNER

2

革命 DIE REVOLUTION

周全譯序

良知即為其心中之尺度

本書德文版原名《一個德國人的故事：一九一四至一九三三年回憶錄》。作者賽巴斯提安．哈夫納為二十世紀德國最著名、影響最深遠的政論家與歷史專論作家。

《一個德國人的故事》撰寫於一九三九年，過了六十一年以後才首度與世人見面，被書評界譽為「二〇〇〇年度德國出版的最有價值書籍」。德國《時代報》並於二〇〇二年秋，將本書列入學生必讀的五十本書籍之林——其中包括歌德的《浮士德》與《少年維特的煩惱》、卡夫卡的《審判》及《短篇小說集》、馬丁路德翻譯的《馬太福音》、湯瑪斯．曼的《威尼斯之死》、施篤姆（Theodor Storm）的《白馬騎士》等世界文學名著。本書之重要性由此可見一斑。

在此之前，《美國圖書館協會書目》（*ALA Booklist*）已將本書與《安妮日記》相提並論，稱之為「書中瑰寶」。美國《評論月刊》（*Commentary*）指出：「這本大師之作……娓娓道出希特勒帝國難解的重重謎團，幾乎令現代探討同一主題的長篇大論均瞠乎其後。」德國最著名的希特勒傳記作者費斯特（Joachim Fest）亦撰文表示：「這本小書足可取代一整個書架的報導文學作品。」

哈夫納一九〇七年十二月二十七日至一九九九年一月二日生、卒於柏林市，享年九十一歲。其生平充滿傳奇性，二十世紀德國史幾乎等同他個人的歷史。柏林市長狄普根（Eberhard Diepgen）即曾發表悼詞表示：「賽巴斯提安・哈夫納的一生，體現出許多德國人在本世紀的命運。」

他去世之前幾個月，「德國第二電視台」（ZDF）歷史節目的負責人古多・克諾普教授（Prof. Guido Knopp）已撰文表達輿論界對其高度的評價：「他的寫作能力，在德語地區幾乎無人可出其右：其語言強而有力、扣人心弦、優美雅致並富於獨創性。哈夫納是名副其實的全民作家，他在大戰結束以後，透過書籍、專欄及隨筆，獨自向德國讀者傳播歷史知識與歷史意識。這是旁人所無法企及的。有人因此對他心生不滿，其功成名就更招來了妒忌者。……哈夫納天賦異稟，有辦法將論點極度尖銳化，以石破天驚的方式，把眾人習以為常的事物改弦更張呈現出來，藉此發人深省。」

《一個德國人的故事》為哈夫納早年的作品，但已多方面顯露其日後的語言特質。

全書始於一九一四年夏天第一次世界大戰爆發前夕，結束於一九三三年底，即哈夫納在「候補文官營區」通過「世界觀教育」之際。眾所周知，一九三三年就是「第三帝國」元年。

作者將二十年來的德國歷史與個人遭遇合而為一，稱之為「親身體驗歷史」。而一九一四至一九三三年之間，正是德國開始出現「大地震」的時代：

哈夫納入學不久，戰爭便結束了他的童年。他以「小沙文主義者」及「待在家中的戰士」等方式，興高采烈期待「最後勝利」到來。結果德意志帝國在他小學畢業前後戰敗並鬧出革命，變成了「沒有共和黨人的共和國」（威瑪共和）；德國必須割讓七分之一的領土、十分之一的人口，並且每年支付巨額賠款。當時街頭出現的「義勇軍」，被哈夫納視為日後納粹「突擊隊」的前身。

他上初中時幾度發生內亂、政變和內戰，德國瀕臨解體。他就讀高中以後，德國幣值於一九二三年不斷狂跌，馬克對美元匯率以四點二兆比一收場！也就在那一年，德國傳統的價值觀淪喪殆盡，凡事皆見怪不怪。各方妖魔鬼怪亦紛紛出籠，其中一人表現出「有如癲癇症發作一般的動作」。那個人便是希特勒，但希特勒正式登場的時刻尚未到來。德國經濟於同年底恢復穩定，進入「黃金的二〇年代」，各路「救世主」被迫重返冬眠狀態。哈夫納本人則已蛻變為自由派的國際主義者。

哈夫納進入大學研讀法律前夕，威瑪共和首任總統艾伯特去世，由興登堡元帥接任——此人日後將任命希特勒出任總理。不過當時實際執政者為史特雷斯曼，以外長（副總理）的身分為德國帶來安定。柏林成為國際色彩十足的文化之都，哈夫納也自懂事以來首度經歷和平的日子。但是一般德國人並不曉得應如何享受「無聊的」自由生活，只想再度進行集體冒險行動。

史特雷斯曼於一九二九年猝逝以後，已無任何政黨可獲得過半數支持。興登堡乃架空國會的內閣同意權，逕自任免總理。他任命布呂寧接任總理時，全球正面臨經濟大恐慌，德國失業人口暴增至六百多萬，妖魔鬼怪再度躍躍欲試。布呂寧乃以「手術獲得成功，病患已經死亡」，或「陣地固守下來，人員全部損失」的模式，以反民主的措施維護威瑪共和，結果值得捍衛的事物所剩無幾。

哈夫納大學生涯的末期，亂局驀然重返。納粹在一九三〇年國會大選中，從一個令人發噱的小黨躍升為第二大黨，從此希特勒的陰影不斷籠罩德國。布呂寧下台之後，相繼由投機取巧的巴本和性好權謀的施萊歇爾組成短命內閣。同時納粹於一九三二年兩次國會大選中成為最大黨。德國於是在哈夫納大學畢業前後變天，一九三三年一月底由希特勒上台組閣。

納粹上台還不到一個月，哈夫納就在化裝舞會上結識一位猶太少女（他日後的妻子）。結果那場舞會被白面金髮的「黑衫隊鯊魚面孔」強力驅散。兩天以後，國會大廈遭人縱火（可能為自導自演），興登堡立即在納粹催促下簽署《護民衛國行政命令》，限制德國人的言論、集會及新聞自由，德國自此處於戒嚴狀態。接著新國會通過臨時修憲案（《授權法》），將立法權拱手交予政府。此後希特勒即以「合法」方式肆意集權，幾個月之內已將各級政府及組織全面納粹化。

納粹接著在同年四月一日展開抵制猶太人的行動。哈夫納對猶太女友的愛意卻變得益發堅定，因為「沒有人可以強迫我去抵制她」。可是當他與女友前往野外踏青時，卻有一班又一班郊遊的學童興高采烈對著二人喊道：「猶大去死！」

哈夫納畢業以後在「柏林高等法院」實習期間，納粹「突擊隊」襲擊該院，將所有猶太裔法官及律師攆了出去，法院被迫關閉一個星期之久。接著有「黑衫隊員」取代猶太人出任高院法官，要求其他法官不得拘泥於法條，從此希特勒的旨意取代了法律，德國司法體系乃沉淪至令人匪夷所思的地步。可是當時德國從左到右的政黨均喪失道德勇氣，以致束手就範或自動解散，德國變成了法定的「一黨國家」。作者的朋友或已投靠納粹而與之形同陌路，否則即已流亡海外。最後只剩下哈夫納暱稱為「查莉」的猶太女友，陪伴他度過苦難期。

哈夫納是「血統純正的雅利安人」、從未參加任何政黨及政治活動，除了女朋友是猶太人之外，全無「污點」可言。尤其納粹企圖建立「國家社會主義新法學」，他身為新生代法學家，正是新政權極力拉攏的對象。可是哈夫納既無意捨棄猶太女友，更不願於此環境下出任公職。在他眼中，納粹就是自己所珍惜之一切事物的敵人，於是不斷抗拒誘惑，並逐漸走上抵抗之路。然而能供他選擇的抵抗方式極為有限，只能「過著不泛政治化的生活」和「不與狼共嗥」。哈夫納一度在盛怒之下打算移居巴黎，但其父堅持他必須先通過國家考試及獲得博士學位，為學業畫下完美句點。作者聽從了父親的意見，可是為了取得參加考試的資格，被迫連續數週接受納粹的集體洗腦教育。

以上即為全書大致的故事背景。雖然哈夫納撰寫至此即已收筆，不過其原意是一直撰寫至一九三九年。我們不妨將有關本書的後續發展簡單過目一下：

哈夫納一通過國家文官考試，便於一九三四年初前往巴黎。他在該地停留半年並完成博士論文，接著返回德國成為自由作家。哈夫納前往巴黎之前，已開始為一些德國報紙撰稿，透過隱喻來表達對「第三帝國」的不滿。他投稿的主要對象，就是具有兩百年光輝歷史的《福斯日報》（*Vossische Zeitung*）。可是在他回國之前，《福斯日報》早就承受不住納粹政府的一再打壓（一年之內即有二千多位記者遭勒令退職），已經被迫停刊。這位日後的政論大師失去了自由創作的空間，只得在《珊瑚報》（*Die Koralle*）撰寫輕鬆小品，然後為《淑女》（*Die Dame*）流行服飾雜誌負責編輯工作。

禍不單行的是，納粹政府在一九三五年九月頒布《紐倫堡法案》，禁止「雅利安人」與猶太人通婚，以「捍衛德國的血統與榮譽」。哈夫納與猶太女友埃莉卡・希爾賈無法締結良緣——那是非法行為！而埃莉卡的身分證件還被大大蓋上J這個字母，標明她是猶太人（Jude）。

埃莉卡在一九三八年初移民英國。哈夫納隨即於同年八月做出最後決定，選擇了猶太女友和流亡生涯，與埃莉卡先後在劍橋及倫敦過著貧困潦倒的生活。納粹時代的德國流亡者泰半為猶太人或曾經參加「不正確政黨」的人士。哈夫納與之不同，在納粹時代並未直接遭受迫害，純粹遵照自己的良心來做事。「只問是非，不看立場」即為哈夫納此後一生的寫照。無怪乎哈夫納去世以後，德國《明星雜誌》譽之為「德國的道德良知」。

作者在英國終於獲得自由發揮的天地，可以暢所欲言。他不想牽累留在德國的親人，於是不使用本名——萊蒙德・普雷策。他結合了作曲宗師賽巴斯提安・巴哈（Sebastian Bach）姓名的前一半，以及莫札特《哈夫納交響曲》（*Haffner-Symphonie*）的標題名稱，做為自己的筆名，同時藉此展現自己對「另一個德國」的懷戀之情。此後他即以賽巴斯提安・哈夫納之名卓然於世。

哈夫納抵達英倫三島之後開始撰寫《一個德國人的故事》。他才寫了一半，納粹德國就在一九三九年九月一日入侵波蘭，英國乃對德宣戰。於是哈夫納把這本具有強烈個人色彩的著作永遠擱置下來，改弦更張以政治做為探討重點，寫出一本名為《論德國之雙重性格》的小冊子。英國在一九四〇年與德國交火，哈夫納是敵國公民，於是兩度遭到拘留，險些被船運至加拿大集中監禁——依照當時德國潛艇活躍的程度，哈夫納不無永遠消失之虞！幸好就在這個關鍵時刻，《論德國之雙重性格》被邱吉爾規定為內閣人手一本的讀物，哈夫納不但從此躲過牢獄之災，進而在英國新聞界打響名號，並於一九四八年正式成為英國公民。如此一來，哈夫納當初寫下《一個德國人的故事》這本回憶錄，似乎就意謂著自己與德國的永遠告別。

可是在一九五四年的時候，西柏林出現了一位英國《觀察家報》駐德特派員。他很快就成為廣播、電視訪談節目的常客。德國大眾起初覺得奇怪，為什麼那位記者的德語聽不出外國口音？後來人們才逐漸曉得，原來他從前是德國人。那位「英國記者」當然就是哈夫納。

到了一九六一年，哈夫納重新投效德國新聞界，先後為《世界報》和《明星雜誌》撰寫專欄，並從一九七〇年代開始著述歷史專論。過去他向英國人介紹德國，此後的職志改為向德國人解釋自己的國家，成為一位特立獨行、無法被歸類為「右派」或「左派」的媒體工作者。他寫出的政論，經常在德國政壇投下一顆炸彈；而他撰寫的歷史書籍，例如《破解希特勒》或《不含傳說的普魯士》，皆為經典名著。其中《破解希特勒》一書，更是國際間評價最高、銷路最廣的希特勒專論，曾經連續四十三週在德國暢銷書排行榜名列前茅，讓不少專業歷史學家覺得很不是滋味。

《一個德國人的故事》更是一本不同凡響的作品，集奇人、奇事、奇書於一身。德國《明鏡週刊》即曾表示：「我們彷彿聞到了一九三〇年代初期柏林的空氣，當時哈夫納已經預見了希特勒上台後即將成形的災難。」「中部德國廣播電視台」（MDR）表示：「這本青年時代的回憶錄，以難得一見的方式，精確而深刻地描繪出納粹主義崛起的時代氛圍。」英國《泰晤士報文學副刊》（*Times Literary Supplement*）的評論是：「哈夫納透過卓越的觀察力與想像力，以生動逼真和令人信服的方式，呈現出德國百姓的心理狀態……其深刻的見解說明了希特勒如何得以大權在握。」美國《密爾瓦基新聞衛報》（*Milwaukee Journal Sentinel*）稱讚道：「哈夫納就像是但丁的『地獄』嚮導，以詳盡細節描繪出德國逐漸落入納粹手中的經過……全書風格清新、立論直接，而且充滿奇妙的個人色彩，是一本引人入勝的著作。」美國《華爾街日報》（*The Wall Street Journal*）譽之為：「第一流的傑出回憶錄。」德國《世界報》則稱之為最偉大的「流亡文學」作品之一。

《一個德國人的故事》在二十一世紀開始不久即已成為世紀經典名著。不過這種空前的盛況起先相當出人意料之外。哈夫納生前從未提及此書——其子奧利佛．普雷策於整理遺物時才意外發現早已泛黃的打字稿。尤其哈夫納自一九八七年以後即因年老體衰而無法繼續創作，逐漸自一般人的記憶中淡出。更何況全書撰寫於六十一年前，完成了一半就因為二戰爆發而束諸高閣，甚至部分文稿已經散失。無怪乎德國出版社（Deutsche Verlags-Anstalt）出版印刷三萬冊以後，即認為此數量應可綽綽有餘。

結果這本來自一甲子以前、中道而止的遺作，在二〇〇〇年夏末付梓以後立即造成轟動，不但連續數月在德國銷暢書排行榜名列前茅，更成為聖誕節的熱門禮物。一年內僅僅在德國就售出了三十二萬冊。中譯本所採用的最新增訂版於二〇〇二年中面世時，《一個德國人的故事》已經再刷了十幾次！德國更出現迄今未衰的「哈夫納熱」，其一九三〇、四〇年代為德、英報刊撰寫的論述也紛紛被集結成冊發行。

國際間的反應也頗為類似。本書英文版發行人魏登菲德勳爵（Lord Weidenfeld）曾向「倫敦猶太文化中心」發表演說表示：「《挑戰希特勒》（*Defying Hitler*）是一本最出色和最富於想像力的書籍，是我們所出版過的最重要書籍之一。」（《挑戰希特勒》為《破解希特勒》英文版書名）。連遠在天涯海角的紐西蘭「旺阿努伊」（Wanganui）圖書館也傳來佳評：「哈夫納撰寫偉大歷史論述，並將讀者身歷其境地帶入當時日常生活的能力令人嘆為觀止。這是一本非凡的著作，值得一再咀嚼玩味，並將書中所述牢記在心。這是每個人都必須一讀的著作——不論是否曾經閱讀過有關納粹德國的書籍。」

二〇〇一年下半年，情況一度有所改變，德國報刊突然出現攻詰《一個德國人的故事》的文字。哈夫納一生充滿爭議，為右派眼中的「左派」和左派眼中的「右派」，幾十年來得罪了不少人。其身後所獲得的熱烈讚揚，更令那些人由妒生恨，想利用他無法還手的機會，一舉將之徹底擊垮。率先發難者是一位退休的藝術史教授——保羅（Jürgen Paul）。他在八月十日公開表示，《一個德國人的故事》只可能完成於二戰結束後，理由是書中出現一些此前沒有的用語，例如「最後勝利」（Endsieg）是二戰末期的用語，而柏林地鐵站在三〇年代還沒有「電動手扶梯」……。他的說法很快即遭駁斥：一戰時德國已在談論「最後勝利」，柏林地鐵站於一九二七年即已使用電動手扶梯。

但「柏林自由大學」歷史系教授科勒（Henning Köhler）六天後向保羅提出聲援，發洩鬱結已久的悶氣。他表示：許多事情是哈夫納當時根本不可能曉得的，所以文稿偽造於六〇年代或更晚，然後放置於身後可被人「意外發現」之處，藉以展現自己的「過人才智」並「製造賣點」。「專家」言之鑿鑿如此表示之後，德國新聞界對本書的評價暫時變得比較保守，甚至有些不知所措。

哈夫納之子於是寫下出書的來龍去脈，將之收入二〇〇二年增訂版〈後記〉的部分）。同時他主動將原稿交付「德國聯邦刑事局」鑑定。「聯邦刑事局」依據紙張的同質性（特殊英國規格：19.8×25.2cm）、紙張的水印及年代（一九三六年開始出現）、所使用的打字機（分別為德國一九二九及一九二八年的機型）……，在兩個月後提出鑑定結果：「原稿完成的時間絕不晚於一九三九年。」新聞界並發現，許多哈夫納「當時不可能出現的觀點」，在一九四〇年出版的《論德國之雙重性格》早已白紙黑字表達出來。整場鬧劇自此落幕，哈夫納的聲譽更是如日中天。接著二〇〇二年三月又發現兩份遺稿，於是《一個德國人的故事》出現了最終的版本——最新增訂版。

攻訐哈夫納的理由雖然五花八門，但其中最主要的原因之一，就是哈夫納打破了一個歷史神話。

希特勒雖然是被探討得最頻繁的二十世紀歷史人物，可是「希特勒現象」始終無法被完全解釋清楚。某些新聞界和史學界人士甚至在有意無意之間，將希特勒及納粹時代「淡化處理」，並把大多數德國人呈現為純粹的受害者。許多經歷了納粹時代的德國人，更可在後生晚輩質問的時候，堂而皇之表示：「當時的許多事情我們根本就不曉得。」哈夫納卻在《一個德國人的故事》裡面，從一九三〇年代一個平凡德國人的角度，點出了即將成形的災難。這只能表示，當時凡是還沒有閉上雙眼或者視若無睹的人，都不可能看不見納粹的暴行和集中營，以及即將出現的戰爭與大浩劫。

本書的價值不在於做出了預言，因為那些都是我們今天已經曉得的事情。其真正的意義就是，哈夫納入木三分地描繪出他那一代人在兩次大戰之間的成長過程、心理狀態和社會變遷。同時他以最生活化、最直接的方式告訴我們，納粹的「世界觀」如何一步步滲入每個德國人的私人生活領域，最後演成千古悲劇。納粹在本書撰寫時仍為「現在進行式」，使人產生身歷其境的感覺，閱畢以後不覺驚呼：「難怪會變成那個樣子。」美國「亞馬遜網路書店」的書評即表達出各國讀者的普遍反應：「想知道希特勒為什麼有辦法上台嗎？答案就在這裡！」本書也連帶使人對二十一世紀的時局進行省思。除了德國以外，許多歐美國家的讀者均表示：「同樣的事情今天也可能在我國重新發生。」德國《明星雜誌》甚至在二〇〇〇年非常露骨地表示：「哈夫納的作品提出一個很簡單的問題：當我們面對下一次考驗的時候，果真會有把握做出較佳的表現嗎？」

哈夫納在《一個德國人的故事》的序幕指出，書中有一個「密而不宣的道德寓意」（啞謎）。哈夫納戰後的作為，似乎就為這個道德寓意做出了最佳的解說：納粹其實並沒有那麼可怕，真正可怕的就是當時德國人的集體軟弱和集體精神錯亂——他本人也不例外。如果不在事發當時立即提出異議，日後將不再有置喙的餘地；他在希特勒上台的時候也曾採取「置身事外」、「事不關己」的做法，最後只得期待外國用武力來拯救德國。當他流亡英國撰寫本書的時候，還想「打自己一記耳光」。因此哈夫納在德國新聞界重新起步以後，採取了類似「寧鳴而死，不默而生」的做法，對當政者的不當措施立即嚴辭批判。他思慮周密、直言無諱，成為令任何政治人物頭痛的對手。

例如一九六八年一年之內，就發生了兩個著名事件，充分展現了哈夫納敢做敢當的行事風格。當時西德政府準備查禁極右派的「國家民主黨」（NPD），他立刻提出反對意見：「黨禁意謂議會民主因為畏懼死亡而進行的自殺！」（雖然他反對該黨）。西德政府稍後也對左派學生的「議會外反對運動」（APO）進行鐵腕鎮壓行動，他這個六十一歲的老頭子於是和學生一起走上街頭！

時人對他的評語是：「哈夫納從不向威權低頭屈服。他經常以絆腳石的姿態出現，有時更完全棄自己的前程於不顧。」他去世的第二天，《柏林晨間郵報》（*Berliner Morgenpost*）更發表了一篇名為〈良知即為其心中之尺度〉（Sein Gewissen war sein Maßstab）的專論：「隨著哈夫納的去世，德意志聯邦共和國不但失去了最嚴厲的批判者，同時也失去了最聰明的捍衛者！」

1

序幕

PROLOG

01 啞謎

即將在此講述的故事，具有一種「決鬥」的性質。

那是介於兩個實力懸殊對手之間的決鬥：一方是強而有力且肆無忌憚的國家，另一方則是一個既渺小又名不見經傳的平民。這場決鬥未曾在習稱的「政治角力場」上進行，而且那位平民既未投身政治，更絕非「謀反者」或「國家公敵」之流的人物。他始終居於絕對的守勢，除了捍衛其敝帚自珍的己身人格、生命和榮譽之外，別無所求。可是他必須朝夕與之為伍的國家卻用盡極端粗暴，甚至有些笨拙的手段，不斷對這一切進行攻擊。

那個國家運用恐怖的威脅，勒令該平民捨棄自己的男女朋友、拋開自己的想法來採納官方的論點。並要求他以自己不習慣的方法來行禮、按照自己不喜歡的模式來吃喝、把閒暇時間用於令自己深惡痛絕的活動、獻身於自己所抗拒的冒險行為，更進而逼迫他否定過去與自我。尤有甚者，他必須不斷為上述事項公開表達狂熱的興奮與感謝之意。

這一切都是那位平民所完全無法接受的。他雖然身為受害者，卻沒有做好太多反擊的準備。他絕非天生的英雄或殉道者，而只是一個具有許多弱點的普通人，更何況他還是一個危險時代的產物。但他不願如此忍氣吞聲下去，於是走上了決鬥之路——心中既無激情，甚至帶著幾分無奈，卻默默有著絕不退讓的決心。

他的實力當然遙遙落於對手之後，但在行動上可以比較靈活。人們將會看見，他如何採取迂迴運動，時而閃避、時而驀然重返；以及他如何穩住身子，在千鈞一髮之際撥開重擊。人們將會承認，對一個不具特別英雄色彩或殉道者風格的平凡人而言，他的表現可謂非常頑強。可是人們也將看見，最後他無論如何還是必須終止戰鬥。如果有人願意的話，也可以換個說法來表示，那就是他必須把戰鬥轉移到另外一個層次。

那個國家是「德國」，而那位平民正是在下。我們之間的爭鬥可能會像其他競賽遊戲一樣，讓別人看得津津有味。（我希望它真的有趣！）但我並非純粹為了消遣娛樂才講述這些故事，因為在我心中還另外存有一個更重要的目的。

我個人與「第三帝國」之間的決鬥絕非特例。一介平民為了捍衛自我及維護個人榮譽，而與一個強大且充滿敵意的國家進行決鬥之故事，六年來已經在德國上演了千萬次。它們每一次都於絕對的隔離之下進行，缺乏外界的配合及參與。不少天生即具有英雄風格或殉道者色彩的「決鬥者」表現得比我更為特出，直到他們進了集中營、上了斷頭台、甚至有資格將來被人立碑紀念為止。但其中也有人很快就歸順，今天早就成為只能暗中發發牢騷的「突擊隊預備隊員」，或納粹組織的小頭頭。

我個人的遭遇只不過是一個很尋常的案例而已。正因為如此，人們可以從中看出，今天待在德國的人到底還能夠有什麼樣的機會。

人們將會發現，德國人已經處於朝不保夕的境地。倘若外界願意的話，他們原本不必變得如此窮途末路。而且我相信，外界為了自己的利益也會希望他們不再這麼毫無指望。如果外界能夠採取實際行動的話，縱使無法阻止這場戰爭——現在為時已晚——但至少也可以藉此縮短幾年打仗的光陰。這是因為，凡出於善意而努力捍衛個人的和平與自由之德國人，正在有意無意之間同時捍衛其他的事物，那就是世界的和平與自由。

基於這個道理，我始終覺得有必要把世人的注意力，導引到正發生於不為人知的德國國內之事件。

在這本書裡面我只作敘述，不會講出大道理來。但本書內含一個道德寓意，那就好像艾爾加[1]的《謎語變奏曲》貫穿全曲之「另一個旋律主題」一樣——啞謎。

1 艾爾加爵士（Sir Edward Elgar, 1857-1934），為英國最優秀的作曲家之一，曾於一八九九年發表《謎語變奏曲》（*Enigma-Variationen*），以若隱若現的主題進行變奏。

我並不介意有人讀完本書以後，完全忘卻我講述的冒險經歷和交互事件。但是人們若能記得那個密而不宣的道德寓意，我將於願已足。

02 歷史事件的不同強度

早在那個極權國家既需索無度，又威脅恫嚇地向我撲來，並把我教會什麼叫做「親身體驗歷史」以前，我就已經遭遇了許許多多所謂的「歷史事件」。所有仍然在世的這一代歐洲人都可以講出同樣的話來，只不過沒有任何人會比德國人更有資格這麼做。

這一切歷史事件，免不了都在我本人和我所有同胞的身上留下了痕跡。如果人們不清楚這一點，就無法理解後來發生的事情。

但所有發生於一九三三年以前的事件，與繼之而來的事件之間存在著一個重大的區別：之前所有的事件或與我們擦身而過，或只是發生在我們的頭上，使我們變得忙碌和激動。有些人因之喪命，有些人則落入貧困，但它們從未讓我們陷入良知上的最後抉擇。況且我們的內心深處仍存有一塊未受波及的淨土。人們只是獲得經驗、建立自己的信念而已，並沒有變成了另外一個人。可是身陷「第三帝國」這部機器之內的人——不論他們是樂意還是抗拒——卻無法做出同樣的表示。

歷史上發生的林林總總，激烈程度顯然大相逕庭。在真正的現實世界，也就是在匹夫的私人生活之中，一個「歷史事件」幾乎可以不留下任何痕跡。但它也可能帶來破懷性的後果，以致玉石俱焚。這在一般歷史論述之中是看不出來的。

比方說「德皇威廉二世在一八九〇年將俾斯麥免職」，這無疑是德國歷史上非常重要的一年。但幾乎任何德國人的傳記均不會提及此事，除非他是那一小群當事者之一。每個人的生活皆與以往並無二致，沒有任何家庭因為這個事件而離散、沒有任何友誼因之而破裂，也沒有任何人拋棄自己的故鄉，依此可以類推。甚至沒有任何約會或歌劇的演出曾因之而取消。失戀的人依舊失戀、熱戀的人依舊熱戀、窮人依舊貧困、富人依舊有錢……。

現在再讓我們比較另外一個日期：「興登堡[1]於一九三三年任命希特勒為總理」，六千六百萬人的生命之中從此出現一場大地震！

如同前面所述，基於「科學實用主義」的歷史著作是無法說出歷史事件在強度上的差別。想獲得更進一步認識的人，就必須閱讀傳記。但所該閱讀的並非政治人物的傳記，而是那些比較罕見，由默默無聞的尋常百姓所撰寫之傳記。我們可以由此看出：某些「歷史事件」只是從私人生活——也就是真實生活——的頭頂上面掠過。那就好似湖上的浮雲一般，湖面水波不興，僅有匆匆一瞥的倒影。其他的歷史事件則宛如狂風暴雨，在湖面掀起陣陣波濤，令人難以看清其原貌。此外還有第三種歷史事件，而它們所產生的效果就彷彿把湖水放乾了一般。

我相信，如果不把這些不同的層次放在心上，就無法正確認識歷史的真相（可惜人們幾乎一直忽略了這一點）。所以就請大家讓我放輕鬆一下，在進入本題之前，先依據我個人的觀點來描述德國近二十年來的歷史：也就是把德國歷史視為我個人故事的一部分。這不會花費太多時間，並且能夠使後面的文字比較容易讓人理解。更何況我們還可以藉此而變得比較熟識。

1　興登堡（Paul von Hindenburg, 1847-1934）為第一次世界大戰時的德國名將，戰後於一九二五年當選威瑪共和國第二任總統，並於一九三二年總統大選中，擊敗希特勒獲得連任。興登堡自一九三〇年起採行不受國會約束的「總統內閣制」（Prasidialkabinett），經多次更換總理之後，最後在一九三三年一月底任命希特勒出任總理，導致納粹獨裁政權上台。興登堡歿於一九三四年八月，希特勒繼之成為德國元首，演成德國有史以來最大的悲劇。

03第一次世界大戰爆發

上一次世界大戰的爆發，宛如一聲擂鼓開啟了我有意識的生命。它對我所造成的衝擊，與大多數歐洲人並無二致。它爆發於放暑假的時候：直截了當地說，這整場戰爭最令人惱火之處，就是它摧毀了我的假期。

但與目前正在慢吞吞成形之中的戰爭比較起來，[1]上一次世界大戰的突然爆發就顯得非常慈悲了！

一九一四年八月一日，[2]我們才剛剛決定不必把事情當真，繼續留下來享受夏日的田野時光。當時我們正置身於「後波美拉尼亞」[3]的一座莊園，在森林中遠離了塵世的喧囂。那是我這個稚齡學童在世上最熟稔和最心愛的地方。每年八月中旬離開這座森林返回城市的時候，也就是該年度令我最難過、最無法承受的事件。惟有過了新年慶典以後，大家爭相搶奪掛在聖誕樹上的禮物，然後把樹焚毀的傷心情景才可與之相提並論。那年八月一日的時候，我們還有兩個星期的光陰，那看起來就好像永遠不會結束一樣。

當然，幾天以前曾經發生過一些令人不安的事件。報紙上面也出現了前所未見的頭條新聞。家父閱讀報紙的時間較以往延長了許多。他的臉色顯得非常凝重，接著會在閱畢之後痛罵那些奧地利人。有一天報上甚至出現了「戰爭！」這個大標題。我不斷聽見嶄新的字眼，但無法瞭解它們的含意，所以必須不時請人幫忙說文解字一番：「最後通牒」、「總動員」、「同盟國」、「協約國」。

有一位少校軍官也待在同一座莊園裡面。當我和他的兩個小女兒正爭吵得不可開交之際，他卻突然接獲「軍令」——又冒出了一個新字——趕緊手忙腳亂離開了。客棧主人的幾個兒子之中也有一人被徵召入伍。當他乘著馬車前往火車站的時候，每個人都跟在後面走了一程，口中高聲喊著：「早日凱歸！」還有一人怒吼道：「要好好教訓塞爾維亞人！」我聽了以後，心中想起父親每次閱報之後習慣說出的話語，於是接著喊道：「也要好好教訓奧地利人！」可是我很驚訝地發現，每個人都突然大笑起來。

1 納粹德國於一九三九年九月一日入侵波蘭，英法兩國隨即在九月三日對德宣戰。但雙方遲至一九四〇年五月十日才開始交手！

2 德意志帝國在一九一四年八月一日向俄羅斯帝國宣戰，奧匈帝國與塞爾維亞之間的爭端從此逐步演成第一次世界大戰。

3 「後波美拉尼亞」為德國介於奧德河與西普魯士之間，北臨波羅的海之省分，於第二次世界大戰結束後被史達林劃歸波蘭（今日波蘭的海岸線泰半位於此地）。西德在一九七〇年正式宣布放棄對後波美拉尼亞之領土要求。

更教我深受震撼的事情，就是聽說莊園內最漂亮的兩匹馬兒——「漢斯」和「鬈毛狗」——也必須離開了。那是因為牠們隸屬於「騎兵預備隊」的緣故。需要解釋的字眼可還真多！我非常喜歡每一匹馬兒，可是最漂亮的兩匹卻突然都要不見了，這禁不住教我的心中感覺一陣陣刺痛。

但最令人氣憤的，就是「動身」這個字眼已經一再被人提起：「或許明天我們就得動身了。」這句話聽在我的耳中簡直像是：「或許明天我們就得翹辮子了。」明天——而不是聽起來彷彿無垠無涯的兩個星期！

那時當然還沒有收音機，報紙也總要遲上二十四個小時才會送抵我們的森林。此外，報紙的內容遠不如今日來得豐富，而且那個時代的外交家更懂得保密⋯⋯。唯有在這種情況下，我們才可能在一九一四年八月一日當天，還認為戰爭絕對不會爆發而決定繼續留下來。

一九一四年八月一日令我永誌不忘。每當我回憶起那一天的時候，內心深處總會浮現出一種寧靜的感覺、一種已經弛緩下來的緊張氣氛，以及「一切又已恢復正常」的念頭。這真是一種罕見的「親身體驗歷史」方式。

那是一個星期六，四下充滿了祥和之氣，鄉間最美好的週末也就不過如此。此時工作已經結束，空氣中迴盪著返家牛群的鈴聲，整座莊園都井然有序、安寧靜謐。長工和女僕正在屋內裝扮自己，準備參加不知在何處舉行的晚間舞會。樓下的大廳裡面，牆頭掛著鹿角，桌上已經擺出錫製器皿及亮晶晶的陶製碗盤。我卻在那邊發現，家父和莊園主人正端坐在靠背椅上，於深思熟慮之下全盤討論時局。

我當然不大聽得懂他們談話的內容，而且我早就把它忘光了。不過我還一直記得的，就是他們的語氣——家父較清揚的聲調和莊園主人深沉的男低音——是那麼的和緩、那麼的令人感到慰藉。二人徐徐吐出的芬芳雪茄煙霧，就像細細的柱子一般在他們面前繚繞而上，能夠讓人產生信賴感。尤其他們討論的時間越久，一切就很清楚地顯得益發有利，也越來越令人安心。現在事情已經清楚到了無以復加的地步——戰爭根本就不可能爆發。所以我們不必再窮緊張，可以和往年一樣一直在此待到假期結束了。

我聽到這邊就走了出去，心情輕鬆愉快，於滿意之中帶著感激，以歡欣鼓舞的態度俯視夕陽西下時的森林——如今它又是我的了。那天原本雲層密布，但接近傍晚的時候天色已逐漸放晴。現在金黃色的太陽正游弋於蔚藍的天空，預告第二天將萬里無雲。我非常確定，現在又剩下來的十四天假期一定也會是同樣的晴空萬里！

當我第二天早上被叫醒的時候，收拾行李的工作已進行得如火如荼。我一時還完全無法理解到底發生了什麼事。雖然前一天曾經有人試著向我解釋何謂「動員」，但這個字眼仍然對我不具任何意義。可是現在剩下的時間已經不多，不可能再向我做出任何說明。我們必須在中午攜帶所有的家當起程——如果錯過那班列車，便很難確定是否還找得到可以搭乘的火車了。

我們能幹的女僕說道：「今天已經走到了零點五。」直到今天我仍舊不完全明白那句話到底是什麼意思。但無論如何，其含義應該是：現在已經箭在弦上，每個人都只能聽天由命了。

不管怎麼樣，我還是趁著空檔偷溜出去，在森林中來回奔跑，直到有人於臨行前的最後一刻找到了我。那時我正坐在一個樹墩上，把頭埋在雙手之中號啕大哭，完全聽不進人家好言相勸的那句話：「現在打仗了，所以每個人都必須做出犧牲來。」我不知怎地被塞進了馬車，然後坐在兩匹褐色馬兒的後面快速奔馳。那已經不再是「漢斯」和「鬈毛狗」，因為牠們已經走了。我們的背後塵土飛揚，遮蔽了一切。此後我就再也沒有見過自己童年時代的森林。

那是我第一次也是最後一次，以真實的方式經歷戰爭的一小部分，心中充滿了有東西被人奪走和破壞之後，自然而然會流露出來的傷痛。可是我們才走到半路上，情況即已有所改變。一切都顯得更加刺激、更具有冒險性，甚至變得像是在過節一般。以往火車行駛的時間是七個小時，這回卻變成了十二個鐘頭。火車時走時停，每當有滿載軍人的列車從旁駛過，大家都擠到窗邊揮手歡呼。

我們和往常旅行時不同，沒有自己專用的小隔間。這回必須站立於走道，要不然就坐在我們的行李箱上面，在人群當中被推來擠去。人們彼此喋喋不休，就彷彿他們並非陌生人而是多年的老友一般。他們談論得最頻繁的話題就是「間諜」。在那次的旅途當中，我學會了一切有關「間諜」這個刺激行業的事物，而那也是我前所未聞的。火車駛經任何橋樑均會放慢速度，我的心中既害怕又充滿期待，說不定真的就有間諜在橋下放置了炸彈！

我們抵達柏林的時候已經是午夜時分，我從來就沒有過這麼晚了還不睡覺的記錄！我們的公寓還沒有做好迎接的準備，傢俱上面仍然罩著布套，床鋪也尚未整理就序。有人就在家父還瀰漫著菸草味的書房，把一張沙發弄成了我的臥榻。毫無疑問：戰爭也可以帶來許多令人愉悅的事情！

隨後幾天，我在短得不可思議的時間之內，便學到了多得令人難以置信的事物。不久以前，我這個七歲男童幾乎還不曉得什麼叫做「戰爭」，當然就更不可能知道「最後通牒」、「總動員」和「騎兵預備隊」的含義。現在卻突然變得好像對它們早已一清二楚。而且我不但完全明白何謂戰爭、它是什麼個模樣、發生在什麼地點，甚至連戰爭爆發的原因都難不倒我。我曉得，這場戰爭必須歸咎於法國的復仇狂、英國在貿易上的嫉妒心以及俄國的野蠻。這些用語我很快都可以朗朗上口了。有一天我乾脆自行開始閱讀報紙，並很驚訝地發現，它們的內容竟然如此淺顯易懂。

我還請人幫忙在歐洲地圖上指來指去，並一眼即可確定，法國和英國根本就不可能是「我們」的對手。只不過當我看見俄國那個龐然大物時，心中卻隱然浮現畏懼之意。不過很快就有人安慰我說，俄國的各種統計數字固然看起來嚇人，但它們早已被令人難以置信的愚蠢和腐敗，以及成天狂飲的伏特加酒所扯平了。

正如同前面所述，我彷彿早就已經曉得一般，在極短的時間內學來了各軍事將領的姓名、各國軍隊的戰力、戰艦的武裝和噸位、最重要的要塞所在地和戰線的走向。我還很快就發現，那時正進行著一場遊戲，而且它比我之前所見過的任何事物，更能夠把生活塑造得既緊張又刺激。而我對這場遊戲的興奮與樂趣，一直到戰敗的苦果來臨之際皆未嘗稍歇。

我必須在此為自己的家人說幾句公道話。那些把我的頭腦搞得如此亂七八糟之人，並非與我關係最緊密的親友。家父於戰爭爆發之際已經痛苦萬分。開戰以後，他對全國上下在最初幾週內表現出來的歡欣鼓舞，始終抱持懷疑的態度。隨即出現的病態仇恨心理更讓他深惡痛絕——雖然他免不了仍是希望德國打贏那場仗的忠實愛國者。家父是他那一代人裡面的諸多自由主義知識分子之一，他們內心深處曾經懷有一個信念，此即歐洲國家之間的戰爭早已成為過去。這也就是說，他們根本不曉得該如何看待那場戰爭。於是他和許多人一樣，恥於對之做出任何正面的表示。我曾多次聽見他說出尖銳的懷疑論點，同時那已經不再只是針對奧地利人而已。這與我新近培養出來的戰爭狂熱是完全格格不入的。所以家父和其他的家人並沒有犯下任何過錯，以致讓我在短短數日之內，就變成了一個盲從的沙文主義者和一個「待在家中的戰士」。

過錯來自於當時的氛圍，來自周遭不可言狀、處處感受得到的各式激情。萬眾一心所形成的渦流和怒潮，為身陷其中者帶來一種前所未見的情緒化反應，就連七歲的小孩也無法倖免。那些意圖置身事外的人，則幾乎窒息於淒涼與孤寂所形成的真空之中。我從自己當時幼稚的樂趣（而且心中毫無懷疑和掙扎的跡象），首度感覺到我的民族具有一種效果驚人的罕見天賦，能夠讓群眾同時陷入歇斯底里的狀態。這種天賦或許正用於彌補其在追求個人幸福這方面低下的能力。我根本就不曉得，想把這種有如慶典般的全民瘋狂狀態置之度外，其實是辦得到的事情。而且我還沒有領悟出來，一個顯然可以讓眾人感到高興、宛如節慶一般令人飄飄然的事件，竟然可以是非常危險和有害的。

對當時柏林市的一個七歲學童而言，戰爭並非真實的事物——其不真實的程度就跟遊戲沒有兩樣。那時還沒有空襲警報和空投的炸彈，唯有在遠方才會出現身上包紮五顏六色繃帶的傷患。當然，家家戶戶都有親友在前線作戰，而且不時會傳回陣亡通報。可是小孩子很快就習慣於看不見那些人的蹤影，至於他們有朝一日是否會永遠消失，那也就不再具有任何差別了。

現實生活中的艱苦狀況以及各種令人不快的景象，那也都算不上什麼。食物非常糟糕，這不是大問題。後來食物變得很少了、皮鞋裝上了嘎嘎做響的木製鞋跟、舊西裝翻新了再穿、我們需要在學校收集肉骨頭和櫻桃核，而且很奇怪的是，大家還經常生病。但是我必須承認，那一切均未給我留下特別深刻的印象。但這並不表示我「像小英雄似地承受了一切」，反而是因為我對那些事物根本就沒有十分迫切的需求。我很少想到食物，那就好像足球迷在冠軍決賽時心中沒有食物一樣。我對戰情報導的興趣遠比對菜單來得大。

把當時的情況拿來與足球相提並論，這個做法其實有些牽強。事實上，當時我這個小孩子是一個戰爭迷，著迷的程度就跟足球迷差不多。但假如我把自己說成是仇恨宣傳下的犧牲品，那就未免把當時的我講得太差勁了。不過那種說法在一九一五到一九一八年之間，曾經被當初在開戰頭幾個月之內興奮得心力耗竭的人士過分渲染。

我個人對法國人、英國人或俄國人的恨意，正如同「樸茨茅斯隊」的球迷「仇視」「伍弗漢普頓隊」的程度一樣輕微。我當然希望他們打敗仗和受到屈辱，但這只不過是因為他們是我方獲勝時不可或缺的對手而已。

唯有戰爭遊戲本身的魅力才是真正有意義之處：它裡面包含了一些祕密的遊戲規則。而俘虜的人數、占領的土地、攻克的要塞、擊沉的軍艦等等之重要性，就跟足球比賽射進門的球數，或拳擊比賽時的「點數」大致相同。我不厭其煩地在心中製作積分表。我是戰情快報的狂熱閱讀者，並把它們依據一個祕密的非理性規則加以「換算」。比方說：十個俄國戰俘的價值等於一個被逮到的法國兵或英國兵；五十架飛機的價值相當於一艘裝甲巡洋艦。假如戰情報導列出了陣亡人數，那麼我一定也會把死者拿來「換算」一番。雖然我無法想像，我的換算在實際狀況下看起來會是什麼模樣。

那是一場晦暗不清、神祕萬分的遊戲。它具有無窮的邪惡魅力，足以抹除一切，使真實生活變得虛幻，更能夠像玩輪盤賭博或吸鴉片煙一般產生麻醉作用。在戰爭全期，我和同伴整天玩著這種戲遊，整整玩了四年。沒有人處罰我們，也沒有人過來打擾。那場遊戲本身，而非我們課餘之暇在街頭或操場上進行的無傷大雅之「戰爭遊戲」，就在我們每個人身上留下了危險的戳記。

04 一場國家大戲

或許有人認為我沒有必要花這麼多篇幅，來詳細描述一個小孩子對世界大戰很明顯的不當反應。假如這只是個案的話，那麼的確就沒有如此大費周章的必要。只可惜這並非單獨的特例。德國一整個世代的人，便在自己的童年或少年時期，以類似的態度經歷了那場戰爭。而這整個世代，也正就是今天準備把它重新上演一次的人。

這些經歷的後勁及餘毒，未嘗因為當事者是兒童或青少年而和緩下來。群眾的心理反應其實與小孩子並無太大差異。我們很難想像得到，那些被灌輸給群眾、煽惑他們採取行動的概念可以是多麼幼稚。而若想讓一個理念對群眾產生具有歷史意義的推動力，通常就必須先將其層次降低到連小孩子都可以理解的地步。十個年次的兒童在腦海中所形成既幼稚又瘋狂的想法，這麼四年下來以後早已根深蒂固。再過了二十年，它很可能就成為認真得具有致命性的「世界觀」，而介入政治高層之決策。

戰爭是一場刺激萬分、振奮人心的國家大戲。其所帶來的消遣娛樂及情緒反應，無論就深度或趣味性而言，都要比和平時期的任何遊戲更加引人入勝。在一九一四至一九一八年之間，它正是十個年次德國學童每天的經驗。這在日後演變成一種憧憬，而納粹主義的吸引力、簡單性，以及對幻想及行動狂熱所產生的訴求，也就來自於這種憧憬。這種憧憬同時造成了納粹主義的不寬容特性，以及它對國內政治立場不同者的殘暴對待。其中的道理便是，凡不想跟著玩這場遊戲的人根本不被當成「對手」看待，卻被視為不合群的掃興者。這樣繼續發展下去以後，即演成對鄰國的好戰態度。這是因為那些國家已不再被視為鄰居，反而在有意無意之間被當成敵國看待。若不這麼做的話，那場大戲根本就玩不起來。

許多事物都為後來的納粹主義提供了助力，並協助其成形。但納粹主義的根源並非來自「前線的經歷」，而是出於德國學童的戰爭經驗。整體而言，曾經上過戰場的那一代人裡面並沒有太多真正的納粹分子，今天他們反而是「愛發牢騷」和「愛挑剔」人士的主力。這是不難理解之事，因為曾經實地經歷過戰爭的人，泰半對它會有不一樣的衡量標準。

但我不得不承認，在此難免會有例外出現：第一種例外是「永遠的鬥士」，也就是那些從戰爭的恐怖之中找到了自我的生活方式，而且能夠樂此不疲的人。第二種例外則是「永遠的失敗者」，也就是那些以歡欣鼓舞之態度，親身經歷了戰爭恐怖毀滅的人。他們還想把它繼續下去，以便向那讓自己一事無成的人生進行報復。

戈林[1]很可能就是第一種人，而希特勒則毫無疑問屬於第二種人。至於真正稱得上是納粹主義那一代的人，就出生於一九〇〇至一九一〇年之間。他們以一場「偉大遊戲」的方式經歷了世界大戰，卻全然沒有受到戰爭現實的波及。

「全然沒有受到波及？」也許有人會責難道：「那麼他們至少總挨過餓吧？」此說固然正確無誤，但是我已經在前面提到過，饑餓可並沒有怎麼攪亂那場大戲，或許反而更有利其進行。食足飯飽的人，是比較不容易被夢想和幻覺所吸引的。無論如何，幻想並不會僅僅因為饑餓而破滅。換句話說，它只會慢慢被消化掉。所留存下來的東西，甚至會演變成對營養不良的更大抵抗力。這或許就是那一代人比較能夠令人同情的一面。

我們很早即已習慣用最少量的飲食來過日子。而大多數目前仍然在世的德國人，都曾經有過三次低於平均營養攝取標準的飲食：第一次是在打仗的時候，第二次是在高通貨膨脹的時期，第三次就是現在——其口號是「要大砲，不要奶油」。就這點而言，人們可謂已接受過良好訓練，所以不會過於苛求。

我非常懷疑一個論點，即德國人當初是因為饑餓而結束了大戰。在一九一八年的時候，他們已經連續挨餓了三年。而一九一七年的饑餓程度甚至較一九一八年有過之而無不及。我個人認為，德國人之所以停戰，不能歸因於他們正在挨餓，而是因為他們覺得那場仗就軍事觀點而言早已打輸了，而且根本已經不可救藥。無論如何，德國人不大可能會因為饑餓，而終結納粹主義或第二次世界大戰。在他們眼中，「挨餓」簡直是一種道德上的義務，最起碼也並非什麼特別糟糕的事情。他們儼然已經成為一個以自己天生的飲食慾為羞之民族。看起來非常矛盾的現象就是，納粹不給百姓東西吃這個事實，甚至還間接成為有力的宣傳工具。

納粹公然詆毀那些開口「謾罵」的人，表示他們如此做的動機實乃出於自己得不到奶油和咖啡。今天的德國固然早已怨聲載道，但人們的謾罵大多基於其他遠較高尚的理由，而非因為飲食不良。假如他們僅僅因為飲食不良而開罵的話，只可能會羞愧欲絕。所以與納粹報刊所做報導完全相反的事實就是，德國人難得對食物的短缺發出抱怨。然而每當納粹報刊宣傳真相的反面時，都十分清楚自己究竟在做什麼：只要德國人不想被說成是因為卑下的進食慾而心生不滿，那麼他們就完全不敢再開口了。

如同前面所說，我認為這就是當代德國人比較能夠令人同情的一面。

1 赫曼·戈林（Hermann Göring, 1893-1946）為納粹德國的帝國元帥、空軍總司令及希特勒的副手。德國戰敗後，戈林於「紐倫堡大審」被判處死刑，在行刑前不久服毒自盡。

05 十一月革命與德皇退位

在為時四年的戰爭期間，我已經逐漸淡忘了什麼叫做「和平」，對戰前生活的回憶也不斷褪色。我早就無法想像，沒有戰情快報的日子將是什麼個模樣。這樣的生活恐怕會連一點刺激也沒有。因為它還能帶來什麼呢？我們上學，學會怎樣寫字和算術，然後還要學習拉丁文和歷史。我們跟朋友嬉戲，與父母一同外出散步，難道這就是生命的全部內涵？

能夠使生命充滿緊張和刺激，讓日子變得多彩多姿的，就是那些個別的軍事行動：每逢有大規模攻勢順利推展、敵軍被俘人員多達五位數、攻占了要塞並虜獲「不可勝數之軍用物資」的時候，那就好似過節一般。於是有取之不盡的題材可供運用於幻想，生活之中也充滿了亢奮，那就跟後來談戀愛時的情況頗為類似。

可是如果碰上了無聊的保衛戰、「西線無戰事」，或「已依預定計劃實施戰略轉進」的時候，人生便瀰漫著一片灰暗。同伴之間的戰爭遊戲已經味同嚼蠟，學校的功課也變得加倍無趣。

每天我都步行前往距我們住處只有幾個街角的派出所。那邊有塊黑板張貼出戰情快報，比報紙刊出的時間提前了好幾個小時。那是一張有時長一點，有時短一點的狹長白色紙條，上面印滿了飛舞的花體大寫字母——它們顯然都出自同一架已經嚴重耗損的複製設備。我必須稍稍踮起腳尖、頭部向後仰起，才有辦法把它們完全看清楚。我每天都很有耐心地這麼做，心中滿懷著熱忱。

前面曾經提到過，我對和平已經缺乏正確的概念，卻對「最後的勝利」仍持有自己的看法——「最後的勝利」便是戰情快報所列出一次次大大小小的勝利，有朝一日合併計算以後不可避免會出現的總帳。當時它在我身上產生的意義，大致可以拿來與「最後的審判」及「死者復生」之於虔誠的基督徒，或「彌賽亞的降臨」之於虔誠的猶太人相提並論。它將是所有勝利報導令人難以置信的昇華，以致讓俘虜的人數、所征服的土地及繳獲的物資完全相形失色。隨之而來的發展就令人難以再想像下去了。我既渴望又膽戰心驚地期待「最後勝利」來臨。它遲早總會出現，這是無可避免的事實，唯一令人存疑的，就是其後的生活還能夠產生什麼意義？

縱使在一九一八年七月至十月那段期間，我依舊盼望「最後勝利」的出現。儘管我不會笨到看不出來，戰情快報已經變得越來越沉悶，而且我的期待早就完全違反了理性。可是不管怎麼說，俄國不是已經被擊敗了嗎？「我們」不是已經擁有烏克蘭，而那裡可以提供獲勝所需的任何物資嗎？「我們」不是依然深處法國境內嗎？

雖然我無法假裝看不見，已經有許許多多的人，甚至幾乎所有的人都已經隨著星移斗轉而對戰爭產生了與我不同的看法。可是我的看法其實原本就是大家共同的觀點，而且正因為它曾經是公論，後來才會變成我個人的看法！但最令人火冒三丈的，就是每個人似乎都在這個節骨眼對戰爭失去了興趣。然而現在卻正是人人都應該多加把勁的關頭，好讓戰情快報從令人意興闌珊的「挺進之嘗試已告落空」或「已按預定計劃後撤至防禦陣地」，再度扭轉成讓人心大振的「向前突破之縱深長達三十公里」、「已粉碎敵之防線」，或「俘虜敵軍三萬人」！

我在商店門口排隊購買人造蜂蜜或脫脂牛奶的時候（家母和我們的女僕已經無法再獨力應付，所以有時我也必須幫忙排隊），老是聽見婦女不斷發出怨罵聲和亂講一些沒有常識的醜惡字眼。通常我不會聽完以後就把它當作耳邊風：我會一無所懼，提高自己依然尖銳的童稚嗓音，針對「堅持到底」的必要性發表意見。那些婦女大多先大笑幾聲，然後愣在那裡，有時更會失去自信而變得啞口無言。我就在勝利之中渾然忘我，手中搖晃著四分之一公升的牛奶離開那個辯論場……。可是戰情快報並未因此而變得比較好看。

從十月開始，革命的腳步已日益迫近。它成形的過程與大戰非常類似，先是到處突然充斥著新字眼與新概念，然後幾乎和那場戰爭同樣來臨得出人意料之外。不過二者之間的相似處也就到此為止。無論人們如何看待那場戰爭，它至少是一個完整的事件，而且曾經進展得相當順利，在當時看來，它甚至還稱得上是成功的。可是那場革命卻完全是另外一回事。

它對後來德國整體歷史發展產生了災難性的意義。戰爭爆發以後固然出現了可怕的不幸事故，可是每個人的記憶之中都曾經有過歡欣鼓舞的日子，生命也一度變得意氣風發。相形之下，一九一八年的革命雖然最終帶來了和平與自由，實際上卻幾乎讓全體德國人都只留下了一片灰暗的回憶。

大戰爆發於陽光普照的絢麗夏日，革命卻發生在溼冷的十一月濃霧之中，光是這個差別即足以成為革命的致命傷。此說聽起來固然可笑，不過卻是事實。那些共和黨人後來也會做此感想，而且他們從來就沒有真正打算讓別人把自己和十一月九日聯想到一起，更從未公開慶祝過這個日子。那些納粹黨人則不費吹灰之力就可以用十一月十八日來掩飾八月十四日。[1]

1 一九一八年八月十四日，德軍最高指揮部向德皇提出報告，表示作戰行動已「毫無指望」。此後德國軍方即積極推動停戰，卻讓平民出面議和來承擔一切後果。德意志帝國在十一月八日開始與協約國進行停戰談判，十一月九日德國於革命爆發後成為共和國，十一日停戰協定生效。十八日德國已面臨饑荒，德國外交部不得不向美國國務院提出呼籲，請求終止對德國的海上封鎖。

十一月十八日：雖然戰爭結束了，婦女重獲自己的丈夫、男人重獲自己的生命，可是這個日期卻非常諷刺地並未造成舉國歡騰。伴隨它而來的反而是惱怒、戰敗、恐懼、沒頭沒腦的射擊事件和混亂，甚至連天氣都糟透了。

我個人則對革命本身並無太多認知。各家報紙突然在星期六宣布：德皇已經退位。[2]這不禁令我深感訝異，因為那則報導非常簡短，報紙上面居然只有大標題而已。可是我在戰爭全期所見過的任何報導都比它要來得長。其實當我們閱讀報紙的時候，德皇根本還沒有退位。只不過他很快便補上了這個動作，此段插曲也就不再具有太多實質的意義。

比「皇上退位」這個大標題還要來得聳動的事件，就是《每日廣訊報》忽然在星期天更名為《紅旗報》——某些革命派的印刷廠工人已經實現了自己的願望。但該報的內容並沒有出現任何改變，過了幾天以後它再度被正名為《每日廣訊報》。這小小的一步不可不謂是整個一九一八革命期間比較讓人產生好感的部分。

接踵而來的星期天首度傳出了槍聲。在戰爭全期我可從來就沒有聽過有人開槍，可是現在當戰事接近尾聲的時候，人們卻開始在柏林放槍。我們站在家中後側的一個房間裡面，一打開窗戶就聽得見聲音不大，但是清晰可辨的機關槍噠噠射擊聲。我心中開始變得惴惴不安，這時有人向我們解釋重機槍與輕機槍發出的聲響有何區別。我們開始揣測，到底是怎麼樣的戰鬥正在進行之中。槍聲來自皇宮的方向——這是否意謂首都衛戍部隊正在進行反擊？是不是革命很快就會被敉平呢？

我對此滿懷著希望，而且從本書迄今所敘述的一切即不難看出，我全心全意反對革命是一點也不奇怪的事情。然而第二天我就已經失望了——原來那是一場不同革命派系之間的失控射擊事件，原因就只是其中的每一派都認為自己有權占據皇家馬廄罷了。抵抗的跡象完全付諸闕如，顯然革命已經獲得了勝利。

那麼現在這又將意謂著什麼呢？是不是至少會像過節一樣鬧哄哄，什麼事情都亂七八糟，而且到處都在偷雞摸狗，充滿了各式各樣的無政府狀態？實際上卻並不是這個樣子。

學校裡面最令人畏懼的老師——他是一個易怒成性，眼睛骨碌碌轉來轉去的暴君——反而在那個星期一公開宣布：「這裡」，也就是在這所學校裡面，可沒有發生任

2 德皇退位的星期六指的是一九一八年十一月九日。左派革命黨已在兩天前推翻巴伐利亞國王，德境各邦的王侯相繼被迫下台。帝國總理巴登親王（Prinz Max von Baden）於政局陷入混亂之際，逕自宣布德皇威廉二世退位，並主動將總理職位轉讓予「社會民主黨」（SPD）的黨魁艾伯特（Friedrich Ebert）。艾伯特原欲維持帝制，但社民黨黨鞭賽德曼（Philipp Scheidemann）已於「帝國國會大廈」向窗外的群眾宣布成立「德意志共和國」。左派激進人士稍後也宣布成立「自由社會主義共和國」。德皇為避免內戰乃自行退位，並從前線出奔荷蘭，德國自此廢除帝制。

何革命，這裡還是照樣維持秩序。為了強調此點，他還將一些在下課之後把「革命遊戲」玩過頭的同學按到凳子上，用教鞭好好抽打一番來殺雞儆猴。我們這些親眼目睹「行刑」過程的人，心頭都浮現一片烏雲，覺得那是大事不妙的前兆。如果連小孩子都在革命爆發兩天以後，就因為玩「革命遊戲」而在學校慘遭毒打，那麼革命好像真的是有些不對勁。這樣的革命決不會有前途，是絕對不會成功的。

那時停戰的時刻尚未到來。但無論是我還是別人的心中都十分清楚，革命實際上即意謂著戰爭的結束，而且顯然不會有「最後勝利」出現。本來大家只需要再多加把勁就成了，可是不知何故卻沒有人這麼做。這種沒有「最後勝利」的終戰會是什麼個樣子，我對此可完全沒有概念。我必須先要看見報導以後才有辦法想像出來。

戰事進行於遙遠法國的不知名角落，發生在一個不真實的世界，只有戰情快報才會從那邊傳回來，那就彷彿彼岸帶給我們的訊息一般。正因為如此，戰爭的結束對我而言也就不具有確切的真實感。我周遭可以用感官來認知的環境更沒有出現任何變化。每個事件純粹發生於偉大戰爭遊戲的夢幻世界之中，四年以來，我就生活在其中……。但不可諱言的是，相較於真實的世界，那個世界對我產生了更加重大的意義。

十一月九日及十日兩天仍然有戰情快報出現，它們的語氣也和往常一樣：「敵軍企圖突破之行動已遭擊退」、「我軍於奮勇還擊後返回預先備妥之陣地……」。到了十一月十一日，當我和往常一樣按時抵達的時候，派出所的黑板上面已經沒有了戰情快報。它只是黑漆漆地空出一大塊，我在驚恐之餘心中想著：如果我連續幾年下來每天汲取精神食糧和幻想素材的地方，永遠只剩下一塊空空如也的黑板的話，又將會出現什麼樣的情景？這時我繼續向前步行，尋找不可能不出現的戰況報導。既然戰爭已成過去（這是每個人都不難想像出來的事情），那麼它至少總該有過結束的時刻吧？這就好像比賽終場時有裁判鳴笛收兵一樣，至少也值得說明一下。再過幾條街還有另一個派出所，說不定那邊就會有快報出現。

那裡同樣沒有張貼出任何文字，看來警方也已被革命感染，而且舊秩序已經蕩然無存了。但我還是不死心，於是冒著十一月的濛濛細雨沿著大街小巷繼續走下去，一心只想找到任何有關的訊息。結果我來到了一個全然陌生的地方。

不知怎地，我在一家販賣報紙的小店舖櫥窗前面發現了一小群人。我小心翼翼地擠了進去，終於讀到其他人正在默默閱讀，而且讓他們覺得大不以為然的東西。那裡張貼出一份號外，上面的大標題寫著：「停戰協定業已簽署」，其下還列出了各個條件。那是一份長長的清單，讀著讀著，我不覺目瞪口呆起來。

我該拿什麼來比擬自己當時的感受呢？——那是一個十一歲男童，在自己的幻想世界完全破滅以後的感受。事後回想起來，在正常的現實生活裡面，很難找得到可與之相提並論的事物。某些有如夢境般的災難事件也唯有在夢幻世界之中才可能發生。假設有個人多年以來向銀行帳戶存入了大筆金錢，有一天他心血來潮向銀行索取收支明細表，卻發現自己不但沒有鉅額存款，反而還積欠了一身的債，那麼他心中的感受可能就會類似我當時的情況。然而這種事情只可能存在於夢境之中。

號外上面列出那些條件的時候，已經見不著最後幾份陸軍戰情快報當中的委婉表達方式。它們所展現出來的，是對戰敗者迎面而來的冷酷語言。其冷酷無情的程度，就好像軍方報導向來只描述敵軍的敗績一般。「我們」居然也會有戰敗的時候，尤其這竟然不是偶發事件，反而是一場接著一場大勝之後的最終結果。這已經完全超出我所能理解的範圍。

我把那些停戰條件讀了一遍又一遍，把頭向後仰得高高的，就和四年以來閱讀戰情快報時的姿勢沒有兩樣。最後我離開人群走了出去，完全不曉得自己正邁向何方。我尋覓報導而來到的處所，已經夠讓我覺得陌生了。現在我走到了更加不熟悉的地方，那裡的街道沒有一條是我曾經見過的。這時又飄下了十一月的雨水。

正如同那些陌生的街道，整個世界也讓我覺得陌生和毛骨悚然起來。顯然那場大戲除了我曉得的引人入勝之規則以外，還另外有我未曾注意到的祕密規則。這裡面毫無疑問一定存在著很不對勁的地方。如果世事發生得如此陰險詭譎，如果一場接一場的勝利最後會導致戰敗，而真正的遊戲規則卻無法事先公布，非要等到令人震驚的結果出現以後才會被披露出來，那麼還有什麼東西能夠給人帶來安全感和信賴心呢？我彷彿看見了萬丈深淵，我的內心對生命出現了恐懼。

我無法相信，德國的戰敗為任何人帶來的沉重震撼，能夠超過那個十一歲的男孩子——當時他正踽踽獨行於既陌生又潮溼的街道上，不知自己正步向何方。他更沒有注意到，十一月的斜風細雨已經讓他全身上下都逐漸溼透了。

我尤其無法相信，那個名叫希特勒的一等兵心中之痛楚會比我還要來得嚴重。他大約在同一個小時裡面，於帕瑟瓦克野戰醫院聽見德國戰敗的消息。[3]不過他的反應比我要激烈許多——他在書中寫道：「我的眼前又變成一片漆黑，只得以手摸索，踉踉蹌蹌走回寢室。然後我撲倒於自己的臥舖之上，把刺痛不已的頭部埋藏在毯子和枕頭底下。」接著他就下定決心要當政治人物。

很奇怪的是，他的反應比我還要來得稚氣和頑固，而且不光是表面上如此而已。

3 希特勒於一九一八年十月十五日因敵軍的毒氣攻擊而身受重傷，並一度失明，乃被送入位於波美拉尼亞的帕瑟瓦克野戰醫院，一直等到第一次世界大戰結束以後才痊癒出院。

如果比較一下希特勒和我經歷相同的痛楚之後所出現的內心反應——前者表現出的是憤怒、硬拗和決心從政，後者則懷疑遊戲規則的有效性。經過這番比較之後，我不得不做出如下的結論：我這個十一歲少年表現得比那個二十九歲男子可要成熟多了。

無論如何，從那一刻開始即已無可置疑，我根本就不可能對希特勒政權抱持友好的態度。

06 革命的破壞者與「義勇軍」

我暫時無緣與希特勒的帝國產生任何瓜葛，所面對的仍然是一九一八年的革命，以及一個德意志共和國。

革命對我本人及我的同輩所產生之影響，剛好與世界大戰相反：戰爭並沒有改變我們的現實人生（即日常生活），只是讓它繼續無聊下去，可是卻為我們的幻想提供了極為豐富，而且用之不竭的素材。革命則為日常生活帶來了許多新奇的事物。那些新事物雖然既多彩多姿又刺激萬分——我馬上就會加以敘述——它們卻不給幻想留下任何發揮的餘地。革命與戰爭不同，它並非一個簡單明瞭的實體，所以無法教人很快整理出頭緒來。與之有關的各種危機、罷工、射擊事件、政變及遊行隊伍，在在都顯得矛盾多端和雜亂無章。從來就沒有人真正明白它們究竟所為何來。它們不會令人心振奮，甚至根本無法讓人理解。

一九一八年的革命並非出於預謀，同時也缺乏行動計劃，這是眾所周知的事情。它是軍事崩潰時形成的副產品，幾乎完全沒有領導。而人民——正是人民——感覺自己受到軍方及政治領袖欺騙，於是把他們嚇跑。這真的只能叫做「嚇跑」而非「趕走」。

因為一當具有威脅性的嚇人姿態出現之後，從德皇以降的各方神聖立即自行逃逸得無影無蹤。這大致與隨後一九三二和三三年之交的情形頗為類似：共和國的領導階層也同樣無聲無臭地消失了。德國從右派直到左派的政治人物顯然都沒有學會「失敗的藝術」。

權力就躺在街頭，但接掌權力的人士裡面，真正的革命者少之又少。事後回顧起來，即使那些革命者也並不完全清楚自己到底想做什麼，也不曉得該如何把事情貫徹到底。革命爆發半年以後，他們幾乎全都變成了喪家之犬。這不僅僅是因為運氣不佳而已，實際上多少也必須怪罪他們自己才具不足。

那些新當權派泰半是一些處境尷尬的冬烘先生。他們多年下來早已養成擔任忠誠反對黨的習慣。突如其來落入手中的權力反而變成極大的負擔。他們只是誠惶誠恐一心等待好時機出現，以便盡快把權力脫手。除此之外，他們當中還有為數甚多的破壞者。那些人已經下定決心要來阻撓，也就是說，要背叛革命。例如那位令人憎惡的諾斯克[1]後來即成為其中最著名的人物。

現在一齣大戲即將上演：真正的革命派發動了許多次組織不良，而且外裡外行的政變。那些破壞者則按照預定計劃推動反革命，而一些所謂的「義勇軍」後來偽裝成政府部隊，在短短數月之內即以血腥手段鎮壓了革命。

這整齣戲碼裡面，即使不吹毛求疵也找不出足以令人鼓舞之處。我們這些資產家庭的年幼子弟，剛剛才被硬生生從長達四年的愛國戰爭幻夢之中扯了出來，當然更只可能「反對」赤色革命：反對李卜克內希[2]、羅莎·盧森堡[3]及其「斯巴達克思同

1 古斯塔夫·諾斯克（Gustav Noske, 1868-1946），為製鑑工人出身的報紙編輯，以及社會民主黨內右翼的帝國國會議員（1906-1918），曾於一九一八年十二月基爾（Kiel）總督任內，撲滅當地海軍水手暴動（此即當初「十一月革命」之導火線）。諾斯克一九一九年初出任國防部長前後，更在全德各地與「義勇軍」合作鎮壓革命。翌年因「卡普政變」而被迫下台。一九一八年「十一月革命」爆發時，諾斯克曾經表示：「現在該有人出面當『嗜血的瘋狗』，如果沒有人想當的話，那麼就由我來出面好了。」這是他與「義勇軍」通力合作，並成為極具爭議性人物的原因。

2 卡爾·李卜克內希（Karl Liebknecht, 1871-1919）乃律師出身的社民黨左翼帝國國會議員（1912-1917），為國會議員之中唯一投票反對大戰者，一九一六年因組織反戰遊行而入獄。李卜克內希後為「斯巴達克思同盟」主要創始人之一，於一九一八年十一月九日在柏林宣布成立「自由社會主義共和國」，並於同年十二月三十一日將「斯巴達克思同盟」改組為「德國共產黨」（KPD）。李卜克內希於一九一九年組織「一月暴動」，為「義勇軍」所殺。

3 羅莎·盧森堡（Rosa Luxenburg, 1870-1919）來自俄屬波蘭，因從事工運被迫流亡瑞士，一八九八年藉「假結婚」取得德國國籍。盧森堡定居柏林之後加入社民黨，成為其左翼核心人物，極力反對該黨的「修正主義」路線，並主張藉由群眾自發行動及大罷工來完成社會主義革命，一九一五至一九一八年間因反戰而多次入獄。羅莎·盧森堡亦為「斯巴達克思同盟」及「德國共產黨」共同創始人之一，一九一九年因組織「一月暴動」，與李卜克內希同遭「義勇軍」拘捕殺害。
盧森堡雖為左派激進人士，但反對列寧式由「黨內精英」主導之革命，並於俄國「十月革命」爆發後批判「布

盟」[4]。我們只是隱約曉得，他們想「奪走我們的一切」。我們的家長因為有錢，很可能會遭其殺害。而且他們根本就是想引進「俄國的那一套」。我們不論自己願不願意，只得「支持」艾伯特[5]、諾斯克及「義勇軍」。只可惜我們心中對這些人物同樣無法產生熱情。他們演出的大戲擺明就是要讓人倒盡胃口。其所沾染的背叛氣息是如此濃烈，就連一個十歲小孩的鼻孔都鑽得進去。

我想在此再度強調一次，從歷史的角度觀之，兒童對政治的反應絕對是值得注意的——「連每個小孩子都曉得的事情」，這通常就是一個政治事件的「第五元素」，也就是其真正的精髓所在。

怎麼樣都教人感覺不對勁的，就是那些好勇鬥狠的「義勇軍」。雖然我們或許並不反對他們把興登堡或德皇重新請回來，但他們竟一再強調自己乃是為「政府」，也就是為艾伯特和諾斯克而戰。而那兩個人顯然是自己志業的背叛者，並且長得就是那副德行。

除此之外，雖然事情發生得近在我們身邊，卻比過去出現於遙遠法國的事物更加令人難以捉摸。從前的軍方快報至少每天都會把戰況列舉出來，現在我們有時天天聽見槍聲，可是往往無從得知那到底意謂著什麼。

有時電力供應中斷了，有時電車不開了。可是事態一直混沌不清，究竟那些人是為了表示支持「斯巴達克思」黨人還是支持政府，才會把汽油燒了，讓大家只能步行？

有人把傳單塞進我們手中，要不然我們就看見海報上面的斗大標題：「清算的時刻即將來臨！」我們必須把那些充滿謾罵、攻訐對象不明的長篇大論從頭到尾讀過一遍，才有辦法弄清楚，被指責的人究竟是那些「叛徒」、「工人的謀殺者」，還是「喪盡天良的蠱惑百姓者」等等。此即分別為艾伯特、賽德曼[6]，或李卜克內希、艾希霍恩[7]之流的

爾什維克」黨人的高壓作為（「若只有政府的擁護者及黨員才配享有自由，那就不叫做自由。」）。其至今仍經常被人引用的名言為：「自由，永遠只是意見不同者之自由。」

4 「斯巴達克思同盟」成立於一九一七年，為德國社民黨極左派人士——「獨立社會民主黨」（USPD）——在李卜克內希及羅莎・盧森堡主導下建立的組織。其名稱源自古羅馬最大規模奴隸抗暴行動的領導人——斯巴達克思（Spartacus, ?-71 B.C.）。「斯巴達克思同盟」的宗旨與列寧不同，主張「民主的共產主義」，並於一九一八年十二月底改組為「德國共產黨」。「斯巴達克思同盟」於一九一九年一月五日結合柏林市的工人，發動所謂的「斯巴達克思起義」，結果被「義勇軍」擊潰，李卜克內希及羅莎・盧森堡均遭殺害。

5 艾伯特（Friedrich Ebert, 1871-1925）為皮匠出身的社民黨帝國國會議員，一九一六年成為社民黨黨魁。一九一八年時，艾伯特試圖阻止「十一月革命」擴大，帝國總理巴登親王乃令艾伯特接任總理。艾伯特與軍方領導人格勒納（Wilhelm Groener）將軍結盟，藉打擊革命以重建秩序。艾伯特擔任「威瑪共和國」首任總統期間（1919-1925），德國政局雖已大致恢復穩定，但軍隊及官僚體系並未「共和國化」，德國於其執政末期重新陷入重重危機，以致艾伯特以五十四歲之年抑鬱以終。

6 賽德曼（Philipp Scheidemann, 1865-1939）為印刷工人出身的社民黨人，曾擔任帝國國會議員（1903-1918）及社民黨黨鞭。第一次世界大界期間，賽德曼與艾伯特均隸屬社民黨的溫和多數派（MSPD）。革命爆發後，賽

人物。

遊行的隊伍日日可見。當時的示威者有一個習慣，就是每當他們中間有人吼出口號以後，眾人即齊聲高呼「萬歲！」或「打倒！」。站在遠處的人只聽得見成千上萬張嘴巴一起喊出的「萬歲！」或「打倒！」，卻無法辨認「獨唱者」所講出的關鍵字眼。結果局外人依然聽得一頭霧水，不知其所為何來。

事情就這麼斷斷續續進行了大半年之久，早已變得越來越沒有意義而逐漸退潮。其實革命的命運早在十二月二十四日即已大致底定，只不過當時我們還不曉得而已。那天工人和水手在皇宮前方爆發的街頭混戰中獲勝以後，便紛紛做鳥獸散返家歡度聖誕佳節。

他們雖然在假日結束以後重新擺出戰陣，可是此時政府已經調集了充足的「義勇軍」人馬。柏林連續十四天沒有了報紙，有的只是或近或遠的槍聲——還有謠言。政府獲勝之後，報紙也跟著重新出刊，過了一天又傳出一則消息：李卜克內希和羅莎·盧森堡已經死了，他們兩個人都是在企圖逃跑時被射殺的。[8]據我所知，這就是「於逃逸時遭到擊斃」一詞的濫觴。從此以後，它便成為萊茵河以東地區對付政敵的慣用行為模式。[9]當時人們對之仍未習以為常，以致還有不少人真正相信其字面上的含義。好一個文明的時代！

革命形勢雖已急轉直下，但一切可並沒有就此恢復平靜。反之，最激烈的街頭戰鬥要等到三月才在柏林展開（在慕尼黑則為四月）。換句話說，那時實際上已經到了為革命安排葬禮的階段。

柏林的戰鬥是因為「人民海軍師」——也就是原來的革命部隊——被諾斯克在簡單儀式中正式宣布解散之後而爆發的。他們可不想被解散，於是採取了抗爭行動。柏林東北城區的工人也群起響應，那些受到「蠱惑」的群眾於是連續鏖戰了八天八夜。可是他們怎麼樣也沒有想到，自己的政府竟然會率領敵方人馬前來迎擊，結果演成了一

德曼為搶先左派的「社會主義共和國」一步，自行於十一月九日在帝國國會大廈公開宣布成立「德意志共和國」。賽德曼後為「威瑪共和國」首任總理，因無法接受「凡爾賽和約」之條件而下台。

7 艾希霍恩（Emil Eichhorn, 1863-1925）為社民黨極左派之成員，「十一月革命」時擔任柏林市警察總監。他曾以武力協助工人及水手於同年「聖誕節戰鬥」中獲勝，以致遭臨時政府撤職查辦。其下台導致數十萬柏林工人於一九一九年一月五日展開總罷工，並進行大規模街頭示威。左派激進人士乃趁機武裝暴動（「斯巴達克思起義」），意圖推翻政府。柏林市內的激烈戰鬥因而再起。

8 武裝暴動遭血腥鎮壓後，羅莎·盧森堡及李卜克內希旋即於一九一九年一月十五日為「義勇軍」拘捕。二人被帶至「義勇軍」位於柏林一間旅舍內的總部接受刑訊，而後李卜克內希在近距離內遭三發子彈擊斃，盧森堡則遭警衛殺害。二人之屍首均被投入市內的運河。當時德國右派報紙對二人死訊所做報導之標題為：「李卜克內希於逃逸時遭到擊斃！羅莎·盧森堡則為群眾所殺。」

9 第一次世界大戰結束後，萊茵河西岸地區被聯軍占領了十餘年，不受德國政府管轄。

場毫無指望，而且激烈萬分的困獸之鬥。

戰鬥的結局早已不言自明，而勝利者更於事後進行可怕的報復。值得注意的是，在那個時候——也就是一九一九年初——左派的革命鬥爭一直徒勞無功，而未來的「納粹革命」卻已經巍然挺立，只不過還差個希特勒而已。艾伯特和諾斯克所藉以自保的那些「義勇軍」，就其成員的本質，尤其就其觀點、舉止及戰鬥方式而言，根本就是日後納粹「突擊隊」（SA）的翻版。他們早已發明了「於逃逸時遭到擊斃」這個做法，如今更在「拷問」這門科學上日益精進。同時他們已經培養出一種大手筆的作風，那就是懶得多問，便不分青紅皂白把比較不重要的敵人在牆前一字排開槍斃。這已經是一九三四年六月三十日的前奏曲，[10]只不過他們的實務還缺乏理論根據，尚有待希特勒來加以補足。

10 一九三四年時，主要由「義勇軍」蛻變而成的納粹「突擊隊」已呈尾大不掉之勢（四百五十萬人）。當時納粹黨內出現左右路線之爭，希特勒宣布納粹革命已經結束，「突擊隊」的領導人羅姆（Ernst Röhm）卻主張全面繼續進行社會革命，並把「突擊隊」建設成納粹的「革命軍」。希特勒為安撫軍方，乃以羅姆「意圖發動政變」為名，下令「黑衫隊」（SS）及「蓋世太保」於該年六月三十日夜間撲殺「突擊隊」高層及其他主要政敵。此次遇害者約有二百人，史稱「羅姆政變」，俗稱「長刀之夜」（Nacht der langen Messer）。

07 內戰的「戰火洗禮」

幾經思考以後我只能表示，就連「希特勒青年團」[1]的雛形在當時都已經出現了。例如我們曾經在自己班級，組成一個名叫「老普魯士賽跑同盟」的俱樂部，其座右銘是：「反對『斯巴達克思』，要體育和政治！」此處所謂的「政治」，指的就是不時在上學途中，把一些自稱支持革命的倒楣鬼痛毆一頓。

除此之外的主要的活動則為體育：我們利用校園或公共設施舉辦賽跑活動，同時心中產生一種感覺，認為這樣子便可以證明自己反對「斯巴達克思」。我們相信這是非常重要的愛國活動，因為我們是「為祖國而跑」。這與日後的「希特勒青年團」又能夠有多少差別呢？所不同的仍然只是缺少了後來添加進來的希特勒個人傾向——例如反猶太主義。

猶太籍的同學跑起步來就跟我們其他人同樣「反斯巴達克思」、同樣的愛國。有一

1「希特勒青年團」(Hitlerjugend, HJ)，成立於一九二六年。一九三六年底，納粹政權更立法規定「希特勒青年團」為國家青年組織。其目的在於透過郊遊、文康、體育、半軍事化訓練等活動，向全國十至十八歲的青、少年灌輸納粹主義。

位猶太人甚至還是我們當中的佼佼者。我敢對天發誓，他們從來就沒有做過任何破壞民族團結的勾當。

一九一九年三月巷戰的時候，我們的運動場地全部變成了戰場，「老普魯士賽跑同盟」乃不得不暫時中斷活動。我們所在的市區剛好是街頭戰鬥的中心地帶。我們的中學成為政府軍的前進指揮總部，隔壁的國民小學（多麼具有象徵意義！）則變成了「紅軍」的據點。兩棟建築物之間的爭奪戰就持續進行了許多天之久。我們的校長因為待在宿舍裡面，結果被亂槍射死。等到我們重新看見那間屋子的時候，發現它的正面已被子彈打得到處坑坑洞洞。我們又可以上學以後，我的課桌下面好幾個禮拜都還有一大灘始終清除不掉的血跡。

我們多出了額外的假期，便這樣一週接著一週繼續放假下去。我們可以說就在那個時候獲得了「戰火的洗禮」：我們只要一有機會就從家中溜到各個戰鬥現場，以便「看見一點東西」。

能夠看見的東西其實並不多——就連街頭戰鬥都已經呈現出「現代戰場的空曠性」。但是我們能夠聽見的東西卻相當不少：機關槍、野戰砲和狙擊手的射擊聲很快就讓我們習以為常，有時連擲彈筒和重砲也夾進來湊熱鬧，那可就更加刺激萬分了。

鑽進被封鎖的街道已經變成一種運動：我們偷偷溜進房舍、庭院和地窖，而後突然出現在封鎖部隊的後方，遙遙站在「止步！凡繼續前進者槍殺無論」那塊牌子的背後。我們可沒有被槍斃，因為根本就沒人想要理我們。

那些路障通常起不了太大的作用，正常的街頭生活往往就以令人匪夷所思的方式，與戰鬥行動攪和在一起。我還記得在一個艷陽高照的星期日（這也是那年剛出現的少數溫暖星期日之一），有一群又一群漫步者正沿著一條大街徜徉。四下洋溢著和平的氣息，連槍聲都已不復可聞。可是就在一瞬之間，所有的路人皆往街道左右兩側閃開，躲進了屋內。原來有幾輛裝甲車轟轟隆隆疾馳而來。人們只聽得見戶外可怖的近距離爆炸聲，機關槍也驀然從沉睡中驚醒。彷彿地獄般的情景就如此進行了五分鐘之久。然後裝甲車又轟轟隆隆駛離，機關槍的射擊聲也隨之沉寂下來。我們幾個小孩子首先鼓起勇氣，從門廊鑽了出去，只見到處是一片奇特的景象。整條馬路已經空無一人，取而代之的是每棟房子前面大堆小堆的碎玻璃——玻璃窗可承受不了近距離射擊時所產生的震動。其他嚇破膽的行人眼見已經沒有風吹草動，也就一個個從門廊裡面冒了出來。幾分鐘以後，大街上又充滿了春日外出漫遊的人群，就好像什麼事情也沒有發生過一樣。

所有的一切都顯得那麼詭異，而且從未有人對細節做過解釋。比方說吧，我始終搞不清楚那次的射擊事件究竟是衝著什麼來的。報紙並沒有對此做出任何陳述。我們反而從報上獲悉另外一個消息：就在那個星期天，當我們還在春日蔚藍的晴空之下漫步時，幾公里以外的利希騰貝格卻有人把幾百名（或上千名？統計數字的出入很大）被俘虜的工人驅趕到一起，然後用一陣掃射加以「扳倒」。那個消息讓我們深感驚嚇，這比起幾年前發生於遙遠法國的事件要來得更接近、更真實多了。

那個事件從此不了了之，再加上我們當中沒有人認得任何死者，而報紙在隨後幾天所報導的都是些風馬牛不相及的事物，我們心中的恐懼也就被淡忘。大家繼續生活下去，時光也不斷向後推移，進入了炎炎夏日。學校不知在什麼時候恢復了上課，「老普魯士賽跑同盟」也重新開始繼續進行其極為有益的愛國活動。

08 卡普政變

那個共和國藉由一種相當罕見的方式來自保。基於一個事實，我們只能說它「罕見」，因為至遲從一九一九年初開始，它就只能靠敵人來保衛自己。當時所有的革命軍事組織均告潰敗，其領袖已經死亡，其成員已嚴重折損，只剩下「義勇軍」還持有武器。那些「義勇軍」實際上早就是非常優秀的「納粹黨人」，只不過這個名稱尚未出現而已。他們為什麼不把自己積弱不振的主子推翻，並在當時就建立「第三帝國」呢？想這麼做可一點也不困難。

為什麼他們不這麼做？為什麼他們辜負了那麼多人的期望？而且那許多人並不只侷限於我們這些「老普魯士賽跑同盟」的成員而已。

這很可能出於一個非理性的因素。同樣的非理性因素後來也曾在納粹執政之初令許多人大失所望——他們曾誤以為「國防軍」[1]有朝一日會挺身而出，終結希特勒對其

1 第一次世界大戰以後，「國防軍」的德文名稱歷經多次改變。其在「威瑪共和」及「第三帝國」早期的名稱

理想及目標所帶來的可怕恥辱——其中的原因就在於德國軍人缺乏堅持自己信念的勇氣。

堅持信念的勇氣，此即勇於自己做出決定、自己敢做敢當的態度。這在德國本來就是相當罕見的情操，像俾斯麥即曾於其一句名言中對此做出描述。[2]而當一個德國人穿上軍裝以後，這種情操就更加蕩然無存了。德國的士兵和軍官在戰場上都勇不可當，這是毫無疑問的事情。縱使政府要求他們向自己的平民同胞開槍，他們幾乎也永遠會服從這樣的命令。但如果要他們起而反抗當局，那麼他們就膽怯得跟兔子一樣。反抗的念頭才剛剛冒出來，他們就會像著魔似地，眼前立刻浮現一個槍決行刑隊的恐怖景象。僅此一端即足以使他們思之而卻步。他們當然並不怕死，可是他們害怕這一種特定的死亡方式，而且「怕得要死」。這種情況使得德國軍方永遠不可能抗命或發動政變——無論誰來當政皆是如此。

雖然曾經出現過唯一的一次例外，不過那個反證實際上卻證明了我的論點。那就是一九二〇年三月，由一群反對共和的政治門外漢所發動的「卡普政變」。[3]雖然政變者已經爭取到共和國一部分軍方領導人的全心認同，而且剩餘的軍頭也已心猿意馬站到他們那一邊；雖然行政當局立即顯露出自己的軟弱，完全不敢自力採取抵抗行動；雖然有諸如魯登道夫[4]之輩具有軍事號召力的人物與之沆瀣一氣，最後卻只有一小支部隊——也就是所謂的「埃爾哈特旅」（Brigade Ehrhardt）——參與了實際行動。結果其他的「義勇軍」單位還是全部「效忠於政府」，最後這場右派的政變嘗試更因為左派的抗拒行動而告落幕。

這一幕鬧劇僅需用幾句話就可以交待過去：當「埃爾哈特旅」在一個星期六早上行軍通過「布蘭登堡城門」之際，政府當局立刻呼籲工人進行總罷工，然後急忙潛逃至安全處所。

為「Reichswehr」（1919-1935）。希特勒親自接掌軍權後將之更名為「Wehrmacht」（1935-1945）。其後東德的軍隊稱作「國家人民軍」（Nationale Volksarmee），西德及一九九〇年德國統一後的軍隊則稱作「聯邦國防軍」（Bundeswehr）。

2 俾斯麥那句名言的大意為：一個普魯士小兵縱使獨自一人，也會盡忠職守在戰壕內奮戰至死。那是因為他曉得雖然長官不在，天上還另有一雙眼睛正在盯著他的表現。

3 凡爾賽和約於一九二〇年一月生效，其第一六〇條規定，德軍兵力不得超過十萬人，而且義勇軍必須解散。國防部長諾斯克隨即開始遣散義勇軍單位，造成某些軍方將領不滿，演成三月十三日爆發的「卡普政變」。卡普（Wolfgang Kapp, 1858-1922）為當時剛好待在柏林的東普魯士極右派高級農業官員，被政變部隊擁立為總理，三月十七日即因眾叛親離和工人總罷工而黯然下台。

4 魯登道夫（Erich von Ludendorff, 1865-1937），為德國將領，曾擔任興登堡的軍團參謀長，在坦能堡一役大敗俄軍，自一九一六年起配合興登堡統領德軍最高指揮部。德國戰敗以後，魯登道夫與德國極右派政黨密切往來，並曾參與一九二三年希特勒的「啤酒館政變」。

政變的領導人——卡普——則在黑白紅三色旗[5]之下，宣布成立「國民共和國」。工人於是發動總罷工、軍隊也繼續「效忠於政府」，新政權諸事不遂，以致卡普政府於五日後即黯然下台。

舊政府重新登場以後立即要求工人返回工作崗位。但工人們現在開始索取自己的報酬：至少某些已經醜態畢露的部長必須走路——尤其是那位惡名昭彰的諾斯克。結果政府又把那些「忠心耿耿」的部隊調回來鎮壓工人，工人們於是再度浴血抗爭。抗爭最激烈的地區在德國西部，而那裡所進行的是真正的戰鬥。

許多年以後，有一位躬逢其盛的前「義勇軍」人士向我敘述了當時的情況。當他提到那幾百名或死於戰鬥，或「於逃逸時遭到擊斃」的犧牲者時，語氣中隱然蘊涵某種寬厚的同情之意。「那些人是青年工人的精英」，這是他在沉思和感傷之餘，多次加以重覆的話語。這顯然就是那些事件在他腦海中遺留下來牢不可破的印象。

他在讚嘆之餘繼續說道：「那些小伙子當中的某些人實在是非常勇猛。這跟一九一九年的慕尼黑完全是兩碼子事：那邊的傢伙只不過是一群賊鬼、猶太人和遊手好閒者，我對他們可一點同情心也沒有。但一九二〇年我在魯爾地區所面對的，卻是真正的青年工人精英，而且他們當中許多人的下場著實令我感傷。可惜他們是如此冥頑不靈，所以我們除了把他們槍斃之外，已經別無選擇。我們本來想放他們一馬，在偵訊時刻意問道：『看來你們只不過是受到了誤導而已，對不對？』誰知他們卻怒吼道：『不對』，然後高聲喊出：打倒『工人的謀殺者』和『人民的叛徒』等口號。這麼一來，就再也沒有什麼東西能夠救得了他們了。我們必須把他們悉數槍決，而且每次都是一大批人同時執行。我們的指揮官在當晚向大家表示，他的心情從來就沒有如此沉痛過。是啊！一九二〇年在魯爾地區戰死的那些人，就是青年工人當中的精英。」

當那些事件正在進行的時候，我對它們仍一無所知。它們發生於遙遠的魯爾地區，柏林的事態則並沒有如此扣人心弦，不但未嘗流血，甚至還進行得相當文明。與一九一九年的諸多狂野射擊事件比較起來，一九二〇年三月反而沉寂得令人不寒而慄。正因為什麼事情都沒有發生，而且生活中的一切均陷入了停頓，那才是最教人覺得毛骨悚然之處。這真是一場怪異的革命！我可以把它概述如下：

在一個星期六，事件爆發了。當天中午，麵包店裡面的人群已經彼此交頭接耳談道：「現在皇上就要回來了。」當天下午，學校也停課了。當時我們經常在下午上課，那是因為燃煤供應不足使得一半的學校被迫關閉，以致每兩所學校必須共用一座校舍，

5 黑白紅三色旗為德意志帝國時代的國旗。納粹「第三帝國」的國旗，理論上也是黑白紅三色。「威瑪共和國」及今日「德意志聯邦共和國」的國旗則為黑紅金（黑紅黃）三色旗。

分批在上午或下午上課。那天停課的時候風和日麗，我們便在校園內玩「紅派和國民派」的遊戲。只可惜沒有人想當「紅派」，這是美中不足之處。大家的心情都非常愉快，不過偶爾有點不敢相信那個事件會發生得如此突然，而且我們完全不曉得任何有關的細節。

有關的細節一直無從獲悉，因為傍晚以後報紙已停止出刊。電力供應隨即亦告中斷，第二天清晨更首度停水。郵局已經停止遞送郵件，各種交通工具不再行駛，所有的商店皆關門大吉。一言以蔽之：什麼東西都沒有了。

我們那一區的某些街角還存有幾口古時候遺留下來的水井，它們與自來水廠沒有任何瓜葛，於是水井的輝煌時代驀然重返：幾百個人就在其前大排長龍，手中持著水壺和水桶等待取水，還有幾個年輕的彪形大漢在井邊操作唧筒。拿到水的人就提著裝得滿滿的水桶，一面在街頭緩步而行，一面小心翼翼保持平衡，免得把那個珍貴的液體潑灑出去。

除此之外便如前面所述，什麼事情都沒有發生。甚至就某種程度而言，事情發生得比「什麼都沒有發生」還要來得少。以往縱使在最尋常也不過的日子裡面，多少總還會有事情發生，可是這回真的是一切都完全陷入停頓，既沒有射擊事件、沒有遊行隊伍、沒有群眾聚會、也沒有街頭討論。那名副其實只能叫做「沒事」。

到了星期一，學校繼續停課。校園內仍然充斥著沾沾自喜的滿足感。只不過因為一切都進展得那麼奇特，所以滿足感之中也夾雜著輕微的焦慮。我們的體育老師具有強烈的「國家主義色彩」（所有的老師都有「國家主義色彩」，只是沒有任何人比得上那位體育老師），雖然他曾經一再信心滿滿地宣稱：「我們可以立刻覺察出來，有一隻黑手在暗中操盤。」事實上我們卻無法覺察出任何事情。而體育老師會做此表示的原因，也正在於他想藉此來掩飾自己對事態一無所知的窘境。

我們離開校園，朝著「菩提樹下大街」走去。我們的心中隱然覺得，碰上重大愛國事件時就必須前往「菩提樹下」。更何況我們希望能夠在那邊看見或親身經歷一些事情。可是那邊完全沒有東西可以讓我們看見或親身經歷一下。只有幾名悶得發慌的軍人，站在毫無必要搭建起來的機槍掩體後面。根本就沒有人過來攻擊他們，一切都具有一種星期日、沉睡及寧靜兼而有之的獨特風味。這就是總罷工的結果。

接著而來的那幾天更只能用「無聊」兩個字來形容。井邊排隊取水的動作，起初還可以因為新鮮感而產生某種吸引力，但很快也就變得令人厭煩。其情況就和廁所無法使用、完全沒有新消息及郵件、很難買到食物、晚上漆黑一片、永遠過不完的星期日等等如出一轍。此外更缺乏足以讓國家意識亢奮的事件來平衡一下。街上沒有軍人列隊行進，也沒有人公開宣讀「致我國民書」，根本是什麼事情也沒有。即使當時已經有了收音機，事態依舊如此！只有唯一的一次在牆壁上面出現了塗寫的大字：「外國將不採取干預行動」。所以看來連外國都已經不知去向了！

接著有一天突然傳出消息：卡普已經下台。雖然那則消息還是來得沒頭沒腦，但從隔日開始，街頭又出現此起彼落的槍聲，這就足以讓人曉得舊政府又回來報到了。不知什麼時候，自來水再度呼嚕呼嚕流了出來。然後學校恢復上課，每個人似乎都有鬆了一口氣的感覺。最後居然連報紙也重新出刊了。

一般而言，「卡普政變」結束以後，政治已經讓我們這些青少年覺得索然乏味。無論是什麼黨派的人士現在都同樣丟盡了顏面，與政治有關的一切事物早就不再具有任何吸引力。「老普魯士賽跑同盟」已經自行解散。我們當中的許多人轉而朝向其他方面尋找樂趣，比方說有人集郵，有人彈鋼琴，也有人玩戲劇。只有極少數人還沉迷於政治，而且我首度注意到一個有趣的現象：那些繼續搞政治的人多半是一些愚蠢、粗暴和惹人討厭的傢伙。現在他們就加入一些「正確」的社團，其中包括了「德意志國家青年聯合會」或「俾斯麥同盟」（當時還沒有「希特勒青年團」）。很快就有人在校園內炫耀用來打人的銅製指環、橡膠棍，甚至祭出了鋼製的「殺人棒」。他們吹噓自己在夜晚進行的張貼海報或撕毀敵方海報的危險行動。他們開始使用特別的行話，藉以表明自己的不同身分，並開始對我們當中的猶太人展現不友善的態度。

「卡普政變」結束沒有多久以後，某天當我們上一堂很無趣的課程時，我看見他們當中的一名成員在筆記簿上畫出奇怪的符號，而且畫來畫去都是同樣的東西：先是簡單幾筆線條，然後以一種令人驚異的流暢方式形成對稱的小格子狀裝飾圖案。我忍不住也跟著畫了起來。

「這是什麼？」我壓低聲音問他——即使再無聊，我們到底還是正在上課。

「反猶太標誌。」他像發電報似地輕聲簡短做答：「埃爾哈特部隊的鋼盔上面就有這個記號，人人都應該曉得，它的意思是：『猶太人滾出去』！」然後他又繼續隨興胡亂塗鴉。

那是我第一次接觸到卐字標誌。它是「卡普政變」遺留下來的唯一事物。在隨後的時間裡面，它會出現得更為頻繁。

09 拉特瑙部長遇刺身亡

要等到過了兩年以後，政治才一下子又變得有趣起來。這不得不歸功於一個人物的出現：瓦爾特．拉特瑙[1]。

在他之前和之後的德意志共和時代，從來就沒有其他政治人物能夠如此激發出群眾及年輕人的幻想。史特雷斯曼[2]及布呂寧[3]二人任職的時間雖然比較長，而且曾經藉由自己的施政，對兩段短暫的歷史插曲產生過若干決定性的影響，可是他們從未具備如此的個人魅力。頂多只有希特勒可以在某種程度內與拉特瑙相提並論，不過我們也必須對此做出限制。這是因為長久下來以後，希特勒身上已經出現了太多的蓄意宣傳，以致今天幾已無法在真正的個人魅力和騙人把戲之間做出區分來。

拉特瑙時代還沒有所謂的「政治明星」，而且他從未有目的地把自己變成萬眾矚目的焦點。就公共領域之內出現「偉人」時的神祕過程而言，他是我所見過最強而有力的例證：他能夠驀然四下穿牆越壁與群眾進行接觸。人們能夠普遍感受到他的存在，迫不及待想傾聽他的聲音，而本來讓人意興闌珊的事物可以突然變得生動有趣起來。人們覺得「非他不可」，因而旗幟鮮明地採取狂熱立場。各種傳言乃應運而生，個人崇拜也於焉形成，於是出現了愛慕，也出現了恨意。這一切都是不自主的反應，而且出現得不可避免，甚至幾乎進行於無意識之中。那就好像磁石對一堆鐵屑所產生的作用，是同樣地非理性、同樣地令人無法擺脫、同樣地難以解釋。

拉特瑙先是出任重建部長，而後擔任外交部長。接著人們在倏忽之間發現，國家

1 瓦爾特．拉特瑙（Walther Rathenau, 1867-1922）為物理學博士，猶太裔德國工業家、政治家及作家，極力鼓吹猶太人融入德國社會。拉特瑙曾為德國最大財團之一的「通用電力公司」（AEG）總裁，於一戰期間改組德國軍事工業。拉特瑙在一九二一年擔任重建部長，一九二二年二月出任外交部長，力圖與戰勝國就賠款達成協議，可惜於同年六月二十四日被極右派人士暗殺。拉特瑙遇刺後，德國各大城市均出現大規模示威行動，柏林示威人數甚至多達四十萬人。

2 史特雷斯曼（Gustav Stresemann, 1878-1929）為經濟學博士，曾以二十九歲之年當選德意志帝國最年輕的國會議員，支持德國海外殖民政策。史特雷斯曼於一九一七年成為德國「國家自由黨」的領袖，並於翌年十一月創立自由主義右派的「德意志民族黨」（DVP）。一九二〇至一九二九年間擔任威瑪共和國國會議員，並於一九二三年八月出任總理，十一月中引進貨幣改革，解決了通貨膨脹問題。史特雷斯曼此後轉任外長，致力與法國和解、打破德國外交困境，並與法國外長白里安（Aristide Briand）共同獲得一九二六年諾貝爾和平獎，三年後逝世於柏林。

3 布呂寧（Heinrich Brüning, 1885-1970）為經濟學博士，德國「中央黨」（Zentrum）籍的國會議員（1924-1933）。一九三〇年布呂寧以少數黨黨鞭的身分出任總理，以解決通貨膨脹為首要施政目標。但布呂寧的緊縮貨幣政策無法獲得國會通過，必須仰賴興登堡總統的特別行政命令，國會的地位則遭架空，此即所謂的「總統內閣制」。布呂寧於一九三二年五月底下台，一九三四年起先後流亡荷蘭及美國。布呂寧赴美後曾任哈佛大學政治學教授（1937-1951）。

終於又有了政策。當他出席國際會議的時候，人們也首度感覺到，終於有人能夠出面代表德國。他與魯榭爾[4]簽訂《實物交付協定》，並與齊采林[5]簽訂《德蘇友好條約》。雖然此前幾乎沒有人能夠想像出「實物交付」的具體涵義，而對俄條約之中又充滿了只有少數人才看得懂的外交辭令，人們卻在食品店和書報攤針對二者進行激烈辯論。我們這些初中學生則彼此爭論得面紅耳赤，有人認為那些條約是「天才的傑作」，可是也有人將之斥為「猶太人背叛民族的行徑」。

不過能夠引人注意的不光是政治而已。報紙上面刊出的相片看得見拉特瑙的臉孔，也看得見其他政治人物的臉孔。可是其他人很快就會被遺忘，唯獨他的長相讓人一直縈繞於心。人們所看見的是他充滿機智與憂傷的深色眼睛。大家閱讀他的演講詞，從其言外之意感受到一種明確的語調，其中同時包含了控訴、要求與承諾——那是一種先知的語調。許多人把他的著作拿來參考（我也這麼做了），然後再度深深感受到一種動人的訴求，那是強制與說服、要求與招徠兼而有之的傾訴。這同時也就是其高度魅力之所在。那些書籍既以理服人同時又充滿了想像的空間、既使人夢幻破滅同時又振奮人心、既令人產生懷疑同時又令人信心堅定。最強而有力的語言就從書中含蓄、輕柔的語調之中傳達了出來。

奇怪的是，關於拉特瑙的大部頭傳記卻遲遲未曾出現，這絕非其所應受的待遇。

他毫無疑問可名列本世紀最偉大的五、六位人物之林。他是貴族出身的革命家、是充滿理想主義的經濟規劃者、是身為猶太人的德意志愛國者、是身為德意志愛國者的自由主義世界公民。身為自由主義派的世界公民，他同時又是「新千年至福說」的信奉者及法律的忠實僕人——他唯有在這一點才真正稱得上是猶太人。他擁有高深的學問，所以有資格談論教育。他極為寬裕，所以有資格談論財富。他是一位國際人，所以才能夠卓然於世。我們可以想像得到，假若他不是一九二二年時的德國外交部長的話，大可成為一八〇〇年時的德國哲學家、一八五〇年時的國際金融鉅子、一位偉大的猶太教士或修道的隱士。各種互不相容的特質以一種既危險又有些令人畏懼的方式，在他身上水乳交融，而且這唯有在他那個時代才有可能出現。這個由許多不同的文化、思潮在他身上交織而成的綜合體，並未演成一種思想潮流或行為模式，而是構成了一個具體的人物。

4 路易・魯榭爾（Louis Loucheur, 1872-1931），曾擔任法國工業重建部長、財政部長及勞工部長等職務，對塑造第一次世界大戰以後的法國影響重大。

5 喬治・齊采林（Georgi Tschitscherin, 1872-1936），於一九一八至一九三〇年之間擔任蘇聯「外務人民委員」（外交部長），曾簽署《布列斯特—李托夫斯克和約》，使俄國退出第一次世界大戰，一九二二年並參與簽署《拉帕羅條約》。

一位群眾領袖看起來就是這個樣子嗎？可能有人會提出這個問題來。而很奇怪的是，這個問題的答案正為：就是如此。我在這裡提到的「群眾」，指的並非「無產階級」，而是一個無以名之的群體。我們當中的每一個人，不論出身的高低如何，在某些特定的時刻都會是它的成員。

群眾只會對跟自己截然不同的人物產生特別強烈的反應。合乎常軌的人如果夠能幹的話，或許能夠廣得民心。可是唯有異乎尋常的人物才有可能被絕對的愛慕或絕對的仇視、被奉為神明或斥為惡魔。這樣的人物遠非群眾所能企及，他只會比群眾高尚許多或卑劣許多。這是我從自己的德國經驗之中所獲得的認知。

拉特瑙與希特勒便分別位於此現象的兩個頂端，讓群眾的幻想發揮到了極致：前者所憑藉的是令人仰之彌高的文化素養，後者所憑藉的則是讓人無法望其項背的卑鄙下流。其中最具有決定性的因素，就是二人分別來自一個凡人難以到達的領域，也就彷彿是來自「彼岸」一般。前者來自於深邃的精神領域，集三千年的文化及歐亞兩大洲於一身。後者則來自一個連最低級的廉價小說也描繪不出來的淵藪，那是一個由小市民的暗室所屯聚的霉味、流浪漢收容所、軍營的糞坑和行刑室所組合而成的陰曹地府，惡魔即自此向上竄升。這兩號人物就從自己的「彼岸」散發出真正的魔力，他們的政策相形之下反而顯得無足輕重。

我們很難想像，假使拉特瑙享有足夠時間來執行自己的政策的話，他將會把德國和歐洲帶往何方？如同眾人所曉得的，他並沒有太多時間，因為他上任半年以後即遇刺身亡。

前面曾經提到過，拉特瑙已經激起了真正的愛慕與真正的恨意。其中的恨意非常狂野和非理性，那是一種已經無以言喻的原始仇恨。繼他之後也唯有希特勒曾經如此被別人深惡痛絕過。但可以理解的是，仇視拉特瑙的人和仇視希特勒的人，正與他們所仇視的對象一樣，彼此之間有著天壤之別。

「那頭豬必須被宰掉」，這是仇視拉特瑙的人早就講過的話。可是當某一天的日報簡明扼要刊出了「拉特瑙部長已遭謀害」之標題，而且未做更進一步報導的時候，人們還是深受震撼，感覺自己腳下的土地好像已經塌陷一般。而當人們後來讀到，暗殺行動竟是如此輕而易舉，發生得簡直就像是理所當然一般，那種驚嚇的感覺就變得益發強烈。

拉特瑙每天早上都在固定的時刻離開位於格魯那瓦德的寓所，驅車前往「威廉街」上班。某天早晨另一輛汽車在幽靜的「別墅街」窺伺，一等到這位部長的座車抵達此地便尾隨在後，然後趁機超前。車上的三名年輕乘客利用超車的機會，同時以左輪手槍在近距離內朝著他的頭部和胸部射擊。接著他們立刻加大馬力全速駛離（今天甚至還在事發地點為那幾個人豎立了一塊紀念碑)。

從某種角度來看,這件事原來就和「哥倫布的雞蛋」一樣簡單。事情就發生在我們身邊的柏林—格魯那瓦德,而非遠在南美洲的卡拉卡斯或蒙特維多。只要去現場實地參觀一下即可看得出來,該處與其他的郊區街道並無不同。大家很快就曉得,那些刺客都是和我們一樣的年輕人,其中有一個還是中學生。而我們同班的同學裡面不是才剛剛有人說過:「……必須被宰掉」嗎?

在憎惡、憤怒和哀痛之餘,那個肆無忌憚的行為卻又輕易得讓人不禁感覺好笑。根本沒有人能夠想像得到,事情居然這麼簡單就可以完成。而真正恐怖的事情就是,用這種簡單得可怕的方式即可創造歷史。顯然未來並不屬於像拉特瑙那樣,必須努力充實自我,使自己具備非凡特質的人物,反而屬於像張三、李四那樣的貨色,只需要學會開車和放槍就夠了。

這種感受在那個時候卻被強烈的憂傷與憤怒所交織而成的情緒掩蓋。一九一九年一千名工人在利希騰貝格被槍殺的事件,甚至還遠不如這單獨一個人的遇刺來得令群情激憤,而他實際上還是一個大資本家。他辭世之後的那幾天,其個人魅力依然未曾褪色。我連續多日經歷了此後即未曾見過的情況:一個真正的革命怒潮。數十萬人自動自發參加拉特瑙的葬禮,等到出殯儀式結束以後,人群並沒有散去,反而在街上遊行了好幾個小時。漫長的遊行隊伍看不見盡頭，裡面的群眾都默不做聲，臉上露出怒容及想要討回公道的表情。

這很快就可以讓人感覺到，假如有人鼓動他們去撲滅那些當時還被稱作「反動份子」，而實際上已經是納粹黨徒的傢伙，群眾一定毫不猶豫馬上採取行動，而且會執行得既快速又徹底。

可是不但沒有人要求他們這樣做，反而還呼籲他們要維護紀律和秩序。政府開了好幾個星期的會，所討論出來的僅僅是一部《共和國保護法》。該法規只對侮辱部長者訂出為期甚短的徒刑，結果反而淪為笑柄。幾個月以後，該內閣即黯然下台，把位子讓給了一個法治政府。

短暫的拉特瑙時代所留下的餘波，再度證實了一九一八和一九一九年時的教訓：凡是左派人士所進行的事情，都沒有一樣會獲得成功。

10 群魔亂舞的一九二三年

接著一九二三年來臨了。今日的德國人很可能就在這光怪陸離的一年內養成了某些特質，以致讓其餘的世人覺得莫名其妙和不寒而慄。其實在正常的「德國民族性」裡面，原本並不包含這些特質，此即充滿著無限激情與惡意的憤世嫉俗狂想、為實現不可能的目的而對「不可能事物」產生之虛無快感，以及一種為了保持活力而出現的活力。

當時一整個世代的德國人皆被摘除了一個心靈上的器官。那個器官使人得以腳踏實地、保持平衡及穩重。同時它會視狀況的不同而以良知、理性、得自於生活經驗的智慧、忠於原則、講道德、虔信上帝等諸多形式表現出來。缺乏這個心靈上的器官以後，一整個世代的人便在那時學會了——或者自以為學會了——毋須具備令人保持穩定的力量即可待人接物。此前的幾個年頭已經是很好的虛無主義先修班，而一九二三年更成為虛無主義的最高學府。

世上沒有其他民族曾經遭遇過類似德國「一九二三經驗」的情況。每個民族固然都親歷了世界大戰，其中大多數也曾面對革命、社會危機、罷工、財產的重新分配以及貨幣貶值等等。可是沒有任何民族像德國人那樣，在一九二三這一年之內，以五花八門、荒誕不經的誇張方式，把它們全部都經歷了一遍。也沒有任何民族曾經像參加大型嘉年華會一般，眼前只見群魔亂舞。這種既血腥又詭譎的狂歡喧鬧看似漫無止境，其間除了貨幣之外，一切的價值觀亦隨之而貶值。一九二三年使德國瀕臨絕境，這不僅對納粹有利，同時也為各種千奇百怪的冒險者帶來了大好機會。

我們可以看得出來，無論就心理因素或政治條件而言，納粹主義很早即已根深蒂固。可是今日納粹的精神錯亂色彩，卻來自於當時冷血的瘋狂狀態，以及肆無忌憚妄圖實現「不可能事物」的盲目決心。此外更加上了「只有對我們有利的事情才合法」，或者「天下沒有『不可能』這個字」之類的態度。對那些未嘗承受過心靈傷害的民族而言，這樣的經驗顯然是遙不可及的事情。可是等到當前的戰爭結束以後，若無才智過人者出面重建和平，很可能整個歐洲將會經歷更誇張的「一九二三狀況」。每當我思及此點，心中便浮現出一種毛骨悚然的感覺。

一九二三年才一開始，愛國情操便再度激昂起來，其情況簡直像是又回到了一九一四年。普昂卡瑞[1]派兵占領了魯爾地區，德國政府於是呼籲百姓進行消極抵抗。德

1 普昂卡瑞（Raymond Poincaré, 1860-1934）為律師及議員出身的法國右派政客，曾任教育部長、財長、總理及

國國民也深深感受到國家所面臨的恥辱及危機——這很可能比一九一四年要來得更加真切與嚴重。鬱積已久的倦怠與失望於是爆發出來，百姓乃「奮身而起」，在群情激憤之下準備採取行動。可是他們該採取怎麼樣的行動呢？準備做出犧牲來？還是準備抗爭？這一切都並不十分清楚，而且沒有人真正指望他們做出具體行動。所以「魯爾戰爭」根本就不是什麼戰爭。沒有人被徵召入伍，自然也就不會有戰情報導出現。既然找不到具體目標，戰爭的氣氛很快就冷卻下來。各地的群眾光是整天在那邊吟詠《威廉·泰爾》裡面的「呂特利誓約」[2]，以示團結之意。

可是這種姿態逐漸變得既可笑又可恥，因為它的內容空洞，只不過是在裝模做樣罷了。一離開魯爾地區就什麼事情都完全沒有發生。魯爾河畔則在外界的資助下進行罷工。不但工人領到了錢，就連雇主也一樣。可是很快就顯現出來，他們領到的錢實在是太多了——這究竟是為了酬庸他們的愛國心，還是為了補償他們所損失的收益呢？「魯爾戰爭」起初還在「呂特利誓約」的伴隨下轟轟烈烈地展開，可惜不過幾個月以後，便已經滲出了貪污和腐敗的味道。結果很快就不再有人對此感覺衝動，也不再有人關心魯爾地區，更何況他們自己家中發生了許許多多來得更加瘋狂的事件。

就在那一年，報紙的讀者又可以玩起一種刺激萬分的數字遊戲來。這正彷彿上次大戰的時候，俘虜的人數及繳獲物資的數量包辦了頭版標題一般。只不過這回的數字與戰事無關。儘管一九二三年開始得如此火藥味十足，那些數字所牽扯的卻是原本平淡無奇的證券交易所每日例行公事——官方公告的美元匯率。現在美元走勢的波動已經成為晴雨計，人們以恐懼與激動兼而有之的心情，從中望見了馬克的崩盤。除此之外，他們還可以據此觀察出更多的現象：美元匯率攀升得越高，我們也就以越狂野的速度，奔馳前往一個「子虛烏有邦」。

馬克貶值，這原本並非什麼新鮮事。一九二〇年的時候，我花了半馬克偷偷買來第一支香菸。到了一九二二年底，香菸的價格已經逐漸調漲到戰前的十倍至一百倍之間，而美元對馬克的匯率則在一比五百上下。當時馬克只不過是逐步貶值而已，工資、薪水及物價也大致能夠同步調升。那些巨額的數字計算起來固然略嫌麻煩，但除此之外尚無任何異乎尋常之處。許多人還在談論著「物價上揚」這個問題，卻沒有想到還

外長，並於一九一三至一九二〇年間擔任總統。他於戰後再度出任總理及外長，要求德國無條件履行《凡爾賽和約》所開列之條件。一九二三年一月時，普昂卡瑞以德國賠款進度落後為由，與比利時共同出兵占領魯爾地區。此舉除造成德國消極抵抗及通貨膨脹之外，並使法國在國際間陷於孤立。普昂卡瑞最後不得不接受美國的「道氏計劃」(Dawes Plan)並做出讓步。

2 依據瑞士民間傳說，一二九一年時，烏里(Uri)、施維茨(Schwyz)及翁特瓦登(Unterwalden)三地之代表於「呂特利」(Rutli)的山間草原立誓共組同盟。此舉被視為「瑞士聯邦」之誕生，並成為許多歷史傳說的主軸。其最著者即為德國文豪席勒之鉅作《威廉·泰爾》，講述這位傳奇人物如何自奧地利暴政下解救了自己的鄉梓。

會出現遠甚於此的惡劣情況。

現在，馬克的幣值變得瘋狂起來。[3]「魯爾戰爭」剛開始的時候，美元對馬克的匯率已經衝至一比二萬。停頓一陣子以後，它又向上攀升至四萬。在此暫時打住，然後繼續起步，先是經歷了間歇性的起伏，旋即突破十萬大關。沒有人知道到底發生了什麼事情。我們只得隨著事態的發展而不時擦拭自己的雙眼，就彷彿在觀察一個奇特的大自然現象一般。美元成為每日的話題，接著我們在四下環顧之後突然發現，這個事件已經徹底摧毀了我們的日常生活。

凡持有定期存款、抵押擔保或其他投資理財形式的人，皆發現自己的錢財已在一夜之間消失得無影無蹤。不久以後，積存的小筆零用金與巨額財富之間已經不再具有任何差別：一切均已化為烏有。許多人嘗試改以其他方式來進行投資，卻只能發現結果並無不同。他們很快就完全明白，已經發生了奇怪的事情使得他們損失了所有的財富。他們的思緒也隨之轉移到更為迫切的問題上面。

由於商人緊盯著美元的走勢，食物的價格也開始急速飛漲。一磅馬鈴薯在前一天可能開價五萬馬克，今天卻要花上十萬馬克才買得到；上一個星期五帶回家的六萬五千馬克薪水，到了星期二可能還不夠拿來買一包香菸。現在該怎麼辦？

人們突然發現了一個安全的島嶼，那就是股票。這是唯一多少還能夠保值的投資理財方式。雖然並非所有股票的行情都如此看好，但它們起碼大致還跟得上通貨膨脹的腳步。於是人們就去買股票。每個小公務員、每個公司職員、每個輪班工作的工人皆持有股票。每當需要支付日常開銷的時候，他們便賣掉幾張。到了領薪水的日子，人潮就湧進銀行，股票行情於是如火箭般一飛沖天。各金融機構均大發利市，名不見經傳的新銀行如雨後春筍般冒出來蓬勃發展。全國上下每天都如饑似渴地觀注股市行情。有時一些股票跌停，成千上萬人便呼天搶地隨之一同墜入深淵。每家商店、每間工廠、每所學校皆有人在交頭接耳傳授股市祕笈。

年邁的人和不食人間煙火者的境遇最為堪憐。他們當中有不少人被迫上街乞討，要不然乾脆自尋短見。年輕人和腦筋動得快的人則如魚得水，在一夜之間即可樂享自由、富裕和獨立的生活。在那種情況下，反應太慢和相信以往經驗的人，所得到的懲罰就是饑餓或死亡；凡能掌握時代脈動見機行事者，卻可賺取巨額財富。年方二十一

3 一九二〇年中，一美元約合四十馬克。到了一九二三年，馬克幣值已跌落至令人匪夷所思的地步。一月初：七千五百二十五馬克；一月中：二萬三千馬克；五月：四萬七千六百七十馬克；六月：十萬零九千九百九十六馬克；七月底：已破百萬大關；八月：四百六十二萬馬克；九月上半月：突破一億；十月底：二百五十二億六千萬馬克；十一月：二千一百九十三億六千萬；十二月：四兆二千億馬克。經過同年底貨幣改革後，一美元僅可換得四點二馬克（少了十二個〇），又恢復至一九一四年時的水準。

歲的銀行總經理紛紛出爐，高中應屆畢業生則從比自己大不了幾歲的朋友那邊汲取股市資訊。他們打著王爾德式的領結，舉辦香檳酒派對，來消遣自己不知所措的父親。

當許多人受盡苦難，陷入絕境與赤貧之際，同時卻也充斥著年輕人的狂熱、男盜女娼的風氣以及宛如狂歡節一般的氛圍。當下的有錢人突然變成了青年，而非老一輩的人士。甚至連鈔票的本質也出現了變化，因為它的保值期只有短短幾個小時而已。此前此後皆未嘗出現過類似這種有錢就花的現象，而且花錢的方式也跟上一代人迥然不同。

現在冒出了數不勝數的酒吧和夜總會，還有一對對在娛樂場所街頭遛達的年輕男女，彷彿置身於描繪上流社會的電影場景之中。到處都有人興致勃勃大談戀愛，所以連愛情也沾染了通貨膨脹的色彩。眾人都迫不及待想掌握這個機會，而且發現了愛情的「新寫實主義」，於是衍生出一種無拘無束、既鬧烘烘又喜孜孜的逍遙自在作風。其典型的做法，就是戀愛關係都發展得非常迅速，而且不拐彎抹角。在那些日子裡頭學會談情說愛的年輕人，都省略了浪漫情調，擁抱著沒有繁文縟節的方式。

與我同齡的人卻並不屬於這一代。當時我們還只有十五、六歲，就差了那麼兩、三年。等到後來有資格談戀愛的時候，卻僅能靠著身邊二十馬克左右的零用錢來勉強湊和一下，難免暗中嫉妒那些曾經有過大好機會的年輕先進們。我們自己只能像是把目光穿透鑰匙孔一般，有過匆匆一瞥，剛好有足夠時間讓鼻孔裡面永遠留下那個時代的氣息。我們只不過曾經被帶去參加一些瘋狂的派對，很早熟地經歷了令人疲憊的自由放任，以及喝了太多雞尾酒以後的輕微宿醉。我們從較年長的青年人那邊聽到了許多故事。其面部表情更以奇特的方式描繪出放縱的夜晚，以及濃妝艷抹少女令人心波蕩漾的熱吻。

這些歡樂情景的背面，就是乞丐人數的激增。盜賊和小偷現在也變得益發肆無忌憚。所以報紙刊登有關自殺的消息以及警方在街頭廣告柱張貼的竊盜公告，也越來越多。有一次我還看見一位老婦——或許應該稱之為年邁的貴婦人——以奇特的姿勢坐在公園板凳上，她的身邊圍繞著一小群人。「死了。」路人甲如此說道。路人乙還補上一句：「餓死的。」我對此一點也不感覺訝異，因為我們在家中有時也必須挨餓。

家父不巧正屬於那些無法瞭解，或不願意去瞭解那個時代的人士之一，這就彷彿當初他拒絕去瞭解那場戰爭一般。他的擋箭牌是「普魯士官員絕不投機」這句座右銘，硬是不肯買股票。當時我覺得他的腦筋已經死板到了冥頑不靈的地步，這似乎與其個人特質格格不入，因為他是我所見過最聰明的人之一。不過今天我比較能夠體諒他的立場。事後回想起來，我或多或少可以領悟他為何會對那種「不像話的事情」深惡痛絕，因而對之一味加以排斥。我也可以理解他在「凡是不該存在的事情就不該出現」這句老話背後，所表達出來拒絕妥協的態度。只可惜這種高道德標準的實際後果，往往會變質成為一場鬧劇。倘若家母沒有以她自己的方法來遷就現實的話，這場鬧劇很可能就會以悲劇收場。

於是一位普魯士高級官員家中出現了如下的固定生活模式：在每月的三十一日或第一天，家父領到他的月薪，這就是我們全部的生活費，因為銀行存款和存摺早已一文不值。至於薪俸的實際價值則很難估算出來，而且其購買力隨時都在波動。比方說，有時候一億馬克可以是一筆鉅款，可是過了沒有多久以後，五億馬克卻只夠拿來當作零用金而已。無論如何，家父只要一領到錢，馬上就設法購買地鐵月票。這樣他至少在一個月以內，每天上下班還有車子可坐——儘管他搭乘這種交通工具其實並不順路，必須繞來繞去浪費許多時間。

他下一步的工作是開支票付清房租和學雜費，接著全家人在當天下午共赴理髮店。剩下來的錢就悉數交予家母，我們全家（包括女僕在內，但只有他本人除外）隨即在第二天早上四、五點鐘起床，包一輛計程車直奔大賣場。抵達以後便按照計劃大肆採購，一位高級官員的月薪在一小時之內即已全數花費在不易腐敗的食物上面。大塊的乳酪、整隻的火腿、幾十公斤的馬鈴薯……等東西立刻都載上計程車。如果車子上面實在找不到地方了，女僕就和我們當中的一個人共同去弄一輛手推車過來。大約早上八點的時候，我們趕在上學之前帶著一個月的存糧回到家中，接著整個月就一文不名。

有位好心的麵包師傅願意讓我們賒帳，不時送些麵包過來。除此之外，我們就只能靠馬鈴薯、燻肉、罐頭食品和湯精塊來填飽肚子。有時還會突然冒出一些必須支付的開銷！在整整一個月裡面，我們就跟最窮的窮光蛋一樣貧困，連單程車票和報紙都買不起。我實在無法想像，假如有人生了病或出了任何意外，日子又該如何繼續過下去？

對家父家母而言，那想必是一個既惡劣又艱困的時代。但從我的角度來看，它只是相當奇怪而已，倒沒有帶來太多不便之處。正因為家父上下班都得大繞遠路，他待在家中的時間極短，我每天有許多小時完全無人看管，可以享受絕對的自由。雖然我自己已經不再擁有零用金，但是比我高幾屆的學長們可有錢得很。縱使我前往參加他們的瘋狂慶祝會，這對他們來說也只不過是九牛一毛而已，不會造成任何損失。我於是培養出一種態度，把自己家中的貧困和朋友們的富裕同樣都不看在眼裡。我不會因為前者而自怨自艾，也不會因為後者而心生妒意，只是覺得二者都奇特得不同凡響罷了。事實上，無論現實世界是多麼的緊張刺激，那時的我只有一小部分生活在當下。我所沉浸的書中世界可以來得更加多彩多姿，而且它已經將我泰半征服了。

我閱讀《布登勃洛克家族》[4]及《托尼歐·克洛格爾》[5]、《尼爾斯·呂那》[6]和《布里格扎記》[7]，還有魏爾蘭[8]的詩集、里爾克[9]、格奧爾格[10]及霍夫曼斯塔爾[11]等人早年的作品，以及福婁拜的《十一月》、王爾德的《葛雷的畫像》與海因利希·曼[12]的《橫笛與短劍》。

我把自己幻化成類似書中英雄那般，對世事深感疲憊、追尋「世紀末」頹廢美感的人物。那時的我是一個不修邊幅、看起來略帶野性的十六歲青少年，衣物已因個子長高而顯得太短，頭髮也已經太長，早就該去理一下了。當我漫步於因為通貨膨脹而像是發了高燒，又像是得了痲瘋病的柏林街頭時，就擺出湯瑪斯·曼筆下之城市貴族，或王爾德筆下翩翩貴公子的姿態。縱使當天清晨我剛剛和女傭一起，把一盒又一盒的乳酪及一袋又一袋的馬鈴薯堆上手推車，我的那種英雄感覺卻一點也未嘗因此而受到損傷。

難道這些感覺都來得沒頭沒腦嗎？難道它們都是被那些課外讀物強行注入的嗎？一個十六歲的青少年固然容易在秋冬之交覺得人生乏味，會因為一切都顯得無聊而出現憂鬱的傾向。可是我和同輩的人不也曾嚐盡足夠的苦難，在疲憊之餘有資格以懷疑的眼光來看待生命，故可自命不凡與憤世嫉俗，因而對湯瑪斯·布登勃洛克以及托尼歐·克洛格爾等書中主角產生認同感？

4 《布登勃洛克家族》(*Buddenbrooks*)為湯瑪斯．曼最受喜愛的長篇小說。該書以類似自傳體的方式，描述「布登勃洛克大宅」及呂北克商人一家四代於十九世紀中葉由盛而衰的故事，被視為當代文學經典之作。湯瑪斯．曼本人即因該書而獲得一九二九年諾貝爾文學獎。

5 《托尼歐．克洛格爾》(*Tonio Kröger*)亦為湯瑪斯．曼的長篇小說。描述一個出身於顯貴家庭，但父親早逝的年輕人自十四歲以後的成長經過，以及其四處飄泊時的心路歷程。書中的主角——托尼歐．克洛格爾——生性多愁善感、喜愛賦詩，與湯瑪斯．曼有諸多相似之處。

6 《尼爾斯．呂那》(*Niels Lyhne*)為丹麥作家雅可伯森(Jens Peter Jakobsen, 1847-1885)所撰寫的現代主義小說，刻畫出一個生性憂鬱、掙扎於渴望和命運之間，而且不具任何英雄色彩的平凡人物。

7 《布里格扎記》(*Aufzeichnungen des Malte Laurids Brigge*)為奧地利名作家里爾克的鉅著，敘述一位多愁善感的巴黎詩人心中之焦慮及其成熟的過程。該書雖為小說，但同時也被列入哲學、心理學及詩集的範疇。

8 魏爾蘭(Paul Marie Verlaine, 1844-1896)為法國詩人，著有《戲裝遊樂圖》(*Fêtes galantes*)、《無題浪漫曲》(*Romances sans paroles*)、《智慧集》(*Sagesse*)等。

9 里爾克(Rainer Maria Rilke, 1875-1926)，奧地利作家及抒情詩人，除《布里格扎記》外，並著有《時光之書》(*Das Stundenbuch*)、《詩歌集》(*Gedichte*)等作品。

10 格奧爾格(Stefan George, 1868-1933)為德國詩人。其詩作深受法國印象派詩人影響，不使用標點及大寫字母，所欲表達的是印象而非簡單明白的含義。格奧爾格並於晚年提倡一種截然不同於納粹觀點的新日耳曼文化。

11 霍夫曼斯塔爾(Hugo von Hofmannsthal, 1874-1929)為奧地利新浪漫主義詩人及劇作家，曾與李查．史特勞斯(Richard Strauss)合作，寫出《玫瑰騎士》(*Der Rosenkavallier*)的歌劇劇本，並為「薩爾茲堡音樂節」的共同創始人之一。

12 海因利希．曼(Heinrich Mann, 1871-1950)為德國名作家及湯瑪斯．曼之長兄，卒於美國。

我們已親身經歷過一場戰爭大戲和戰敗時的震驚，接著是革命時期打破一切幻想的政治學習過程。現在每天又必須眼睜睜望著所有的生活準則化為齏粉，以及年長者的智慧與人生經驗一同走向破產。我們也曾接觸過各種相互矛盾的思潮。起初我們有一陣子是和平主義者，然後是民族主義者，接著又擁抱馬克思主義。其中的最後一個過程與性開放有著異曲同工之妙：二者都不是正式的科目，而且多少有些不合法；二者都採用了震撼教育的方式，而且二者均犯下同樣的錯誤，此即性解放在愛情上面，而馬克思主義在歷史方面，都出現了以偏概全的毛病。二者皆相當重要，可是在公開場合被列為禁忌，並且因為有礙善良風俗而遭到忽視。

拉特瑙的下場則給我們上了一課，那就是再了不起的偉人也難逃一死。「魯爾戰爭」更明顯地向我們指出，高尚的意圖與齷齪的實務可以同樣輕易地為人所遺忘。難道還有任何事情能夠讓我們興奮起來嗎？可是「興奮」不巧正是年輕人生命中的調味料。現在殘留下來的只有超脫於時空之外的美好事物（例如格奧爾格與霍夫曼斯塔爾二人的燦爛詩篇）、懷疑論者的傲慢，以及等待夢寐以求的愛情出現。

那時還沒有任何女孩子能夠激起我的愛慕之意，反倒是一位男同學理念與我完全相同，而且他喜愛的書籍也跟我一樣。我們之間發展出一種近乎病態、不食人間煙火、既靦腆又熱絡的交情。男生之間也唯有在女朋友真正出現以前才會維持這樣的交情，而且這很快就會成為過去。當時我們經常在下課以後漫步街頭，隨興找個地方探察美元的匯率，然後花費最少的心思，以三言兩語來盱衡時局，接著就開始談論書籍的內容。我們當初已經有言在先，每出去逛一次就要把一本新書徹底討論完畢。我們真的這麼做了，就這樣既羞怯又迫不及待地彼此探觸對方的心靈世界。那時我們的四周已經開始沸沸揚揚，幾乎可以感覺得到整個社會已經四分五裂，而且德國正在土崩瓦解之中。但對我們二人而言，這一切都只不過是背景資料罷了，供人用來探討天才的本質，以及天才的本質是否可與道德上的瑕疵及墮落的行為並行不悖。

可是這種背景資料未免太嚇人了：它事先完全令人無法想像，發生以後又教人一輩子也忘不了。

到了八月，美元匯率已衝至一比一百萬以上。我們屏息觀察它的變動，彷彿看見了一個令人難以置信的紀錄。約莫兩個星期之後，事情已經開始變得好笑起來。匯率的走勢似乎在百萬大關積聚了新的能量，美元升值的速度也加快了十倍以上，立刻又突破一億，然後是十億。在九月間，一百萬馬克已不再具有任何實際意義，[13]「十億」

13 以德國政府宣布放棄消極抵抗的一九二三年九月二十六日為例，當天一條麵包的價格為一千萬馬克，一公斤

開始變成計價的單位。十月底的時候這又變成了「一兆」。此時令人驚懼的事情發生了：中央銀行停止印製鈔票。銀行櫃台前面居然還有人拿出面值一千萬和一億的鈔票，他們顯然沒有搞清楚狀況，已遙遙落於美元升值和物價上揚的腳步之後。鈔票在此刻已經買不到生活必需品，商業更連續數日完全陷入停頓。貧民區的百姓沒有了任何法定貨幣，乾脆進行自力救濟，動手劫掠商店內的咖啡、茶葉等來自前殖民地的貨物。一時之間，革命的氣氛又甚囂塵上。

八月中的時候，政府已因街頭騷動而下台。「魯爾戰爭」隨即正式遭到放棄，而且根本就沒有人再回頭想起這件事來。還沒有多久以前，外國強占魯爾區的行動曾促使我們立下誓言，表示我們是一個有如兄弟般緊密團結的民族！可是現在我們所面臨的，卻是政府的垮台，甚至德國的解體。這些可怕的政治事件，與我們個人生活當中的謎團遙相呼應。從來就沒有出現像當時那般謠言滿天飛的局面：萊茵地區在搞分裂、巴伐利亞在鬧獨立、德皇已經復辟、法軍正在開拔過來……。那些多少年來早已陷入冬眠期的政治「聯盟」，不論其來自右派還是左派，突然又都生龍活虎起來。他們在柏林周圍的森林裡面進行射擊訓練，有關「地下國防軍」的流言也四下傳播，人們甚至聽見了許多關於「行動之日」的消息。

那時已經很難在「可能」與「不可能」之間做出區分。獨立的「萊茵共和國」存在了數日之久。薩克森則被一個共黨政府統治了好幾個星期，以致共和國政府派出「國防軍」前往彈壓。有一天早晨，報紙甚至誤傳：庫斯特林的駐軍已經開始「向柏林進軍」。

當時流行的口號是：「要把叛徒私審私決」。警方張貼於街頭廣告柱的竊盜公告，現在變成了失蹤人口尋人啟事及謀殺通報。消失得杳無蹤跡的人少說也有好幾十個，他們幾乎全部與那些「聯盟」有著某種關係。要等到過了許多年以後，他們的骨骸才在柏林附近的森林或郊外被一一挖掘出來。那些「聯盟」習以為常的做法，就是把不可靠或有嫌疑的同夥毫不留情地清除掉，然後找個地方埋了。

當有關的傳言進入人們耳中時，已經不怎麼像在「正常」的文明時期那般受到質疑。那時甚至逐漸出現了類似《聖經啟示錄》的世界末日氛圍。於是有上百名「救世主」在柏林四處走動。他們頭上頂著長髮，身穿粗呢罩衫，號稱自己是被上帝派來拯救世人，並為此重責大任過著受苦受難的生活。其中最著名者是一個名叫霍伊瑟爾的人，他在街頭張貼宣傳海報並舉辦群眾集會，而且追隨者眾多。

牛肉為七千六百萬馬克。當時馬克對美元的匯率還「只不過」在二億比一上下而已（匯率的變動請參見譯注三）。

依據各家報紙的消息，慕尼黑有一個名叫希特勒的傢伙作風與之類似。不過希特勒的演說與前者不同，他以激情的方式發表卑劣言論，語氣中充滿威脅恫嚇及赤裸裸的血腥暴力，其誇張已經達到無以復加的程度。當希特勒正意圖藉由殺盡所有猶太人來建立「千年帝國」的同時，在圖林根卻有一位朗貝爾提先生極力鼓吹，要透過人人一起跳民族舞蹈、歌唱和在空中跳躍的方式來達到同一目的。每個「救世主」皆獨具一格，可是再也沒有任何事件與人物能夠讓我們感覺驚訝，因為「驚奇」早已成為不復可尋的記憶。

十一月的時候，慕尼黑的「霍伊瑟爾」——此即希特勒——曾經連續兩天上了報紙的頭版標題。他突發奇想，想在一間啤酒館的地窖發動革命。實際的情況是，當革命隊伍才剛從地窖走出來，即已被警方開槍強力驅散，那場革命也就壽終正寢。但是在整整一天裡面，人們真的以為那就是期待已久的「革命」。例如我們的希臘文老師一聽見那個消息，便發揮他那不能說是毫無道理可言的直覺，很高興地向我們做出預告：大家將在幾年之內再度成為軍人。現在有意思的事情不是冒進行動的失敗，而是它居然可以發生。那些「救世主」們顯然有過真正的機會。一方面不可能的事情已經不復存在，更何況馬克對美元的匯率已經突破一兆，他們只差一小步就不會再錯過自己的天國了。

這時卻發生了有些稀奇古怪的事情。某天突然四下流傳一則令人難以置信的消息，那就是近期之內即將再度出現「幣值穩定」的鈔票。沒有多久以後，這果然成為了事實。那是一些外觀醜陋的灰綠色紙幣，上面印著「地產抵押馬克」。首次持著它們去購物的人，心中都忐忑不安，不曉得會發生什麼事情。結果什麼事情也沒有發生。那些鈔票居然都被接受，而且購買者果真獲得了想要的東西——原本標價幾兆馬克的貨物。他們不但今天買到了，隔了一天還是買得到，甚至第三天和第四天依舊如此……。實在是不可思議！

美元的幣值不再上升，股票的行情亦然。當人們把股票兌換成「地產抵押馬克」的時候，它們就跟其他的事物一樣，已經變得不值錢了。所以沒有人留存下來任何東西，不過工資及薪水也突然改用「地產抵押馬克」發放。又過了一陣子以後，奇蹟仍然不斷發生，連閃閃發光的硬幣都再度現身。大家可以放下心來把它們擺在口袋裡頭，而它們的購買力能夠繼續維持下去。上個星期五領到的錢，在這個星期四照樣能夠買到東西。時人為之驚異不已。

史特雷斯曼於數週之前出任總理，政局便在一瞬間平靜下來。沒有人再表示國家即將分崩離析。那些「聯盟」心不甘情不願地重返冬眠，其成員也紛紛變節。我們幾乎不再聽說有人失蹤，各路「救世主」也從城市中消失了。政治的內涵似乎只侷限於各黨派針對單一話題進行的爭論：到底是誰發明了「地產抵押馬克」。民族主義者堅稱，那是海佛利希想出來的——他是一位保守派人士，曾在德皇時代擔任過部長。左派卻對此極力否認，宣稱那是一位可靠的民主人士及堅定的共和國擁護者所發明的，他名叫沙赫特博士。[14]

那就像是遠古時代「大洪水」之後的第二天，雖然一切均告損失，但水勢也已開始消退。年長者尚未重返倚老賣老的地步，可是那些年輕人多少都已經一頭栽了下來。年方二十一歲的銀行總經理必須再度到處尋覓打零工的機會，而應屆畢業生能夠得到二十馬克零用錢就已經可以心滿意足了。除此之外，也有一些「貨幣穩定下的受害者」結束了自己的性命。不過，為數更多的人卻終於畏畏縮縮從藏身之處探出頭來，想知道現在是否終於可以繼續生活下去了。

四下洋溢著一股「宿醉」般的情緒，可是也出現了某種「鬆了一口氣」的感覺。聖誕節來臨的時候，整個柏林市看起來就像是一座巨大的聖誕市場，每樣東西都只需要花十芬尼。人人都購買會發出嘎嘎聲響的手搖物、杏仁製成的動物形狀糕餅或其他孩子氣十足的玩意兒。這只不過是為了證明，終於又可以用十分錢買到東西。或許這也是為了忘卻過去的一年、過去的十年，讓自己再度過著孩童般的無憂無慮生活。

所有的售貨攤前面都張貼出海報，上面寫著：「重新引進和平時期價格」。這倒真的是第一次看起來有和平的樣子。

14 事實上左派和右派的論點都沒有錯。海佛利希（Dr. Karl Helfferich, 1872-1924）與沙赫特（Dr. Hjalmar Schacht, 1877-1970）二人均為經濟學家，前者提出了「地產抵押馬克」的構想，後者則將之具體化。舊馬克對「地產抵押馬克」的兌換率為一兆比一！沙赫特後於一九二三年出任德國中央銀行總裁，並於納粹統治初期擔任經濟部長（1934-1937）。

11 平淡的史特雷斯曼時代

以上便是事情的來龍去脈。我們這一代德國人終於經歷到真正的和平時期，此即一九二四至一九二九年之間的六年光陰。當時史特雷斯曼以外交部長的身分主導了德國政局，這後來被稱作「史特雷斯曼時代」。

政治或許可以拿來與女性相比擬，那就是話講得越少的便越好。假使這個論點站得住腳的話，那麼史特雷斯曼的施政即為個中翹楚。在他的時代幾乎沒有政治議題出現，惟獨他上台的最初兩、三年間才稍有例外。那時所討論的是應當如何清除通貨膨脹所帶來的破壞、「道氏計劃」[1]、「羅加諾公約」、是否加入「國際聯盟」等，但那也只不過是純粹的討論而已。政治突然變得不再是讓人氣得打破盤子的東西。

大約從一九二六年開始就已經完全沒有什麼好談的了。各家報紙必須遠赴國外才找得著大標題。

我們這裡完全沒有新鮮事，一切都上了軌道並進展得四平八穩。雖然有時政府會改組，有時是右派政黨上台，有時則是左派當政，但他們都無法讓人感受到明顯的差異，而且外交部長的名字始終是古斯塔夫・史特雷斯曼。這就意味著和平，表示不會有危機發生，而且凡事皆推行如常。

值此金錢開始流入國內、鈔票的幣值穩定、商業也蒸蒸日上之際，年長的一輩又把自己的人生經驗從儲藏室搬了出來，把它擦拭得亮光閃閃，到處拿去炫耀，就彷彿它從未失效一般。過去的十年宛如一場惡夢，已經逐漸從記憶中淡忘。天國又變得非常遙遠，使得那些「救世主」或革命家完全乏人問津。在公共的領域內，眾人需要正派的公務員，民間所需要的則是能幹的商人。四下都是真正的自由、寧靜、秩序以及寬大為懷的作風。大家的工資很高，吃得也很好，只不過公共事務顯得有些無聊而已。每個人都重新獲得了私人生活，而且均有機會依照自己的口味來塑造生命，遵循自己喜歡的方式來過日子。

可是這時又發生了稀奇古怪的事情——我相信自己在這裡點出了一個沒有任何報紙曾經提到過的重要政治事件：整體說來，上述的機會並沒有被接受，因為人們並不

1 德國進行貨幣改革以後，戰勝國在美國銀行家道威斯（Charles Dawes, 1865-1951）之主導下，訂出「道氏計劃」以規範德國賠款事宜。此後賠款金額以德國的實際經濟能力為衡量標準，而非漫天要價。原則上德國每年須償付十億馬克，五年後再增加為每年二十五億馬克（未明定償付的總期限）。德國的經濟壓力自此減輕，但須以國家鐵路局做為抵押，而且中央銀行須由外國掌控。「道氏計劃」後於一九二九年經濟大蕭條時為「楊氏計劃」所取代。道威斯因「道氏計劃」獲得一九二五年諾貝爾和平獎。

想擁有它。這充分顯示出，一整個世代的德國人都不曉得該如何處理這份禮物——自由的私人生活。

將近二十個年次的德國青少年早已養成習慣，要從公共領域來獲得自己生命的全部內涵，並從中汲取免費材料來激發內心深處的情感、愛意和仇恨、歡欣與憂傷。其中當然也少不了各式各樣令人聳動和緊張的新鮮事，縱使這同時意味著貧困、饑餓、死亡、混亂與危難也無所謂。現在，材料的供應來源卻突然枯竭了，生活變得既貧乏又受到剝奪，他們反而不知如何是好，於是心中覺得倦怠不堪和失望至極。他們從來就沒有學會該如何自力更生、該如何把渺小的私人生活塑造得偉大、美麗和有價值，以及該如何享受這種生活並樂在其中。所以就他們自己的感覺而言，公共事務失去刺激性以及個人重獲自由，這些都不但不是禮物，反而還奪走了生活的內涵。他們覺得無聊透頂，便冒出一些愚蠢的念頭，並開始變得性情乖戾。結果他們巴不得情況馬上逆轉回去，再度出現騷動或衝突事件，以便徹底終結太平時光，重新展開集體的冒險行動。

關於這一點還需要更精確的說明，因為在我看來，它正好可以解釋為何現在我們會處於世界歷史的轉捩點。不過並非所有年輕一代的德國人都出現上述反應。他們當中的某些人雖然略嫌笨手笨腳而且起步晚了一點，但到底還是學會了該如何過日子。

他們在自己的生活中找到了樂趣，成功戒除了戰爭及革命遊戲的毒癮，並已開始培養出獨立的人格。事實上，當時有一個仍然無法辨識，完全未受人注意的巨大裂痕正在成形之中，今天它就把德意志民族切割成「納粹」與「非納粹」兩個區塊。

前文曾經順帶提到過，我國百姓在塑造個人生活與追尋個人幸福這些方面的才能，原本就不大比得上其他民族。後來我在英國和法國進行觀察時，禁不住覺得訝異，並隱然對之心生嫉妒之意。我深深感受出來，他們的生活中充滿了多種不會褪色的歡樂，以及能夠終身樂在其中的休閒活動：像是法國人明智而出色的飲食、男性在言辭上的針鋒相對，以及類似異教徒但又有教養的愛情藝術觀；或像是英國人的花園、與動物間的親密關係，以及許許多多略帶孩子氣但又正經八百的遊戲和嗜好。

一般的德國人則缺乏可與之相提並論之處，只有受過高等教育的特定階層才是例外。其為數雖然不算太少，但終究只是全民的一小部分。他們可以在書籍和音樂之中找到相似的生活內涵與喜悅，衍生出自己的想法及「世界觀」。他們可以一面啜飲葡萄酒，一面與人交流思想，進行饒有深意的對話。他們跟一小群朋友維繫誠摯而略帶感性的情誼，並且過著和樂融融的緊密家庭生活。以上都是這個階層固有的生活資產與情趣。可惜這一切在一九一四至一九二四那十年之間一度陷入混亂而毀壞殆盡，以致年輕的一代於成長時期缺乏既定的習俗和章法可供遵循。

德國知識階層以外人士的生活，則不論是在過去或現在都存有巨大的危機，那就是空虛和無聊。某些特定的邊陲地區或許會出現例外，例如巴伐利亞和萊茵地區——在那邊還看得見一些南國風情、浪漫與幽默。可是在德國北部和東部的廣袤地帶，在各個沒有色彩的城市，在那些以過於勤奮、徹底與盡忠職守的方式來經營的公司行號及團體組織的背後，卻前後如一存在著腦筋遲鈍的狀態。其伴隨現象是庸人自擾和渴望獲得「解脫」。而用來解脫的工具則是酒精、迷信，頂多也只不過是有另外一種廉價的方式：大規模群眾集會之中淹沒一切的如癡如狂激情。

最基本的事實就是，在德國只有少數人（他們並不等於貴族或資產階級）對生活略有所知，稍稍曉得該如何塑造自己的生活——附帶提一下，這個事實使得德國原則上並不太適合採行民主的政治形式。而一九一四至一九二四年之間所發生的事件，更把這個基本事實激化到了極具威脅的地步。老一輩人士對自己的理念和看法已經不再那麼有把握，因而變得羞怯，迫不及待想退居幕後，滿懷期待看著年輕人並把他們捧上天，希望他們能夠創造出奇蹟來。然而年輕的一代所曉得的東西，卻只是公開場合的喧鬧、聳動人心的事件、無政府狀態，以及不負責任的數字遊戲之危險吸引力。他們正在等待適當時機來臨，以便把別人曾經示範給他們看過的那些事物，用更加聲勢浩大的方式來自導自演一遍。更何況他們現在已經覺得，私人生活中的一切都太「無聊」、太「庸俗」和太「老掉牙」了。同時群眾也早已習慣於失序所帶來的各種騷動，而且更因為自己前一陣子的偉大迷信而變得懦弱和踉踉蹌蹌——他們曾經既迂腐又刻板地信仰了那位無所不知的「聖」馬克思之超自然能力，以及相信其所預言的歷史自動演進過程之必然性。

所以，在寧靜的表象之下，一切都已經為更大的災難做好了準備。

不過在當下的時刻，凡目光可及的公共領域皆呈現出黃金般的太平景象，處處風平浪靜、井然有序、親切友好和充滿善意。甚至連即將來臨的災禍之前兆，看起來也跟當時的友善景象非常相稱。

12「體育病」

那些前兆當中，有一項不但完全受到誤解，而且還被公開提倡和表揚。此即那幾年之內席捲了德國年輕人的運動狂熱。

一九二四、二五和二六那幾年之間，德國突然快速發展成體育超級大國。在此之前，德國從來就不曾是體育之邦，而且在運動方面也不像英國和美國那般具有創意及發明精神。至於運動的真正精神——在嬉戲中全神貫注於一個擁有自己的規律和法則的虛幻世界，從而達到渾然忘我的境界——這對德國人的心靈世界而言也是完全陌生的。可是就在那幾年裡面，不論是體育俱樂部的成員還是運動會的觀眾，其人數都一下子暴增了十倍以上。拳擊選手和跑百米的健將變成了民族英雄，二十歲的青年人滿腦子都是賽跑選手的成績、姓名以及報紙上面刊出的數字。那些數字就彷彿象形文字一般，標明了特定人物的速度及靈敏度。

這是我最後一次親身在德國捲入的大規模群眾瘋狂現象。整整兩年之內，我的精神狀態幾乎陷於停頓，光是不辭辛勞練習中距離跑步和長跑。假如魔鬼願意幫助我在兩分鐘之內跑完八百米，只要一次就夠了，我也會毫不考慮地把靈魂賣給他。我參加各式各樣的體育慶典，我認識每一位賽跑選手，也曉得他們能夠跑出來的最佳成績為何。德國國家紀錄和世界紀錄那就更不用說了，我即使在夢中也能夠將它們倒背如流。現在體育報導所扮演的角色，與十年前的戰情快報有著異曲同工之妙。過去的俘虜人數和繳獲物資的總量，現在變成了各項紀錄和賽跑成績。「胡奔於十點六秒之內跑完一百公尺」，這句話在人們心中產生的感覺，與當初的「俘獲俄軍兩萬人」完全沒有兩樣。而「派爾策於英國冠軍賽獲勝並打破世界紀錄」，甚至就像是上次戰爭期間無法實現的目標，例如「我軍攻下巴黎」或「英國乞和」。

我每天不分晝夜都巴不得自己能夠與派爾策或胡奔並駕齊驅。我絕不錯過任何比賽，而且每週進行三次密集訓練。我戒了煙，睡前就做自由體操。成千上萬的人——實際上是所有的人——心中都存有和我一樣的想法，這教我充滿了幸福感。我可以跟任何同年齡的人一見了面，就滔滔不絕談上好幾個小時，不論他們是多麼的陌生、未受過教育或令人起反感。我們談論的話題當然就是運動。每個人的腦海中都是同樣的數字，心中的念頭不言可喻也完全相同。其情況簡直就與戰時一樣「美好」。現在所上演的是同一齣大戲。我們不必透過任何形式的溝通即可相互瞭解。如今數字變成了精神食糧，我們的心靈無時無刻不因為緊張而顫抖：派爾策是否有辦法擊敗努爾米[1]？科爾尼希能否在十點三秒之內跑完百米？是否終於有德國選手在四十八秒內跑完四百公尺？我們一面接受訓練，一面進行自己的小型賽跑活動，心中掛念的卻是國際田徑場上的「德國大師」們。這就彷彿大戰期間，我們手持玩具槍及木劍，在兒童遊樂場和街頭進行自己的小規模戰爭，心中想的卻是興登堡與魯登道夫。多麼逍遙自在，多麼令人感到刺激的生活！

最可笑的發展卻是，這種顯然已經蔓延開來，讓年輕人集體變得愚蠢的風氣，反而受到從右至左各派政治人物的極力褒揚。以致我們這一代人得以再度耽於從前的惡習，沉迷於冷冰冰而脫離現實的數字遊戲毒癮。但這回我們是在眾目睽睽之下進行這場遊戲，還受到職司教育我們的人士一致鼓勵。

那些向來既愚昧又笨拙的「國家主義者」，居然以為我們發揮健全的本能，為現在已經被迫取消的兵役制度找到了極佳的替代品。彷彿我們當中有些人的出發點是為了「強健體魄」！那些「左派人士」則聰明反被聰明誤，結果到頭來反而顯得幾乎比那些「國家主義者」還要來得愚蠢（一向如此）。他們覺得那是一個偉大的發明，從今以後可以用賽跑和自由體操的方式，在充滿和平氣息的綠油油草地上「宣洩」好戰的天性。他們以為這樣子就可以確保世界和平，卻對一個事實視而不見，此即那些「德國大師們」毫無例外都別上了黑白紅三色的小飾帶，雖然當時的國旗是黑紅黃三色旗。他們可沒有想到，現在國與國之間進行的偉大而刺激的競賽，實為過去魅力十足的戰爭遊戲之延伸。好戰的天性並未「宣洩出去」，反而正在蓄勢待發之中。所以他們根本就沒有看清其中的關聯性和我們的故態復萌。

似乎只有一個人對此不祥之兆有所警覺，那就是史特雷斯曼本人。他發現這種風氣釋放出來的動能，會把人們導引至一個錯誤而危險的方向。他不時發表一些令人錯愕的言論，來抨擊這種新出現的所謂「二頭肌貴族政治」，但反而增加了自己不受歡迎的程度。史特雷斯曼想必已經預料到其中所隱藏的危機：盲目的狂熱勢力固然已經受到他的箝制，一時之間無法再介入政治。可是它們並沒有就此沉寂下去，只是在那邊等待罅隙出現以便一次爆發出來。而即將「登上舞台」的那一代人，正拒絕學習如何誠實過著人性化的生活，同時「自由」只會被他們使用於各式各樣的集體胡鬧行為。

那場以群眾運動形式出現的「體育病」只維持了約莫三年的光景，我個人甚至更早就從中解脫出來。這種風氣本身的致命傷，就是它和戰爭不同，不會有「最後的勝利」出現，也就是缺乏可做為目標的終點。不論情勢如何演變，一切都還是換湯不換藥：同樣的人名、同樣的數字、同樣的轟動事件。它可以沒完沒了地不斷如此發展下去，

1 努爾米（Paavo Nurmi, 1897-1973），為一九二〇年代譽滿全球的芬蘭田徑健將，曾在一千五百至二萬公尺等長跑項目中握有二十二項世界紀錄，有「飛行的芬蘭人」之稱。一九二四年巴黎奧運會期間，努爾米曾於一日之內榮獲五面金牌！

卻無法讓人們的幻想一直跟著它走。雖然德國在一九二八年的阿姆斯特丹奧運會排名高居第二，反而馬上就出現了失望和冷卻的現象。關於運動會的報導很快就從報紙頭版消失，又重新回歸到體育版。運動場也變得越來越門可羅雀。現在無法再理所當然地認定，每個二十歲的年輕人腦海中一定塞滿了每位跑百米選手的最新成績。甚至連有人無法把世界紀錄背誦出來的現象，現在也都已經再度出現了。

也就在這個時候，那些藉著體育來搞政治的「聯盟」和黨派，終於在半死不活了好幾年以後，又逐漸重新生龍活虎起來。

13 史特雷斯曼之猝逝——末日的開端

史特雷斯曼時代絕非什麼「偉大的時代」，甚至當它還正常運作的時候就已經不太成功。平靜的表面底下暗藏著洶湧波濤，更有許多魔鬼般的邪惡勢力在幕後若隱若現。它們雖然一時之間受到禁錮而默不做聲，卻並未遭到連根鏟除，而且從來就沒有人採取足以掃蕩群魔的大規模行動。那依舊是一個缺乏同情心、沒有崇高理想、無人對自己的志趣具有充分信心的時代，同時也是一個畏畏縮縮的復辟時代。中產階級的愛國主義與自由派的和平觀點重新成為主流價值，然而它們只有濃厚的「填補空檔」之過渡色彩，是「找不到更好的東西」之下的權宜之計。這顯然並非可供後世拿來與當下晦暗生活做為對比的「偉大的過去」。

不過……

塔里朗[1]說過：凡未嘗經歷一七八九年以前時光之人，即無從得知生活的甜蜜。老

1 塔里朗（Charles Maurice de Talleyrand-Périgord, 1754-1838），教士出身的法國外交家，法國大革命在一七八九年爆發以後，曾於一七九九至一八〇七年間擔任拿破崙的外交部長，並於拿破崙戰敗後代表法國出席維也納會議，與戰勝國的代表平起平坐。

一輩的德國人也有類似的講法，時間上的分水嶺則換成了一九一四年。「史特雷斯曼時代」多少也具有相似的指標性意義。這聽起來固然有些奇怪，但是對我們年輕一代的德國人來說，那個時代縱使缺失再多，到底還是我們所曾經歷過最美好的時光。如果我們的生命中果真有過「甜蜜生活」的話，那麼也與之有著密不可分的關係。唯有在那個時代，生命的基調居然不是「小調」而是「大調」，縱使其調性有些含混不清。「史特雷斯曼時代」也是唯一讓我們還能夠活得下去的時代。雖然正如同前面所說的，大多數人並不知道該如何應付這種生活，甚至還失敗得一場糊塗。可是對於像我們這樣的其他人而言，這個時代卻能夠提供最佳的養分。

我們很難用言語來描繪那些胎死腹中的發展——此即進行到了「也許」和「幾乎」這個階段以後便陷於停頓的事物。不過我還是認為，當時德國在日益迫近的災難和慘無人道的邪惡之夾縫中，似乎有很稀罕的珍貴事物正呼之欲出。

即將登台亮相的一代人固然大多已經不可救藥，其餘的少數人卻可能比過去百年內的任何一代都還要來得更有指望。一九一四至一九二三這十年之間的災難固然沖垮了一切的傳統與立足點，但也帶走了所有霉味十足和腐朽不堪的東西。在此過程中，大多數人固然因為頓失所依而變得憤世嫉俗，可是重新學會該如何過日子的人，一下子就把自我提升到「高級班」的程度，得以超脫於那些心靈上受到箝制的年輕人所賴以自處的幻想和愚行之外。我們雖然也遭逢了狂風暴雨的侵襲，卻並未就此受到禁錮。我們的生活變得貧乏，傳統的價值觀也被一掃而空，不過我們同時也擺脫了流傳下來的偏見，於淬礪之中堅強起來。我們避免了變得過於剛強的危險，但也不會因此而弱不禁風。我們擺脫了犬儒主義，也無須害怕自己會變成像帕爾齊法爾[2]那樣的夢想家。

一九二五至一九三〇年之間，最優秀的德國年輕人正默默致力於非常美好、可為將來造成深遠影響的事物。那是一種新的理想主義，其中不存在懷疑與失望；那也是第二波的自由主義運動，它比十九世紀的政治自由主義還要來得寬廣、深入和成熟，甚至能夠為新的高尚行為、新的英雄史詩和新的生活美學奠定基礎。只可惜這一切距離成為事實和形成一股真正的力量還相差了十萬八千里。人們才剛起了念頭，才剛開始用言語把它表達出來，就有一隻四足怪獸過來把它踩得稀爛。

但是無論如何，當時的德國處處感受得到清新的氣息，傳統的謊言顯然也已消逝無蹤。各個階層之間的畛域變得既寬鬆又容易穿透。這很可能就是大家一起陷入貧困以後的正面收穫。許多大學生兼差當工人，而許多年輕工人也抽空在大學進修。階級的傲慢與白領階級的意識已經變得完全不合時宜。兩性之間的交往則是前所未見的開

2 帕爾齊法爾（Parsifal），為英國古代亞瑟王傳奇中的騎士，曾四處尋覓耶穌在最後晚餐中使用過的聖杯。

放與自由，這或許又是長時間狂野之後所形成的良性副作用。老一輩人士在年輕時只有遙不可及的黃花大閨女可供傾慕，或只有歡場女子可供轉移注意力，但是我們甚至不會自覺優越而對他們產生輕蔑的心理，心中所有的只是訝異之中的同情。

最後連各民族之間的關係也湧現出新的可能性，其中含有更多的包容以及對彼此的更大興趣，同時也樂於見到世界因為民族多元化而變得特別多彩多姿。當時的柏林是一個相當國際化的都市，不過「我們」即使在那個時候仍不時赫然發現，在幽暗的角落正有一些陰森森的納粹分子，目露兇光談論著「東方來的垃圾」，或對「美國化」嗤之以鼻。可是「我們」（這是德國青年當中很難下定義的一個群體，但只要一見面即可辨識出來）不但對異鄉人非常友善，而且對之滿懷熱情：正因為世上不光是只有德國人而已，生活才可以變得更為有趣、美好和豐富！我們歡迎任何來德國做客的人，無論此乃出於自願（例如美國人和中國人），抑或被迫離鄉背井（例如俄國難民）。當時大行其道的是樂於接受外來事物的開闊心胸，以及殷殷善意之中夾雜的好奇。此外，這種作風也被刻意拿來炫耀，用於展現自己如何學會了瞭解及喜愛截然陌生的事物。當時便在泰西與遠東之間交織出友誼與愛意。

對我個人而言，最可貴與最值得珍惜的回憶，來自於一個鄉土與國際兼容並蓄的朋友圈子，也就是濃縮於柏林的寰宇。那是大學裡面的一個小型網球俱樂部，其中我們德國人的數目與外籍成員相差無幾。說來奇怪的是，法國人和英國人難得在此現身，而來自世界其他地方的人士卻幾乎無所不包：美國人和斯堪的那維亞人、波羅的海人士和俄國人、中國人和日本人、匈牙利人和巴爾幹人，甚至連一位多愁善感的土耳其人也不缺席。此後我就再也沒有見過如此自由自在、年輕而開通的氛圍——唯一的例外，就是我短期客居巴黎時所見到的「拉丁區」。

每當我追憶起這段夏夜情景時，便有一股濃得化不開的愁緒襲上心頭。那時我們打完網球以後，往往就在俱樂部的室內繼續消磨時光，一直待到深夜。我們穿著網球褲坐在籐椅上，一面啜飲葡萄美酒，一面滔滔不絕進行熱烈的討論，但不會像此前和此後那樣，把話題一直繞著尖銳的政治問題打轉。有時我們中斷討論，起身打上幾局乒乓球或轉開留聲機翩然起舞。那是多麼的無憂無慮，卻又充滿了年輕人的執著精神；其中滿懷對未來的憧憬、開闊的心胸以及對世界的友好及信任。每當我思及於此，不禁用手托起額頭陷入沉思。我不曉得今天還有什麼事情會更加令人感覺迷惘：德國竟然在不到十年以前一度出現過上述的情景。而更恰當的講法卻是，一切竟然就在不到十年的光陰之內化為烏有。

也就是這同一個朋友圈子，使我獲得了最深刻而持久的戀愛經驗。我相信這也屬於本書的敘述範圍，因為它具有超脫於個人色彩之外的層面。曾經有人說過：「每個人的一生當中只有過一次真愛。」這種說法在十九世紀更是甚囂塵上，但在我眼中這只不過是浪漫的謊言罷了。我尤其認為，若有人硬要在無法加以比較的各次戀愛事件之間弄出一個排行榜來，並表示「某某女性曾經是我愛得最深的人」，那麼這更只會是毫無意義的做法。

不過有一件事情卻是顛撲不破的真理，那就是在人生的某個特定階段，也就是大約在二十歲的時候，愛情的經驗和所選擇的戀愛對象比其他任何時期更能夠決定一個人的命運及性格。人們在這個愛慕少艾的階段，所愛的其實並非某位特定的女性，而是對世界的整體觀點，也就是自己對生命的構想。我們還可以換個講法表示如下：為人所愛的其實是一種理想，一個變得有生命、有血有肉的理想。這是二十歲年輕人的特權——縱使並非所有的人都是如此。而他當時所愛的女性，日後即會幻化成為其人生的理想。

今天我必須遍尋不同的抽象用語，才有辦法描述什麼是我在世上最喜愛的、什麼是我願意不惜一切代價來捍衛的，以及什麼是我絕不肯讓別人破壞的事物。那是因為有些東西可以是至死不渝的追求對象，例如：自由、智慧、勇氣、優雅、風趣與音樂。我不曉得自己如此表示以後，是否有辦法讓別人懂得我的意思。可是在那個時候，我只需要針對以上各點說出一個名字——甚至那只是一個暱稱：泰蒂——我便可以確定，至少我們那個圈子之內的每個人都會瞭解我的想法。我們每個人都深深愛戀著那個名字的所有人，一位嬌小的奧地利女孩。她有著色如蜂蜜的滿頭金髮、臉上長著雀斑、身軀靈活得有如火焰一般。為了她的緣故，我們學會了嫉妒，也忘記了什麼叫做嫉妒。我們經歷了喜劇，也經歷了小小的悲劇。

我們的心中為她譜出了讚歌和狂熱的詩篇，而且我們體會到，若用勇氣和機智來過活，生命就可以變得美麗；如果能夠聽出其中的詼諧和音樂的話，生活還可以過得優雅而自由。在我們的圈子內有一位仙女。這位當年被稱作「泰蒂」的女子，現在想必已經年長許多，而且出落得越發接近塵世。我們當中則沒有人還會停留在那時心中感覺的最高潮。不過她曾經待在我們身邊，我們的心中有過那種感覺，這是永遠無法磨滅的事實。而這個事實對我們所產生的影響，又比任何「歷史事件」都還要來得強烈和深遠。

泰蒂很早就從我們的圈子裡面消失了，這是仙女們習慣做的事情。她在一九三〇年便離開我們前往巴黎，而且打定主意要一去不返。她或許稱得上是第一位女性政治流亡者。她的感觸比我們敏銳許多，早在希特勒還沒有上台以前，便發覺德國境內的愚蠢和邪惡勢力已經茁壯到了具有威脅性的地步。起初她固定每年夏天都回來拜訪一下，可是每次都發現氣氛變得越來越凝滯和令人無法呼吸。她最後一次回來是在一九三三年，然後戛然而止。

在一九三三年以前，「我們」也早就察覺出那種現象。這個不確定的「我們」沒有名稱，沒有自己的政黨和組織，也沒有權力，而且在德國只居於少數。從前不論是在戰時還是在運動狂熱期玩數字遊戲的時候，我們都可以感覺出來，自己說的是每個人都聽得懂的話。可是現在早就出現了完全相反的感覺。我們曉得，現在無法與許多同年齡的人進行任何對話，因為我們使用的是另外一種語言。我們發現，自己的身邊正形成一種「褐色德語」[3]——「獻身投入」、「擔保者」、「狂熱」、「民族成員」、「本土」、「異類」、「劣等人種」——那是一種可憎的語言風格，在每一個字眼的背後都隱含著漫天的粗暴和愚昧。

不過我們也有自己的暗語，用簡略的言詞即可表達對別人的看法，其方式就是說一個人是否「聰明」。這並非用於表示他們的智力是否特別發達，而是用來表明他們是否懂得什麼叫做個人的生活。也就是說，他們是否屬於「我們」這一類的人。我們曉得，愚蠢的人在德國占了絕大多數。但是只要史特雷斯曼還活著，我們的心裡就可以產生某種安全感，因為那些人已經被箝制住了。我們可以無憂無慮地在他們身邊活動，就像在一個現代化的無籠動物園裡面一樣，可以在猛獸之間自由行走，因為我們相信那些濠溝和灌木叢都經過仔細規劃。而那些猛獸應該也有著如下的相對應感覺：其心中對看不見的秩序深深充滿了怨恨，雖然它們也可以自由行走，但活動範圍畢竟還是受到了限制。用一個意味深長的字眼來表示，那就是「體制」，它使得猛獸的確待在自己的框框裡面。

在那幾年當中，他們甚至完全沒有對史特雷斯曼採取任何刺殺行動，雖然那可以是輕而易舉的事情。因為他既無貼身侍衛，也不會躲在重重屏障後面。我們經常看見他在「菩提樹下大街」散步，他長得毫不起眼，個子矮胖，頭上戴著一頂德比式的帽子（Derby-Hut）。「對面那個人不就是史特雷斯曼嗎？」有人突然問道。沒錯，那就是他。有時他站在「巴黎廣場」的一個花壇前側，以枴杖挑起一朵花來，用他向外凸出的眼球仔細端詳。或許他正在思索這株植物的學名為何。

奇怪的是，現在每當希特勒現身的時候，他只是坐在快速通過的轎車裡面，周圍另有十到十二輛坐著全副武裝黑衫隊員的汽車——或許確實有採取此種行動的必要。像拉特瑙在一九二二年就因為拒絕武裝護衛陪同，很快即遭到謀害。但史特雷斯曼卻

3　德國傳統的制服顏色為灰色或藍色，派駐殖民地的單位則穿著淺褐色制服。德國一九一八年戰敗以後，殖民地悉數損失，大量的褐色制服無用武之地。納粹黨乃將之廉價購入做為自己街頭運動穿著的制服，褐色因而成為代表納粹的顏色。日後的納粹恐怖統治即被稱作「褐色恐怖」。

可以在那個時代，沒有武裝、無人陪伴，獨自一人在柏林市的巴黎廣場賞花。或許他是一位魔術師，一個體形寬闊、毫不起眼、其貌不揚和不受歡迎的男子，而且有著水牛頸和凸起的泡泡眼。或許也正是因為他的不受歡迎和不惹人注意，反而沒有人想過來殺他？

我們遙遙對他目迎目送，望著他如何漫步沉思，緩緩從「菩提樹下大街」轉入「威廉大街」。不少人沒有認出他來，完全未注意到他的存在；有些人則向他打招呼，他也客客氣氣地回禮，所採用的不是握手的方式，而是很文明地逐一舉帽致意。我們不免彼此問道，他的這種做法是否「明智」。不論答案如何，我們心中都默默浮現出信賴感，並在尊敬之餘對這位毫不起眼的先生心存感激。不過這差不多也就是全部的感覺，因為他不是那種能夠燃起別人激情的政治人物。

他的去世卻為我們帶來強烈的情緒反應，全身上下突然汗毛直豎。他已經病了很久，只不過外人不曉得病情到底有多麼嚴重而已。後來大家才回想起來，四個星期以前在「菩提樹下大街」最後一次望見他的時候，史特雷斯曼臉色蒼白，而且較平時更為臃腫。可是縱使如此，他依舊不引人注目，也沒有人特別注意到其外觀上的不同。最後甚至連他死亡的方式也同樣不起眼：某天晚上，他於整日辛勞之後正準備跟每位最普通的公民一樣，在就寢之前先把牙齒刷乾淨。這時他突然一頭栽了下去，水杯也從其手中滑落……。各家報紙第二天的大標題便是：「史特雷斯曼……」。

我們讀到這則消息以後均不寒而慄。現在該由誰來出面馴服那些怪獸呢？它們正蠢蠢欲動，並發起了一個瘋狂得令人難以置信、首度以此種形式出現的「公民投票」：[4]凡繼續在「戰爭罪責謊言」的基礎之上，對外簽署條約的部長都必須被判處徒刑以做為處分。這個把愚人拿來做為訴求對象的行動出現以後，街頭又出現宣傳標語、示威活動、大規模群眾集會和遊行隊伍。此時又響起了零星的槍聲，和平的時代已經一去不返。只要史特雷斯曼還活著，大家就不會真正相信此點。可是現在人們在一剎那之間便認清了這個事實。

一九二九年十月，明媚的夏天之後出現了嚴峻的秋日。不但有著淒風苦雨的惡劣天氣，四下更瀰漫著一股與天氣無關的陰鬱氣氛。廣告柱上面又寫出了醜惡的字眼；街頭首度出現了身著泥褐色制服的兇神惡煞，他們就在沒有人聽過的既刺耳又粗俗的

4 戰勝國於一九二九年六月採行「楊氏計劃」（Young-Plan），重新規範德國賠款時間表（每年支付二十億馬克，支付至一九八八年）。德國的鐵路及中央銀行從此不再受外國管轄，得以恢復經濟主權。雖然其條件較前為佳，但極右派勢力仍結合納粹黨發動「反對楊氏計劃公民投票」，並擬立法拒絕賠款及凡爾賽和約、將簽署「楊氏計劃」的官員以「叛國罪」論處。公民投票雖未過關（支持率僅百分之十三點八），但納粹從此聲名大噪，在一九三〇年九月的國會大選中躍升為第二大黨。

進行曲之伴隨下呼嘯而過。官方機構處境狼狽不堪，國會之內吵鬧得震天價響，看似漫無止境的政治危機塞滿了報紙的版面。這些晦暗的情景給人一種似曾相似的感覺，聞起來帶有一九一九或一九二〇年的味道。那時不也是由赫爾曼·米勒這位可憐蟲擔任總理？[5]當史特雷斯曼還在世的時候，總理是誰並不重要。他的辭世現在也就意味著末日的開端。

5 赫爾曼·米勒（Hermann Müller, 1876-1931）為社會民主黨員，曾自一九一九年六月起擔任外長，然後於一九二〇年三月底出任總理，但兩個多月以後即敗選下台，從此改任國會議員。米勒在一九二八年六月至一九三〇年三月回鍋擔任總理（經濟大蕭條時期），下台一年後即去世。

14 嚴峻的布呂寧時代

布呂寧在一九三〇年初出任總理。自從我們有記憶以來，德國首度出現了嚴峻的統治者。一九一四至一九二三年之間所有的內閣都很軟弱。接著上台的史特雷斯曼雖然施政熟練並採取有力措施，可是他的手段柔軟，不會傷害到任何人。布呂寧卻一直讓許多人感覺痛苦。這就是他的行事風格，而且他或多或少以自己的「不合時宜」為傲。他的外觀堅挺瘦削，無框眼鏡的後面瞇著兩隻眼睛，以冷冰冰的目光向外張望。一切客套、圓滑的作風皆與其天性格格不入。他的成就——他毫無疑問確實有過若干成就——皆遵循一個固定的模式，此即「手術獲得成功，病患已經死亡」，否則就是「陣地固守下來，人員全部損失」。

為了支付戰敗賠款，他寧願採取荒腔走板的做法，以致德國經濟瀕臨崩潰、銀行紛紛倒閉、失業人數激增至六百萬。為了讓國家預算保持平衡，他就像一位嚴厲的一家之主，冷酷無情地施展鐵腕，要求大家「勒緊褲帶」。每隔一段固定的時間，大約每隔半年，就會出現一道「緊急行政命令」來刪減俸祿、退休金和社會福利支出，最後連私人的薪資及利息也不斷降低。這些措施環環相扣，而布呂寧咬緊牙關容忍一切痛苦後果。某些後來被希特勒拿來整人的有效措施，也是由布呂寧率先引進的：例如使人無法出國的「外匯管制措施」，或使人難以移民出去的「移居國外捐」。甚至連限制新聞自由和架空國會等實務，亦均由布呂寧首開其端。說來矛盾的是，他進行這一切的目的，追根究柢就是為了捍衛威瑪共和國。可是曠日持久以後，連共和派人士的心中也開始納悶起來：經過這幾番折騰下來，到底還剩下了什麼東西需要他們來捍衛呢？

據我所知，布呂寧政府是一種新的施政方式之濫觴，它不但是習作品，更成為後來受到許多歐洲國家仿效的一種模式：為了抗拒獨裁，於是假借民主之名進行半獨裁統治。若有人願意花功夫來仔細研究布呂寧主政的時代，便不難發現這種施政方式其實已經具有其所欲打擊對象的各種要素，而幾乎無可避免地成為其先修班。結果就是己方的支持者變得氣餒、己方的陣地被挖空牆角、人們已習慣於不自由的狀態。如此一來便在理念上對敵方的宣傳攻勢毫無招架之力，而將主動權完全拱手讓人。最後，當事情激化成一場赤裸裸的權力鬥爭時，己方只會一敗塗地。

布呂寧沒有自己的真正班底，他只不過是受到「容忍」而已，成為兩害相權取其輕之下的產物。他就像是一位體罰學生時，口中喊著「我心裡比你們更痛」的小學老師。相形之下，這當然勝過殘酷成性的刑訊大師。人們心甘情願地忍受布呂寧，因為似乎只有他可以阻擋希特勒。布呂寧本人當然對此也心知肚明，他曉得自己的政治生命維繫於對抗希特勒——也就是此人依然存在之事實——所以他無論如何都不可把希特勒毀掉。他固然必須打擊希特勒，但同時也必須將之保留下來。他絕不能讓希特勒奪得權力，但也不可使之失去危險性。想在其間保持平衡絕非易事！於是布呂寧繃著撲克臉、咬緊牙關，把這個「平衡運動」持續進行了兩年之久。純就此點而言，這已經是一個非凡的成就。然而他遲早總會面臨失去平衡的一天。然後呢？整個布呂寧時代的背後即存在著一個問題：「然後呢？」那個時代的特點就是：眼前的昏暗惟有在殘酷的未來景象之對比下，才得以顯現出比較溫和的面貌。

布呂寧本人能夠為國家帶來的，則不外乎貧窮、沮喪、受到限制的自由，以及一項保證：不會有更好的情況出現。此外充其量還有針對禁慾主義所做的呼籲。不過他的本性過於沉悶無趣，所以就連這項呼籲也無法產生任何感人之處。他沒有為國家提供任何理念和有力的訴求，只是投下了一個孤立無援的陰影。

也就在這個時候，那些閒散已久的各方神聖，又開始鬧哄哄地重新四處招兵買馬。

一九三〇年九月十四日舉行了國會大選，納粹黨在一夕之間，從一個令人發噱的小黨躍升為第二大黨，[1]其國會席次也從十二席暴增至一〇七席。從那一天開始，布呂寧時代的核心人物已非布呂寧，而是希特勒。現在的問題已不再是：「布呂寧還會留下來嗎？」而變成了：「希特勒會上台嗎？」糾纏不清的激烈政治討論，現在也不再圍繞著「是否支持布呂寧」這個主題打轉，而變成了：支持或反對希特勒。至於城郊重新出現的射擊事件，那些開槍的人已非布呂寧的支持者或反對者，而是希特勒的支持者和反對者正在彼此厮殺。

當時希特勒這個人，以及他的過去、本質及言論，一時之間依然對那個唯他馬首是瞻的運動構成了障礙。一九三〇年前後，他在大多數人眼中仍為一個具有陰暗過去的尷尬角色：一九二三年時慕尼黑的救世主以及「啤酒館政變」那場鬧劇的策動者。除此之外，其個人背景對一般德國人而言（並不局限於「聰明人」而已），非常令人起反感：與拉皮條者一樣的髮型、一錢不值的舉止、維也納郊區的德語方言口音，再加上滔滔不絕的冗長言論、有如癲癇症發作一般的動作、狂野的手勢、攫取的姿態、時而閃爍時而呆滯的目光。尤其他在談話中更處處顯露出自己對威脅恫嚇和殘酷暴行的喜好，以及對處決人犯的血腥狂想。

那些一九三〇年在「體育宮」對他歡呼喝采的人群，如果真的單獨在街上與他面對面不期而遇，他們當中的大多數人恐怕會避之唯恐不及。可是現在卻發生了奇特的事情：當這一切可憎、污穢、令人作嘔的事物發揮到了極致以後，反而產生了不可思議的魅力。假使那個傢伙當初發表他第一篇演說的時候，就被警衛人員一把抓住領子帶走，棄置於一個沒有人能夠再看見他的地方（這本來就是他的最佳歸宿），那是絕對不會有人感覺奇怪的。可惜這樣的情形沒有發生，而該人反而一再變本加厲，變得更為瘋狂、更加醜惡。等到他一天比一天出名，變得令人難以視而不見的時候，效果便完全改觀：此時那個怪物產生了吸引力。這同時就是希特勒這個案例的神祕之處，他能夠讓對手異乎尋常地變得精神恍惚、受到麻醉，而且一直無法擺脫這種現象。這就好像受到傳說中「蛇怪的目光」控制一般，不再有能力看出該人即為陰曹地府的具體象徵。

希特勒曾經被傳喚至德國的最高法院應訊，當時他咆哮公堂，表示有朝一日將以完全合法的方式奪取權力，然後人頭將滿地滾動——什麼事情也沒有發生。白髮蒼蒼的庭長未曾動念令人將之收押禁見。希特勒參選總統，與興登堡進行選戰時曾經公開表示，無論選舉結果如何，他都會是這場選戰的贏家。其對手已高齡八十五，而他自己只有四十三歲，所以可以耐心等待下去——再度什麼事情也沒有發生。可是當他第二次公開做出同樣表示的時候，公眾已經笑得有些勉強，只像是被人搔了癢一般。不

1 納粹黨於德國歷次國會選舉中得票率如下：一九二八年五月二十日為百分之二點六；一九三〇年九月十四日為百分之十八點三；一九三二年七月三十一日為百分之三十七點三（最大黨）；一九三二年十一月六日為百分之三十三點一（最大黨）；一九三三年三月五日為百分之四十三點九（最大黨）。其中一九三三年的國會大選舉辦於希特勒上台以後，納粹黨雖然肆意威嚇對手、操控選舉，仍無法獲得過半數選票，「第三帝國」此後即未曾舉行真正的選舉。

久之前曾有六名納粹「突擊隊員」在某個夜晚闖入一名「想法不同者」的家中，將他從床上拖下來活活踩死。他們為此被法庭判處死刑。希特勒於是發了一封電報為他們打氣，對其行動表示讚揚之意——又一次什麼事情也沒有發生。不對，這回終於有事情發生了：那六個殺人犯全部獲得特赦。

我們從觀察中可以發現，下列事項產生了奇特的交互作用，以致事態愈演愈烈：首先是狂妄無恥的作為，使得那個煽動仇恨的魔鬼門徒逐漸成長為魔鬼。那些負責將之制服的人卻頭腦過於遲鈍，等到他們終於醒悟那個人到底說了什麼或做了什麼的時候，該人早已用更瘋狂的言論和更加鬼魅魍魎般的行動，讓過去的言行遠遠瞠乎其後。而他對群眾產生的催眠作用，使得人們日益缺乏抵抗的能力，於是令人噁心的事物產生了魅力，邪惡的事物令人變得狂熱。

除此之外，希特勒幾乎對每個人都做出一切的承諾，這當然又為他帶來了一大群結構鬆散的簇擁者及選民，其中的成員則為無判斷能力者、失望者及陷入貧困者。但這還不是真正具有決定性的地方。除了煽動群眾的言詞和黨章中條列出來的各點之外，他還清楚地以顯然非常誠實的方式，對以下兩點做出承諾：恢復一九一四至一九一八年之間的偉大戰爭遊戲，以及一九二三年在無政府狀態下所進行的狂歡式掠奪行為。換句話說，這也就是他日後的外交方針及經濟政策。他毋須逐字逐句對此做出承諾，甚至可以放心說出表面上看起來與之相牴觸的言語（例如他後來的「和平演說」），而大家都聽得懂其弦外之音。這才為他帶來了真正的門徒，也就是納粹黨的中堅分子。這些動作訴諸兩個曾在年輕一代身上留下烙痕的重大事件，於是有如電光石火一般，傳播到每個私下緬懷這些事件的人身上。能夠置身其外的只有那些已經把這些事件一筆勾銷的人，而且那些人的心中已經浮現出不祥之兆。那些人就是「我們」。

「我們」沒有其他的政黨和旗幟可供追隨，更沒有政綱和戰鬥口號。我們還能跟誰走呢？除了那些被視為已經勝券在握的納粹之外，只剩下一些比較文明，來自資產社會的保守反動人士。他們聚集在「鋼盔團」[2]的周圍，含糊不清地傾心於「前線的經歷」和「本土」。他們雖然不具有納粹那般的暴民作風，但心中同樣憤恨不平，而且也對人生充滿了濃厚的敵意。除此之外還有未戰先敗、早已灰頭土臉的社會民主黨人士。最後更有那些共產黨員，他們在偏執的基本教義主導之下，背後就像掃帚星尾巴一般拖著一長串失敗的痕跡。（那些共產黨員著實令人納悶，無論他們做什麼事情，到了最後

2「鋼盔團」成立於一九一八年耶誕節，為許多德國參戰士兵於戰後組成的聯盟，具強烈民族主義及保皇色彩。「鋼盔團」在一九三〇年共有成員五十萬人，乃威瑪共和國最大的準軍事化組織。「鋼盔團」於一九三一年十月與「德意志國家民族黨」（DNVP）及納粹黨共組反威瑪共和的「哈爾茨堡聯盟」。希特勒上台後，「鋼盔團」被逐步併入納粹的「突擊隊」（SA）。

總是失敗的一方，而且會「於逃逸時遭到擊斃」。這似乎已經成為一項自然法則。）

順便值得一提的，還有宛如人面獅身的「斯芬克斯」一般充滿謎團的國防軍，以及普魯士警察。前者的領導人是一位長袖善舞，坐辦公桌出身的將軍。[3]後者則被說成是訓練精良、忠實可靠的共和國執法機關；可是人們經歷了種種事件之後，免不了會給這個說法打上一個大問號。

以上便是涉及這場遊戲的各方勢力。遊戲的本身則拖泥帶水，而且混沌不清，既沒有高潮，也沒有戲劇化的場面，更看不見決定性的發展。就許多方面而言，當時德國的情況教人聯想起今日歐洲的氛圍：人們就像癱瘓了一般坐待無法逃避的現實降臨，卻又直到最後一刻都還期盼會有奇蹟出現。在今日歐洲這指的是迫在眉睫的戰事，在當時的德國則是即將到來的希特勒奪權和「長刀之夜」[4]。那些納粹黨徒先前已經對此大放厥詞，連局勢演變的細節都和他們所預見的十分神似：駭人的事件正逐步逼近，有能力抵抗者卻精神渙散。他們毫無指望地謹守遊戲規則，可是其對手每天都在犯規，進行單方面的戰爭。事態便飄浮於「寧靜與秩序」和「內戰」之間。街上並沒有放置障礙物，可是每天都出現既無意義又稚氣十足的鬥毆或射擊事件，以及對敵黨聚會的酒館進行突襲，幾乎不斷有人死亡。

那個時候甚至已經有了「綏靖政策」的代言人：一些有勢力的團體倡言要將希特勒

「變得無害」，其方法就是讓他「負起責任」。到處都不斷出現激烈而漫無結果的政治討論，無論是在咖啡廳、酒館、商店、學校和家中皆如此。值得一提的是，那時又出現了一個數字遊戲：大大小小的選舉不斷舉行，以致每個人的腦海之中都是得票數和國會席次。與納粹有關的數字一直向上攀升，而許多正面的事物皆已消失得無影無蹤，此即對生命的喜悅、仁厚之風、無傷大雅的行為、設身處地的體諒、善意與友好、慷慨大方和幽默感。連值得一讀的書籍都極為罕見，這也不外是因為幾乎已經沒有人對好書感興趣。德國的氣氛很快就變得令人窒息。

到了一九三二年的時候，氣氛益發令人窒息，然後布呂寧倒台了。事情發生得沒有來由，而且出現於一夕之間。接著是由巴本和施萊歇爾共同演出的一段奇形怪狀插曲：[5]一個實際上由一群籍籍無名的貴族所組成的政府，就像輕騎兵那樣在政壇上橫衝

3 那位「坐辦公桌出身的將軍」即本章稍後出現的施萊歇爾（Kurt von Schleicher, 1882-1934）。施萊歇爾性喜耍弄權謀，其軍旅生涯幾乎完全跟在高官身旁打轉。革命後他一直任職於威瑪共和國國防部，一九二〇年代末期已可影響興登堡總統而決定部長及總理之去留。布呂寧及其前後任總理皆因施萊歇爾而下台。最後施萊歇爾自己當了不到兩個月的總理——威瑪共和國末任總理。

4 「長刀之夜」指的是一九三四年六月三十日晚上，希特勒下令撲殺「突擊隊」高層及其他主要政敵之行動，施萊歇爾與其妻亦遭殺害。（參見第六章譯注十）

5 施萊歇爾在一九三二年六月促成布呂寧內閣下台，以及巴本（Franz von Papen, 1879-1969）出任總理。十一月

直撞了六個月之久。當時共和國已經奄奄一息、憲法已名存實亡、國會一再被解散和重新改選、報社遭到查封、普魯士政府被撤換、全國的高級行政官員大搬風……。而值此危急存亡之秋，這一切都在幾乎可稱得上是「愉快」的氣氛下進行地如火如荼。

一九三九年的時候，歐洲各地均充滿了德國一九三二年夏天的味道：人們距離萬丈深淵只有一步之遙，令人擔憂的事情每天都可能發生。納粹黨人的服裝終於被解禁之後，他們又穿著制服擠滿了大街小巷。他們投擲炸彈並開始擬訂黑名單，一九三二年八月已經有人和希特勒進行洽商，徵詢他是否有意出任副總理。到了十一月，巴本和施萊歇爾二人已經分道揚鑣，由希特勒擔任閣揆的呼聲已經甚囂塵上。這時阻擋在希特勒與權力之間的，只有一小撮還在試手氣的貴族政治騎士。一切有效的障礙物皆已被清除：憲法早就形同虛文、法律保障已不存在、沒有了共和國……，甚至連支持共和的普魯士警察也已蹤影全無。

時至今日，「國際聯盟」已經沉淪、集體安全機制早已不復可尋、條約的價值與談判的意義亦皆蕩然無存，而西班牙、奧地利和捷克斯洛伐克均告淪陷。[6]可是無論是一九三二年還是一九三九年，在最危險和最絕望的最後一刻，卻又瀰漫著病態的自我安慰式的樂觀主義。這是一種賭徒般的樂觀主義，一廂情願以為凡事都會在千鈞一髮之際自動撥亂反正。當年，希特勒的財務不是已經捉襟見肘了嗎？今天，希特勒的國庫不是已經空空如也了嗎？當年，不是連希特勒的友人終於都決定要對他進行反抗了嗎？今天，情況不也完全沒有兩樣嗎？沉悶昏暗的政治局勢再度生氣勃勃地動了起來——這不也就是一九三九年時的情況？

那時就跟今天一樣，人們的心中已經開始想著：最糟糕的情況總算已成過去。

中，時任國防部長的施萊歇爾又促成巴本內閣下台。因為希特勒拒絕出面組閣，興登堡乃於十二月初任命施萊歇爾出任總理。但巴本進行報復，又說服興登堡將施萊歇爾免職。一九三三年一月三十日希特勒出任總理後，巴本又擔任了一年半的副總理。

6 哈夫納撰寫本書的時候，西班牙、奧地利和捷克三國的情況大致如下：

西班牙：一九三九年初，連續進行了三年的西班牙內戰結束，佛朗哥（Francisco Franco, 1892-1975）率領政變部隊擊潰左派政府，建立了法西斯政權。

奧地利：德軍已於一九三八年三月十二日開入維也納。希特勒「榮歸故里」後，隆重宣布「我的祖國奧地利與德國合併」，並於四月十日以公民投票加以確認。奧地利此後改稱「東方邊區」，德國納粹化的悲劇在奧地利又重新上演一次。

捷克斯洛伐克：一九三八年九月底的「慕尼黑會議」以後，捷克將居民為德裔的蘇台德區割讓予德國。一九三九年三月，斯洛伐克在希特勒的支持下宣布獨立。兩天後，德軍在三月十六日開入布拉格，將「殘餘捷克」變成納粹德國的「保護領地」。

15 準備就緒

我們已經準備就緒。旅途已告結束。我們現在正置身於戰場上，決鬥可以正式展開了。

2

革命

DIE REVOLUTION

16 我的父親——普魯士清教徒

一九三三年初，我是一個二十五歲的年輕人。那時的我衣食無缺、教養良好、彬彬有禮而且作風正派。我的稜角雖然多少已被磨圓，而且我已經度過了莽撞的大學時代，但實際上仍缺乏人生歷練。大致說來，我是德國中產階級教育的標準產物，就像一張沒有寫上幾個字的白紙。我固然持續生活在相當有趣而且戲劇化的時代背景下，不過我迄今的私人生活卻乏善可陳。唯一比較深刻，而且已經留下若干疤痕、經驗與人格特質的個人遭遇，就是我對愛情所做的既熱烈又痛苦的嘗試。年紀相仿的年輕人皆曾有過同樣的經驗。不過當時它們對我產生的吸引力卻遠遠超過了其他事物，甚至成為「生命」的實質。

除此之外，我跟出身自同一德國社會階層的年輕人一樣，也是家中的乖兒子：飯來張口、衣來伸手，可是零用金卻基於原則問題，被那位德高望重、逐漸年邁、既有趣又令人不悅，但暗地裡深受敬愛的父親扣得很緊。縱使我往往對家父不敢苟同，但那時他無疑是我生命中的核心人物。每當我必須採取重大行動或面臨抉擇的時候，免不了都會先徵詢他的意見。而若想敘述當時的我是怎麼樣的一個人（說得更精確一點，那就是我被設計成什麼樣的人），便不能不先對家父做一些描述。

就個人觀點而言，家父是一位自由主義者；若從行事風格及生活方式觀之，他則是一位普魯士清教徒。

清教主義之中有一個特別的普魯士變種形式。它在一九三三年以前，曾為主宰德國的首要精神力量之一，甚至在今日的表象背後仍扮演著一定的角色。它與英國古典的清教主義具有同質性，不過也有著相異的特徵。其先知是康德而非喀爾文；其標竿人物為腓特烈大帝而非克倫威爾。與英國清教主義相同之處則為，普魯士清教主義也強調嚴謹、尊嚴、節慾、責任與忠誠。它同時還強調獻身，因而具有忘我的作風；它要求看輕塵世間的事物，以致具有陰鬱的傾向。普魯士和英國的清教徒，都基於同樣的原則而不給兒子太多零用錢。他們看見年輕人進行愛情實驗時都禁不住皺起眉頭來。

不過普魯士清教主義具有世俗化的色彩。其所服侍及獻身的對象並非耶和華，而是普魯士國王。其褒揚及獎勵的方式並非個人的財富，而是官方之榮銜。最重要的一點卻可能是：普魯士清教主義擁有一扇後門，可通向自由而不受羈絆的「私底下」生活。

例如大家都曉得，腓特烈大帝這位深沉的禁慾主義者——以及普魯士清教主義的偶像——「私底下」是長笛演奏者、橫槊賦詩者、自由思想者及伏爾泰的朋友。幾乎其所有的門徒，那也就是兩個世紀以來的普魯士高級官員和軍方人士，在正經八百的臉孔後面，「私底下」都具有類似的特質。普魯士清教主義喜好具有「堅韌的外殼，柔軟的心腸」之人物。普魯士清教主義發明了那種奇特的德國式表達方法：「就個人立場而言，我的意思是……，不過身為公務員，我的說法則為……。」

這也使得許多外國人迄今始終無法認清一個事實：普魯士（以及受普魯士影響的德國）整體看來雖然總像是一架沒有人性、既殘酷又貪婪的機器。可是若把它拆開來看，也就是實地過去拜訪，並與普魯士人和德國人個別「私底下」進行接觸的話，卻往往會出現不一樣的印象。他們會讓人產生好感，顯得相當人性化、不具傷害性，而且樂於助人。德國這個國家具有雙重性格，正是因為幾乎每個單獨的德國人都過著雙重生活的緣故。

家父「私底下」是一位狂熱的文學鑑賞家及愛好者。其收藏的書籍多達數萬冊，而且直到去世為止，藏書的數目都不斷增加。他不光是「擁有」那些書籍而已，還真正閱讀過。歐洲十九世紀的文學巨擘，諸如狄更斯與薩克雷、巴爾扎克和雨果、屠格涅夫與托爾斯泰、拉貝和凱勒等人，對他來說都不僅僅是姓名而已（以上只列出了他最心愛的幾位作家）。他們都是可以長時間在沉默之中進行對話的朋友。每當他遇見有人可以發出聲音，和他一起把這種對話繼續下去的時候，他更是興奮得無以復加。

不過文學到底是一個非常奇特的嗜好。一個人可以「私底下」放心當收藏家，或是不受干擾地蒔花弄草，甚至還可以身兼繪畫及音樂鑑賞家。然而他不可能每天都只是「私底下」跟活人打交道。我們不難想像，一個長年「私底下」沉浸於歐洲文學界和思想界的精華與糟粕之間的人物，有朝一日終將無法再成為目光侷限一隅、嚴格、迂腐和盡忠職守的普魯士官員。可是家父卻不會如此，他有辦法繼續出任普魯士的公職。他雖不與普魯士清教主義的外在形式脫節，卻又能培養自己心中懷疑色彩濃厚的自由主義。這使得他的官員臉孔越來越成為純粹的面具。

使二者得以並行不悖的工具，就是一種非常微妙、從未大聲說出的祕密反諷。在我看來，這是唯一可以使公務員這種極具爭議性的職業，能夠變得高尚和站得住腳的工具。其中的訣竅就是必須心中常存一念：無論是高高在上者還是任其擺布的弱者，二者都只不過是人而已，並且都是同一部戲碼之中的角色。官員的角色固然需要以嚴厲與冷漠的姿態來扮演，可是同時也需要更多的謹慎、善意與關懷。使用最冷冰冰的官式德文（Amtsdeutsch）來撰寫規章時，若遇見了棘手問題，往往比寫抒情詩還需要投入更多細膩的感情、比破解小說情節當中的懸疑還需要更多的智慧與觸感。

在那些年頭，家父很喜歡與我一同外出散步，並試著仔細向我透露這個官僚主義的高級祕密。他這麼做的目的，無非是希望我有朝一日也能夠出任公職。然而他自己只停留在閱讀和討論階段的嗜好，卻在我的身上繼續發酵，演成了寫作的傾向。當他發現此事之後，免不了感覺錯愕，而且不特別鼓勵我這麼做。當然，他也沒有採取任何明顯的阻攔措施，不但沒有禁止，反而還表示：我可以在閒暇之餘撰寫長短篇小說和各種文章，想寫多少就寫多少。如果它們能夠被印出來讓我填飽肚子的話，那就再理想也不過了。可是現在我必須在大學「學會一些正經的東西」，然後通過學位考試。

家父一方面在內心深處秉持清教徒的懷疑態度，對於我所可能面臨的生活方式大不以為然：整天待在咖啡館，漫無章法地在紙上塗鴉。但他同時也基於自由主義者的智慧，反對把國家行政託付給那些俗不可耐的傢伙。因為他們不僅耽於權力，而且喜歡繁文縟節，以致讓國家威權真正最有價值的一面，淪為毫無意義的排場與法令規章。更何況在他看來，那些人早已盤踞了各級政府機關。於是他竭盡全力，想把我塑造成與他同類型的人物：一個受過良好教育的官員。他或許認為，如此一來就可以為我，也為德國做出最佳的貢獻。

於是我完成了法律學業，並成為通過初級國家考試的「候補文官」。德國與盎格魯撒克遜國家不同之處為，未來的法官及行政官員於大學畢業以後——也就是二十二、三歲的時候——立即接受訓練以嫻習公家事務。「候補文官」大致相當於「見習生」。他們在不同的法院或政府機關工作，看起來與法官或公務員沒有兩樣，但不負實際責任，也無權做出任何決定（而且沒有薪水）。但無論如何，許多法官簽署的判決書實乃出自

「候補文官」之手。他們在開庭時固然無權做出判決，卻有資格進行口頭報告，到頭來往往確實可以影響判決結果。在我曾經接受訓練的兩個不同法庭，法官甚至樂得清閒，乾脆放手讓我主持開庭……。

對一直待在家中當乖孩子的年輕人而言，這種突然到手的公權力無疑是一種深刻的體驗，而且無論就好的一面或壞的一面而言，它都會產生深遠的影響。至少對我來說，我學到了兩樣東西，而且它們都與一種特定的「姿態」有關。其中之一是由冷靜、沉穩以及「充滿善意的枯燥乏味」所共同構成的態度——這可能只有在衙門裡面才學得到。另一個收獲則是以「官方邏輯」——也就是用法理上的抽象概念——來思考的能力。隨後的政局發展使我沒有什麼機會把二者實際運用於既定的範疇內。不過它們——尤其是第二點——卻在幾年以後名副其實拯救了拙荊與本人的性命。家父當初安排我去學習那些事務的時候，當然還不可能預料到這一點。

現在事後回顧起來，一想到當初自己對即將來到的冒險行動做出何種準備以後，我只能自怨自艾露出苦澀的微笑。因為除了曾經接受過的那些訓練之外，我一點準備也沒有，連拳擊和柔術都不會，當然就更不可能具備諸如走私、偷渡、使用暗語等特殊技能了。其實它們在後來那些年頭都是非常有用的東西。

但即使在精神方面，我對眼前的巨變同樣沒有做好準備。不是曾經有人這麼說過嗎？「參謀本部已在承平時期讓軍隊做好了萬全的準備——完全針對上一次的戰爭。」我不曉得此說的正確性如何。但可以確定的是，每一個實事求是的家庭總是把自家的子弟教育得非常適合剛結束的時代。

就我而言，我擁有的知識與技能，足夠供我在一九一四年以前的中產階級時代扮演良好角色。除此之外，對當代歷史的某些親身體驗也使我有能力預先感受到，它們在今日的狀況下恐怕對我不會有太多用處。不過這也就是我所擁有的一切。我頂多能夠用鼻子嗅出即將來臨的危難，於是產生警覺，可是我的觀念世界卻無力將之反映出來。不光是我個人如此，與我同齡者大多也不例外，而老一輩的人士當然更是如此（直到今天，僅僅透過報紙和一週新聞影片剪輯來認識納粹主義的外國人，大多都還處於這種狀態）。我們的思維模式完全在一個特定文明的框框裡面打轉。其中的各項準則都被視為理所當然，而且正因為它們太理所當然了，所以幾乎已為人所遺忘。

當我們就特定的命題與反命題進行爭辯時——例如自由與約束、民族主義與人道主義、個人主義與社會主義——都不會妨礙到基督教人道主義文明之中約定俗成、無庸置疑的部分。甚至連當初加入納粹黨的人士也並非全部都了然於心，自己究竟因此而變成了什麼樣的人。他們或許以為，自己是為了民族主義、為了社會主義、為了反對猶太人、為了一九一四至一九一八年才會這麼做。其中大多數人固然暗中盼望集體冒險行動或一九二三年的狀況重新來臨，但這一切當然至少都應該維持一個「有文化民族」的「人道」形式。

若有人詢問他們是否支持政府成立常設的刑訊機構、是否支持由國家策劃的大規模屠殺行動，他們大多數人很可能只會驚訝萬分地盯著發問者（以上所列僅為較顯眼的事項而已，而且絕非其最終、最恐怖的結果）。甚至一直到了今天，還會有納粹黨人對類似的問題出現吃驚的反應。

當時我還沒有選定自己的政治立場，我甚至難以決定自己最基本的政治傾向究竟是「右」還是「左」。一九三二年有人向我提出了這個良心上的問題，我變得手足無措，猶豫了一下子以後才回答道：「應該比較偏右吧……」。在日常事務方面，我只是依據實際狀況在心中選邊來站，有時根本就不採取立場。當時雖然有許多政黨存在，可是它們都不能對我產生特別的吸引力。不過換個角度來看，我未曾參加任何政黨這個事實，至少避免讓我變成了納粹。

但真正對我產生保護作用的東西，那就是我的「鼻子」。我具有相當發達的精神上的嗅覺。換句話說，這種感覺可以根據美學上的價值，（或者沒有價值！）來判斷別人在道德上及政治上的態度或觀點。只可惜大多數德國人完全缺乏這種能力。他們當中最聰明的人，有辦法使用大量的抽象概念和演繹法來進行愚蠢的辯證，藉此來判斷一件事情的好壞。可是這往往只需要用鼻子一聞，就可以確定它是否發臭。那個時期我已經養成了習慣，用鼻子（即感覺）來決定自己當時還為數不多的堅定信念。

我的鼻子對納粹做出了非常明確的判斷，使我根本就懶得表示，在它偽稱的目標和意圖背後，到底還有多少東西是值得討論的，或至少是「在歷史上站得住腳的」。因為那整個東西再怎麼聞就是不對勁，我馬上可以確定納粹是敵人——不僅是我個人的敵人，也是我所珍惜的一切事物之敵人。關於此點，我的直覺一直是正確的。不過在有一點上面，我犯下了絕對的錯誤：我沒有看出他們可以是多麼可怕的敵人。當時我還傾向於完全不把那些人放在心上（這也是納粹那些經驗不足的對手所普遍存有的態度）。那種態度在當時幫了納粹很大的忙，而且直到今天依然如此。

難得有事情能夠像「我們」——我自己和立場與我相近的人——面對納粹革命來到德國時所出現的反應一樣可笑。我們感覺事不關己，於鎮定自若之下保持平靜，就好像從劇院的包廂做壁上觀一般。可是那場革命的目的，卻是要讓我們在世上站不住腳。而更滑稽的事情很可能就是，又過了幾年以後，整個歐洲的眼前雖然已經有過我們的先例，他們卻也抱持同樣的「看好戲」態度，一動也不動地扮演著觀眾的角色。可是納粹早已開始在歐洲各地搧風放火。

17 假革命（一九三三年二月）

剛開始的時候，那場革命看起來的確架勢十足，頗為類似我們經歷過的「歷史事件」之模樣：一個屬於報紙和公共領域的事件。

納粹黨人將一月三十日標榜為他們的革命紀念日。但這是毫無道理可言的事情。一九三三年一月三十日所帶來的並非革命，而是一場政府改組。希特勒出任的是總理，而非納粹政權的「元首」，除了他之外，內閣裡面只有兩名納粹黨人，[1]而且希特勒是向《威瑪共和國憲法》宣誓效忠。在一般人眼中，當天的勝利者可不是納粹黨，而是那些把納粹「羈絆起來」，並盤踞了政府關鍵職位的右派資產社會人士。就憲法的角度觀之，這比前幾年所發生過的事件都還要來得正常與不具革命性。從表面上看來，那天也不具備革命的任何特徵——除非有人硬要把當天晚上威廉街的火炬遊行以及柏林城郊一場不痛不癢的射擊事件做此解釋的話。

對於我們這些另類的人來說，一月三十日的經歷實際上只侷限於報紙上面讀得到的報導，以及它們給人帶來的觀感。

當天早上，報紙的頭版標題寫著：「總統召見希特勒」。人們多少會感覺無助，於緊張之中帶著怨氣：前一年八月和十一月的時候，總統也曾召見希特勒，分別打算讓他出任副總理和總理的職務。不過他每次都提出令人難以接受的條件。每當談判失敗以後，官方都鄭重對外宣布：「……無庸再議」。可是每次的「無庸再議」都只能維持三個月。在當時的德國，希特勒的對手已經有著一種同樣病態的癖好，孜孜不倦把他想要的東西，用一次比一次廉價的方式拱手讓給他，簡直就像是強迫他接受一般（這與世人今日的做法並無二致）。每次都有人像煞有介事地宣布放棄「綏靖政策」。可是一等到時候到了，卻又冒出新一輪的姑息措施——這又和今天的情況完全相同。無論是當時或現在，我們唯一的希望都是希特勒自己的不識抬舉。他的不識抬舉是否必然會耗盡其對手的耐心呢？可惜當時和現在的情況都明白顯示出來，他的對手是無論如何也不會失去耐心的……。

那天中午的大標題是：「希特勒再度要求太多」。人們的心情已經開始趨於平靜，禁不住點了點頭。毫無疑問，依據希特勒的天性，他索取的東西本來就不可能少於「太多」。看來大家又逃過了一劫，而希特勒本人似乎就是讓人免於遭受希特勒荼毒的不二

1　希特勒上台之初，內閣裡面僅有的兩名納粹閣員為：內政部長弗里克（Wilhelm Frick, 1877-1946），以及不管部部長戈林（Hermann Göring, 1893-1946）。

法門。

下午五點，晚報出刊了，上面寫著：已經成立「民族集中內閣」——由希特勒擔任總理。

我不確定一般人普遍對此產生的第一反應為何，但我的初步反應足足持續了一分鐘之久：一道涼徹脊髓的寒意。當然，事情其實早就已經「注定」，這是沒有人可以視而不見的事實。然而一等到這個事實白紙黑字出現在眼前以後，卻又虛幻得令人難以置信：由希特勒擔任總理……！我似乎聞到了希特勒那個傢伙身上散發出來的血腥與污穢的臭味。而且我感覺好像有一隻既具有威脅性，同時又令人噁心的兇殘野獸正在逐步逼近——獸蹄骯髒而銳利的爪子已經伸到了我的面前。

然後我試圖擺脫這一切，強露出微笑，努力靜下心來思考，並找到不少確實可讓人感到安心的理由。當天晚上我也和家父討論了這個新政府的前途。我們所達成的共識是，該政府固然有機會製造出許多禍害，但不大可能長期執政下去。整體而言，那只是一個由希特勒擔任馬前卒的黑色反動政府。除了希特勒這個附加物以外，它與接替布呂寧的最後兩任內閣並無太大實質上的不同。即使加上了納粹之後，那些人也無法在國會取得過半數席次。國會固然可以一再被解散，可是這個政府擺明已受大多數百姓唾棄，特別是結構緊密的工人階層。等到那些溫和的社會民主黨人士丟盡最後的顏面之後，工人很可能就會轉而投效共產黨。當然，政府可以設法查禁共產黨，但這只會使之變得更具危險性。現在政府很可能將延續迄今的做法，在社會及文化方面採取反動措施，甚至為了討好希特勒而變本加厲把反猶太主義也加進去。可是這樣的做法並不會把自己的對手爭取過來。

在外交政策方面，他們或許將採取高姿態，甚至不無擴充軍備的可能。如此一來，除了國內百分之六十不支持政府的人口之外，外國也會自動加入反對的陣營。而最近三年以來突然投票給納粹的選民又是些什麼樣的人呢？他們大多只不過是缺乏判斷能力的人、宣傳下的犧牲品和遊移不定的群眾，只要一開始變得失望以後就會紛紛做鳥獸散。如此看來，這個政府並無值得令人擔憂之處。唯一教人難以捉摸的地方，就是將來該由誰來遞補它的位子，以及這個政府是否將促成內戰爆發——那些共產黨人很可能會在遭到查禁之前，不願束手就擒而搶先一步採取攻擊行動。

第二天的情況顯示，就事論事的報刊所做之預測與我們的意見大致吻合。說也奇怪的是，雖然大家現在都曉得後來事情演變成何種地步，可是當時的報導即使今天讀起來都仍然顯得無懈可擊。那麼為什麼事情到了最後還是出現大逆轉呢？其中的原因或許正是，當初我們都過於確信不可能會出現不同的發展。以致大家都沾沾自喜，根本就沒有想到萬一出現了最惡劣的狀況，又該採取何種手段來加以制止。

即使在二月這整整一個月裡面，凡事都還只是停留在報紙上面的新聞報導之階段。也就是說，這個氛圍使得百分之九十九的人一時之間都忽略了一個事實，此即有朝一日將不再有報紙出現。可是在那個氛圍的背後，其實已經發生了許許多多的事件：先是國會被解散，接著在興登堡公然違憲的情況下，普魯士邦議會也遭受同樣的命運。高級政府官員已被肆意大幅更換，選戰之中也冒出了赤裸裸的暴力恐怖行為。

人們不得不承認，納粹黨徒現在已經不再遮遮掩掩：他們不斷派出打手部隊去其他黨派的選前集會鬧場，而且幾乎每天都槍殺一至二名政敵。有一天他們甚至把一位社會民主黨人位於柏林郊區的住宅徹底焚毀。新上任的普魯士內政部長（那是一名納粹，一個名叫赫曼·戈林的退伍上尉）甚至頒布了一道瘋狂的命令，要求警方在衝突出現時，不分青紅皂白偏袒納粹黨人，並得無預警向另一方開槍。沒有多久以後，甚至出現了由納粹突擊隊組成的「輔助警察」。

不過，正如同前面所說，一切都還只是報紙上面的報導而已。人們的所見所聞，與幾年前司空見慣的情況並無明顯差異。街上出現的是同樣的褐色制服、行軍隊伍、萬歲口號，凡事皆進行如常。當時在我擔任見習生的柏林高等法院——普魯士的最高法院——司法實務也未曾因為普魯士內政部長頒布的瘋狂命令而出現任何改變。此外，依據報紙上面的說法，憲法固可棄如敝屣，但是《民法典》之內的任何條文皆維持有效，並且與往常一樣受到細心呵護。事情的真相究竟如何？儘管總理天天公然用醜惡的字眼辱罵猶太人，可是在我們的判決委員會裡面照樣有一位猶太籍法官。他還是一如既往，明鏡高懸本著良心來判案。他所做的判決依然受到承認，被整部國家機器視為執行時的依據——儘管同一部國家機器的最高領導人每天都把他斥為「寄生蟲」、「劣等人種」或「瘟疫」。到底是什麼人在那邊出洋相？這種充滿反諷的情況究竟對誰較為不利？

我必須承認，當時我傾向於把司法體系繼續運作以及生活腳步未遭打亂等事實，都看成是反納粹行動的勝利：不論納粹表現得多麼喧囂與狂野，頂多也只能攪亂政治的表層而已。表層下面的海洋深處——百姓真正的生活——則是他們所無法觸及的。

完全無法觸及海洋深處？當時表層的渦流不是多少已經向下波及我們這邊了嗎？它令人再度因為緊張而顫抖，讓私人針對政局進行的討論之中突然充滿了難消的憤意，更使得一切都無時無刻不繞著政治打轉。政治豈不已經對私人生活產生了奇特的作用，以致任何不含政治意味的生活方式，現在都可以被理解成政治示威行動？

不論事態如何發展：我仍然繼續堅持過著正常而不泛政治化的生活。既然無論在任何地點都無法展開反納粹的抗爭，那麼我就退而求其次，至少不讓自己絲毫受到他們干擾。或許正出於同樣的抗拒心理，我決定就在這個節骨眼去參加一場大型嘉年華舞會，雖然我對嘉年華會其實並不怎麼感興趣。不過我們倒是想看看，納粹是否也有辦法對狂歡節採取干預行動！

18 柏林的嘉年華舞會

柏林的嘉年華會就像柏林的許多事物一樣，稍微帶有人工化的不自然與做作色彩。它既不若天主教核心地區那般具有怪誕而被神聖化的儀式，也不像慕尼黑的狂歡節那樣隨興而發和引人入勝。其主要特徵就是柏林味十足：「熱鬧」與「組織」兼具。我們可以說，柏林的嘉年華會就是一場五彩繽紛、組織卓越的大規模愛情摸彩活動，裡面有大獎也有空籤。人們可以利用這個機會，彷彿抽獎一般來認識女孩子、與她接吻，並在一夕之間完成一個愛情故事的全部準備階段。

活動的結尾就是倆人在破曉時分共乘計程車離開，並相互交換電話號碼。然後通常都會馬上曉得，是否能夠由此衍生出一段美麗的愛情故事，抑或只是留下有如宿醉般的苦楚。整個活動的過程——這是它名副其實「熱鬧」之處——都發生在一個五顏六色、裝飾狂野的環境裡面，其間夾雜著伴舞樂隊喧天的演奏聲，以及一大堆諸如彩色紙帶和燈籠之類狂歡節必備的物品。人們借酒裝瘋，買得起多少就喝多少。幾千人彼此擠來擠去，就好像待在一個沙丁魚罐頭裡面。每個人都做著同樣的事情，所以大家都不會忸怩做態。

不知為何，我去參加的舞會取名為「篷舟」。它是由一家藝術學校所舉辦的，與柏林所有的嘉年華舞會同樣盛大、吵鬧、繽紛和擁擠。那天是二月二十五日，一個星期六。我抵達的時間相當晚，舞會早已進行得如火如荼，四下塞滿了花花綠綠的絲衫、光溜溜的香肩和少女的美腿。人群摩肩接踵，根本寸步難行。衣帽間沒有空位，餐檯也人滿為患。這種擠得滿滿的狀況就屬於「熱鬧」的一環。

其實我並不怎麼提得起勁來，早在抵達之際便已覺意興闌珊。當天下午我聽見一個令人不安的謠言：選戰進行得不如人意，以致納粹準備發動政變、大肆採取逮捕行動並進行恐怖統治。幾週之內恐怕就會有事情發生，所以大家都應該對此做好準備。這不免令人憂心忡忡，但它到底只不過是報紙上面的預測而已。事情的真相不就在這裡嗎？那是耳邊傳來的嗡嗡談話聲、歡笑聲、伴舞的樂聲，還有四下少女們的嫣然微笑。

我一時還拿不定主意，只是心猿意馬站在階梯上到處張望，看著周遭波動起伏的人潮和熱情洋溢的笑臉。那麼多人心中惡意全無，一心只想覓得一位討人喜歡的女友或男友，縱使這段友誼只能維持一夜或一夏也無所謂。他們想獲得的是生命中點點滴滴的甜蜜、小小的冒險經歷和值得玩味的故事。就在這個時候，我的心頭卻突然湧上一種既奇特又令人暈眩的感覺：我彷彿與這幾千名衣著光鮮的年輕人共同被禁閉在一艘大船裡面。船身正在劇烈搖晃擺動，而我們卻在最偏僻、有如鼠穴般的船艙內縱情歡舞。可是頂層的駕駛室已經有人決定引水灌滿船上的那個部位，讓其中的一切全都溺斃，管他是人還是老鼠。

此時後方伸出一隻手挽住我的手臂，並傳來了悅耳而熟悉的聲音。我連忙轉身探望。我的身體轉向何方了呢？我們可以說我又回到了現實世界——我的眼前站著一位來自以往幸福的網球時代之友人，一個名叫麗莎的女孩子。她消失了很長一段時間，我都已經快記不得她了。現在她驀然重新出現在我眼前，樣子就和從前一樣友善，可以為人帶來慰藉和喜悅。她把我和心中的悲觀念頭阻隔開來，以她嬌小而挺直的身軀，為我擋開了上帝、世界和納粹，讓我重新想起自己在嘉年華舞會應盡的義務。我在一個小時之內即已不再落單，我的「彩券」已經中了獎：那是一位裝扮得像是土耳其少年的黑髮女子，其長相頗為秀麗優雅，還有著嫵媚動人的褐色大眼睛。乍看之下，她多少會教人聯想起伊莉莎白·貝爾格納[1]那位女演員。那是她嚮往的目標，也是當時每一位柏林少女嚮往的目標，而且她們再也想不出更好的偶像來。

麗莎眨眨眼為我打氣以後，又消失於熙攘雜沓的人群之中，那位「貝爾格納女孩」

1 伊莉莎白·貝爾格納（Elisabeth Bergner, 1897-1986）為奧地利女演員，一九二〇年代先後於慕尼黑及柏林演出舞台劇及電影獲得極大成功。貝爾格納於一九三二年移居英國，並活躍於英美影劇圈。

便成為我當天晚上的女朋友。而且她不但當晚是我的女朋友，即使在繼之而來的整個悲慘時代也不例外。這並非一段全然幸福美滿的友誼，然而我在那一刻是無論如何也不可能曉得此點的！她輕盈得宛如羽毛一般，與之攜手共舞是令人愉悅的經歷。她用高高的嗓音輕聲說出早熟的話語，也以略帶酸澀矜持的柏林式魅力，開開無傷大雅的玩笑。此時她看起來較實際年齡成熟的雙眸，更散發出閃耀的光芒。她的確夠迷人了，我對「抽中的大獎」相當滿意。

我們共舞了一陣子以後，就走去小酌一番，接著一同漫步進入一個只有隱約樂聲傳來的小房間。我們在那邊找個地方坐了下來，互猜對方姓甚名誰，最後決定還是互相取名字算了。她把我叫做「彼得」，我則稱之為「查莉」。這聽起來倒像是維姬·鮑姆[2]小說中的情侶名字，而且我們也找不出比這個更好的名字。當我們取這些名字的時候，正準備成為一對既摩登又規矩的情侶。我們的左右兩側各有一些情侶正彼此忙得不可開交，不過他們倒沒有對我們造成干擾。室內另外出現的一位老演員卻不然，他孤零零獨自一人站著，於憂鬱中帶著祝福在那邊發號施令。他把我們稱做「小朋友們」，還為我們當中的每一個人叫來一杯雞尾酒。那時的情景就好似在家中一般。待著待著，我們已經準備走出去繼續跳舞了，而且我曾答應過麗莎，當天還會再和她見一面。可是事情卻出現了截然不同的發展。

不知怎地，我們當中突然冒出警察已在屋內的消息。時而有人醺醺然四下走動企圖引人注目，還各盡所能以戲謔性的口吻大呼小叫，成功製造了若干騷動。其中一人甚至喊道：「趕快站起來，警察已經走進房間裡面了！」我並不認為這是什麼高明的玩笑，可是謠言很快就顯得越來越逼真。有些女孩子變得緊張兮兮，禁不住跳了起來，連忙快步離開，背後緊跟著她們的白馬王子。

這時有一個從頭到腳都穿戴成黑色，而且頭髮和眼睛也烏溜溜的年輕男子突然起身，就像群眾集會上的演說者一般，用尖酸而粗魯的語氣在房間內放聲表示：我們大家最好全部都趕快離開此地，免得必須在「亞歷山大廣場」過夜（警察總署和看守所便位於亞歷山大廣場）。那個人的舉止虛實參半，好像他本人就是警察一般。我又仔細瞧了一眼，回憶起來他曾經獨自一人在此坐了很久，然後又很和平地與一個少女擁吻。可是該少女現在已經不知去向。除此之外，我現在才發現他的便帽上面有一個徽章，其圖案是一束棍棒中間捆著一把斧頭。[3]而他的黑色服裝，天哪！那竟然就是法西斯的

2 維姬・鮑姆（Vicky Baum, 1888-1960）為先後活躍於德國及美國的奧地利女作家。好萊塢根據其小說拍攝的電影《大飯店》（*Grand Hotel*），剛在一九三二年榮獲奧斯卡最佳影片獎（女主角：葛麗泰・嘉寶）。

3 一束棍棒中間捆著一把斧頭的標誌亦稱「法西斯」（fasces），原為古羅馬高級地方行政官吏的圖騰，以實物製成。棍棒用於象徵懲罰權，斧頭則代表生殺大權。這後來被義大利法西斯主義者拿來做為自己的標誌。

制服！——多麼奇怪的裝束！多麼詭異的舉止！那位老演員從位子上緩緩站了起來，默不做聲、搖搖晃晃地離開了。一切都突然顯得有如夢境一般。

從外面大廳照進來的燈光突然熄滅，同時那邊不斷此起彼落傳來尖銳刺耳的呼嘯聲。每個人的臉色一下子都顯得慘淡不堪——那看起來就像是舞台燈光所製造出來的效果。「警察真的來了嗎？」我忍不住問了黑衣男子一聲。「沒錯，我的孩子！」他拉大了嗓門回答我。「為什麼呢？到底發生了什麼事？」「發生了什麼事？」黑衣男子吼道：「說不定你自己早已曉得了答案，那就是有人不想看見這樣的場面。」他一面說著，一面很粗魯地揮手啪的一聲，往站在附近一位少女光溜溜的腿上打去。我摸不透他這麼做究竟是想替警察幫腔，或者純粹是沒有教養的行為，於是聳了聳肩膀開口說道：「查莉，我們打算自己出去看看苗頭，對不對？」她點了點頭，乖乖跟著我一同走了出去。

果然，到處都出現了有如驚弓之鳥般的舉動，四下紛亂雜沓、心神不寧，而且略嫌狼狽。或許真的出了事——譬如發生了不幸的意外，或是有人在爭鬥？說不定這裡還鬧出了納粹黨和共產黨之間的射擊事件？這並非不可能的事情。我們穿越了許多房間和廳堂，居然真的看見了警察，看見了他們的警帽和藍色的制服。他們就像中流砥柱一般，屹立於洶湧激盪的繽紛服裝之間。從他們那邊應該可以得到完整的訊息。於是我略顯疑惑、面露微笑、帶著信賴感走向其中一人，彷彿在街角向警察問路一般說道：「我們真的必須回家了嗎？」

「我並不反對你們回家。」他回答道。我幾乎倒退了一步，因為他緩慢、冰冷而狡猾的語調之中充滿了威脅性。接著我果真倒退了一步：那張臉孔！那不是我們看慣了的忠厚老實的保安警察面貌。那張臉看起來彷彿只是由牙齒構成的。至少那個人曾經名副其實對著我齜牙裂嘴，而且以一種令人難以置信的方式把兩排牙齒都露了出來。這種模樣難得出現在人臉上面：他的牙齒又小又尖，與一條兇狠掠食的大魚難分軒輊。他的金髮和蒼白臉孔蓋在警帽下面，看起來就像一條魚，像一條鯊魚。他死板的眼睛像水一般無色、頭髮無色、皮膚無色、嘴唇也無色，然後鼻子在牙齒上方像魚躍似地向前凸出。我不得不承認，他的長相確實充滿了「北方人種」的味道。但那已經不再是一張人臉，反而比較像是鱷魚的面孔。我禁不住不寒而慄——我看見了一張「黑衫隊」（SS）的臉孔。

19 國會大廈縱火案

兩天以後，國會大廈失火了。

我難得與現代歷史事件擦身而過，可是卻完全「錯過」了國會大廈縱火案。那場大火燃起的時候，我正在柏林郊外拜訪一位和我一起當見習生的朋友，並與他討論政治。那位先生今天已經出任相當高的軍職。就其心態而言，他是「絕對的非政治化」，只不過對自己的職業具有高度熱忱，同時又恪遵職守，因而獻身於征服外國的技術性工作。

當時他是和我一樣的見習生。他是一位好夥伴，只不過性格略嫌枯燥，而且自己也深深以此為苦。身為家中的獨子和父母最大的希望，他未免過度受到呵護，以致無法從那個充滿愛意的監獄破繭而出。他生命中的最大遺憾，就是無緣經歷真正的愛情故事。他並非納粹，而且絕對不是納粹，即將來臨的國會大選因而使他手足無措。他的「國家意識」很強，不過他要的是「法治國家」，這便成為其揮之不去的矛盾。迄今他都把選票投給「德意志民族黨」[1]，可是現在他覺得這麼做一點意義也沒有。說不定他根本就不會過去投票。

他身心疲憊地接待我們這些訪客。「你必須正視一個事實」，有一個人對他說道：

「現在擺明在推行國族政策，你怎麼還可以在那邊舉棋不定呢？現在的關鍵問題就是要不要這麼做。即使最後必須為此而刪掉幾個法律條文，那又有何妨！」另一個人對此持有疑慮，其理由是社會民主黨至少曾經做出貢獻，「把工人階級又拉回到國家裡面來」，而當前的政府只會使這個艱辛的工作前功盡棄。我則對那些「輕率」言論大不以為然，因為在我看來，投票反對納粹完全攸關個人品味的好壞，不論政治立場如何，每個人都應該這麼做。這時那位親納粹的仁兄做出了善意回應：「好吧，那麼至少也該把票投給那些『黑白紅派』[2]。」

就在我們一面討論那些愚蠢的話題，一面啜飲摩瑟爾美酒的同時，國會大廈失火了。那個倒楣的凡・德・盧伯[3]剛好帶著官方用得著的證件，置身於正在燃燒的房舍之

1 「德意志民族黨」（DVP）為溫和右派自由主義者的政黨，史特雷斯曼生前即擔任其黨魁。威瑪共和國末期政治光譜的兩極化，使得「德意志民族黨」失去生存空間。該黨在一九三三年三月五日的大選中僅獲得百分之一點一的選票，三個月後即告解散。

2 為了參加一九三三年三月五日的國會選舉，極右派的「德意志國家民族黨」（DNVP）與「鋼盔團」共組「黑白紅戰鬥陣線」（Kampffront Schwarz-Weis-Rot）以進行選戰。「黑白紅派」為納粹之盟友，其百分之八的得票率協助納粹政權獲得過半數選票（51.9%）。

3 凡・德・盧伯（Marinus van der Lubbe, 1909-1934）為荷蘭傷殘工人及獨來獨往的共產黨員，一九三三年二月二十七日晚上九點半被逮捕於國會大廈失火現場。盧伯在審訊時表示縱火乃其一人所為，因而被判處死刑，次

內。希特勒就像華格納樂劇中的諸神之王佛坦（Wotan）一樣，在雄雄烈火映照之下，站在國會大廈前面大放厥詞：「如果那些共產黨徒真的幹了這個勾當——本人對此可一點也不懷疑——那麼他們就只能祈求上帝保佑了！」當時我們沒有打開收音機，所以對此還一無所知。接近午夜的時候，我們睡眼惺忪搭乘末班公車回家。這時許多突擊小組已經分頭出動，將其犧牲者一個個從床上拖了出來。這一大批人便成為新設立的集中營之首批囚徒，其中包括了左派議員、左翼文人，以及納粹不喜歡的醫生、官員和律師。

第二天清晨，我才從報紙上面曉得國會大廈起火了。但一直要等到當天中午，我才讀到有關大規模逮捕的消息。差不多也就在同一個時候，興登堡頒布行政命令，取消了個人的言論自由以及通信和電話的祕密。警方則有權逕行搜索民宅，採取沒收及拘捕等行動。下午的時候，已經有長相憨厚的工人拿著梯子四處走動，把廣告柱和看板上面的選戰海報仔細用白紙貼上一層——各左派政黨已被禁止繼續進行選舉造勢活動。仍然獲准出刊的報紙則幾乎口徑一致，以一種既諂媚又愛國意味十足的歡呼語調，對一切作為表示贊同之意：「我們已獲得拯救！」、「吾人有幸，德國已重獲自由！」、「全體德國人將滿懷謝意，共同歡慶週末的民族奮起慶典[4]！」、「讓吾人燃起火炬、高舉旗幟！」

以上便是報紙的說詞。街道看起來仍然一如往昔，戲院照常放映電影、法院依舊進行判決。革命？連一點跡象也沒有。人們坐在家中，神情略顯慌張、心中稍帶恐懼，想摸清楚到底發生了什麼事。只不過這在一時之間絕非易事！

這麼說來，原來是那些共產黨放火把國會大廈燒了。這是相當可能的事情，甚至是非常可信的。只不過很奇怪的地方是，為什麼他們偏偏選中了國會大廈？它只不過是一棟裡面空蕩蕩的建築物而已。把它燒了，這對誰來說都不痛不癢。或許按照報紙上面的講法，那的確是革命之前做為信號的「烽火」，而政府的「果斷行動」阻止了革命爆發。可是更奇怪的事情卻是，那些納粹黨人竟然會為了國會大廈而大動肝火！直到起火當天以前，他們均將之譏諷為「廢話屋」，現在卻突然變得好像是最神聖的場所受到了褻瀆一般，只因為有人在裡面放了火。凡事都可以看情況做出對自己最有利的解釋，這就是政治，可不是嗎，鄰居先生？幸好我們對政治一竅不通。最重要的就是，共產黨鬧革命的危機已經解除，我們又可以放心蒙頭睡大覺了。晚安。

年一月被處決於萊比錫。國火大廈縱火案的受益者為納粹政權，但事件的真相迄今仍無定論。一九九九年盧伯九十冥誕時，德國政府曾在國會大廈為之立牌紀念。

4 那個「民族奮起」的星期六指的是一九三三年三月四日，即國會大選的前一天。

現在言歸正傳：國會大廈縱火案最有趣的一點可能就是，幾乎所有的人都相信那是共產黨放的火，甚至連持懷疑態度者都認為此事不無可能。當然，共產黨人自己也難辭其咎。他們在近幾年內早已發展成一個強大的政黨，並始終不斷做出威脅，表示自己已經「準備就緒」。同時基本上也沒有人相信，他們會不加抵抗便束手看著自己被查禁、被屠戮。

在整個二月的時候，大家的眼睛都稍稍「向左看」，算準了共產黨會採取反制行動。可是卻沒有人期待社會民主黨挺身而出——大家已經對他們失去了任何期望。比方說，澤偉林和傑辛斯基[5]在一九三二年七月二十日的時候，雖然自己在法理上完全站得住腳，而且有八萬名裝備齊全的警察大軍為其後盾，可是當國防軍派出一個連的部隊進行「武力恫嚇」時，他們卻「退避三舍」。[6]但共產黨可不一樣。其黨員態度堅決、相貌兇惡，他們彼此之間揮拳打招呼，手中並持有武器。無論如何，他們不時在酒館射擊事件中與人交火，對自己的勢力及組織深具信心。此外俄國絕對也從旁指點，教導他們怎麼幹「那檔子事」。納粹已經擺出務必除之而後快的姿態，而共黨勢必會拚死抵抗，這是理所當然的事情。因此大家心中不免一直納悶，為什麼共產黨的反擊行動遲遲未曾出現。

德國人要花了很長時間以後才終於確定，共產黨雖然外面披著狼皮，其本質卻是綿羊而已。納粹黨大肆散播神話，表示他們已將共黨政變事先消弭於無形，而共產黨自己做出的動作，更讓人輕易就可以相信納粹的說法。可是又有誰能夠逆料得到，共產黨在揮起的拳頭後面其實什麼東西也沒有呢？

即使在今天的德國，還有人相信當初共黨造成威脅的說法，但這只能怪罪共黨自己。無論如何，德國共產黨一再失盡面子之後，其弱點已經傳播開來，所以大多數人已經再也不怕他們了。甚至連納粹都不太想將他們重新拿來做為話題，頂多只有在面對一些尊貴的外國人士時才會舊話重提。反正不管納粹講什麼話，他們都會相信。

絕大多數德國人在一九三三年二月相信，的確就是共產黨在國會大廈縱火，這在我看來是毋須深責之事。他們必須被責備的地方，就是在納粹時代首度表現出可怕的

5 澤偉林（Carl Severing, 1875-1952）為社會民主黨人，鉗工出身的普魯士內政部長（1920-26, 1930-32）。傑辛斯基（Albert Grzesinski, 1879-1947）亦為社會民主黨人，金屬壓印工人出身的普魯士警察總長（1925-26, 1930-32）。二人與普魯士總理奧圖・布勞恩（Otto Braun）眼睜睜望著中央政府對普魯士邦發動政變而不加抗拒。（參見譯注六）

6 普魯士（位於德國中部及北部，面積占德國三分之二）自一九二〇年起即由溫和左派的社民黨執政，成為右派中央政府之眼中釘，被視為「赤色堡壘」。一九三二年七月二十日，興登堡與極右派保守勢力強行解散普魯士政府，並以巴本總理兼任中央駐普魯士全權代表。此由上而下的政變史稱「鞭打普魯士」，公然違反了威瑪憲法所規定的聯邦制。普魯士的八萬警察大軍從此落入中央政府手中，來自德國南部的納粹運動向北方奪權之最大障礙於焉被排除。

集體軟弱性格，以致事情發生之後就不再追究下去。國會大廈有一些東西被燒掉了，這就足以讓百姓被剝奪憲法所保障的個人自由及公民尊嚴！而一般人便像綿羊似地乖乖就範，好像事情本來就應該是這個樣子——既然共產黨把國會大廈燒了，那麼政府理所當然有權採取「強有力的干預行動」！

第二天早上，我和幾位法院見習生一起討論相關的事件。每個人都對一個問題表現出很大的興趣，那就是到底誰在國會大廈放了火，同時不止一個人對官方的說法不表苟同。然而卻沒有人提出質疑，為什麼從此我們的電話交談可以被竊聽、信件可以被拆閱檢查、書桌可以被外力強行打開，彷彿那根本就沒有任何不對勁的地方。

「我覺得這是對個人的侮辱，」我忍不住開口說道：「只不過因為有人宣稱某個共產黨員放火把國會大廈燒了，所以我就無法再閱讀自己想看的報紙。你們難道沒有同樣的奇怪感覺嗎？」有一個人快快樂樂，漫不經心地回答道：「不會啊。怎麼了？難道你直到現在都還在閱讀《前進報》跟《紅旗報》[7]嗎？」

我在那個多事的星期二[8]晚上打了三通電話。首先我打電話給我的新女朋友查莉，想和她敲定下一次約會的時間。一則這或許是因為我的確已經愛上她的緣故，但更主要還是出於抗拒的心理。我不想讓別人來干擾我的生活，而且這種態度在目前的情況下變得更加堅決！更何況查莉是猶太人。

接著我打電話給一家柔術學校，向他們索取招生簡章及詢問上課的條件。我的心中出現了一種感覺，那就是人人在當下的時刻都必須學會柔術。可是不久以後我就注意到，柔術能夠幫得上忙的時代已經過去。現在人人更應該學會的，就是一種心智上的柔術。

最後我打電話給麗莎那位老朋友。我這麼做並不是想和她約會，而是想為參加舞會那天沒有再和她見面表示歉意。同時我也想曉得，她是如何平安離開的——現在這個問題比過去的任何時刻都要來得有意義。

麗莎聽起來似乎正在話筒的另一端啜泣。她開口問我，既然我來自司法界，或許曉得昨晚被逮捕者目前的境遇如何？她突然默不做聲，接著又以堅強的語調問道，那些人是否至少還活著。顯然她還沒有適應廢止通話祕密以後的生活。

她的男朋友也是被捕者之一。那不是來自嘉年華舞會的男朋友，而是她深深愛戀的對象。他是柏林市一位著名的左派醫生，曾在自己的那個市區——居民主要為工人階層——舉辦聲名遠播的大規模義診行動。他還公開撰文表示，值此社會危難之際，

7「前進報」是社會民主黨（SPD）的黨報；「紅旗報」則為德國共產黨（KPD）的黨報。

8「那個多事的星期二」指的是一九三三年二月二十八日，即興登堡總統簽署「護民衛國行政命令」，限制百姓言論自由及集會結社自由的當天。德國從此進入戒嚴狀態，一直持續到十二年後納粹政權敗亡為止。

墮胎行為應免於刑責。他的名字出現在納粹第一份黑名單上面。

在隨後幾個星期之內，我又和麗莎通了幾次電話。然而想對她提供協助是不可能的事情，而且我越來越找不出可以拿來安慰她的話語。

20「第三帝國」的誕生（一九三三年三月）

什麼叫做革命？

政治學家的講法是：「以不合乎憲法規範之手段更動憲法。」若此寥寥數語之定義可被採納的話，那麼一九三三年三月的納粹「革命」根本就不是革命。其原因是一切都進行得完全「合法」，所使用的手段也合乎憲法的規範。起先是總統頒布了「緊急行政命令」，最後是國會以超過三分之二的多數議決，將立法權無限制轉交到中央政府手中。[1]這些都符合憲法中有關更動憲法的規定。

當然，此等行為擺明都是瞞天過海的手法。可是我們若把事件的真相過目一遍，仍有充分理由來懷疑，那年三月所發生的一切究竟是否為名副其實的革命。從常識的角度來看，革命的要件之一，就是群眾用武力擊敗既有的秩序及其代表者，例如警察、軍隊等等。這不一定是振奮人心或光芒萬丈的起義，它也可以伴隨著騷動不安、暴力

1 一九三三年三月二十三日，德國國會進行唱名表決，以四百四十四票通過希特勒總理提出的臨時修憲案（即所謂的《授權法》），惟有社會民主黨的九十四位議員投下反對票（共黨的八十一席已遭註銷）。國會自廢武功以後，政府從此得不經國會同意逕行頒布法律。此「臨時修憲」後來延長了三次，一直延續至納粹敗亡。

行動、亂民肆虐、劫掠屠戮及縱火焚燒等現象。至於那些自詡為「革命者」的人士，人們必定期待他們進行攻擊，而且表現出不惜拋頭顱灑熱血的氣概。街頭臨時搭起的路障或許已經是過時的東西，可是一場真正的革命似乎無論如何都應該具備自發、起事、突襲和暴動等形式。

一九三三年三月完全看不見以上的特點。所發生的事件固然由各種奇形怪狀的元件混雜而成，可是敵對各方偏偏都欠缺了一樣東西，那就是膽大、英勇和高貴的行為。那年三月總共帶來四樣東西，最後製造出堅不可摧的納粹政權。它們分別是：恐怖措施、慶典和慨慷激昂的宣言、變節行為、集體崩潰——也就是千百萬人同時發生了精神錯亂的現象。許多歐洲國家，甚至大多數歐洲國家都誕生得更加血腥，可是其中沒有任何一個會誕生得如此令人倒盡胃口。

歐洲歷史上出現過的恐怖形式計有兩種：一種是革命群眾沉醉於勝利之中，演成有如脫韁野馬般的嗜血濫殺行動。另一種則是國家機器勝券在握以後，所進行的冷酷無情、經過精心策劃的殘暴統治，藉此產生嚇阻作用及展示自己的威權。此二種形式的恐怖，通常分別位於革命和鎮壓這兩極之上。前者是革命式的恐怖，使用的藉口乃一時的激情與憤怒所演成的失控行動。後者則為鎮壓式的恐怖，將之前革命時期的暴行用作報復的藉口。

納粹則為自己保留了特權，將二者結合成一種特殊的形式，以致上述藉口在此皆不適用。一九三三年的施暴者是真正嗜血成性的狂徒，那就是「突擊隊」（「黑衫隊」尚未扮演日後才出現的重要角色）。但「突擊隊」此刻的身分是「輔助警察」，他們行動時並未出現騷動或突發狀況。尤其他們不但未曾面對任何危險，反而處於絕對安全的地位，得以維持嚴格的紀律來聽命行事。表面上看來那是革命式的恐怖行動：狂野而鬍鬚未刮的暴民於夜間闖入民宅，肆意將無抵抗能力者拖入地窖嚴刑拷打。然而就其本質而言，那卻是鎮壓式的暴行：政府於精心策劃之後，以冷酷無情的方式下達指令並實地操盤，背後並有軍警為暴行撐腰。這一切均未發生於冒險犯難獲得戰鬥勝利以後，激憤仍未消退的狀態下——這種局面從未出現過。這也並非針對敵手之前的殘暴行為所進行之報復，因為從來就沒有人向他們施暴。

事情的真相，就是一些再平常也不過的概念，有如夢魘般遭到徹底扭曲：強盜和殺人犯搖身一變，以警察的姿態出現，手中握有完整的公權力。他們的犧牲品則形同遭受譴責的罪犯，未審即事先被判處死刑。例如有一個案例就因為事情鬧得太大而喧騰一時：一位住在柏林科佩尼克區的社民黨工會幹部，某天晚上發現「突擊隊」巡邏小組企圖闖入其住宅進行「逮捕」。他和兒子們奮力抵抗，並在明顯的正當自衛下射殺了兩名「突擊隊員」。於是「突擊隊」當夜糾集更多人馬，過來將父子等人一同制伏，然後把他們吊死在自宅的一個棚子裡面。第二天，更多紀律嚴明的「突擊隊」巡邏隊伍奉命前來科佩尼克。他們衝入當地所有社會民主黨人的住宅，將之就地格殺。死者的確實人數從未對外公布。

此類恐怖行動的有利之處就是，不論實際情況如何，人們均可聳聳肩膀覺得遺憾，表示此乃「任何革命皆無法避免的附帶不幸現象」（這也就是革命式恐怖所使用的藉口）。換個角度來看，人們也可以用嚴整的紀律來大作文章，表示一切都進行得非常平靜和有秩序，所以警方只不過是採取了某些必要的行動，藉此使得德國遠離了革命暴亂——此處使用的則是鎮壓式恐怖的藉口。這兩種藉口可以視公眾身分之不同而交替使用。

這種對外宣傳的方式，使得納粹令人起反感的程度，較此前此後歐洲歷史上的任何暴政皆有過之而無不及。此外，即使是殘酷的行為有時也可以具有偉大的氣息——如果人們在激情之下公開展現堅忍不拔的精神，而且當事人不採取偷天換日手段的話。在法國大革命、俄羅斯和西班牙內戰時出現的便是這種情形。納粹黨徒則不然，他們從頭到尾所表現出來的，不外乎一派謀殺者躲躲閃閃、慘白醜惡和欲蓋彌彰的嘴臉。他們於有系統地拷打及殺害手無寸鐵者之際，卻天天刻意擺出高貴的姿態和柔軟的語調，聲稱任何人皆毫髮無傷，而且從來就沒有任何革命能夠進行得如此人性化和不流血。可是那些令人髮指的事件開始了不過幾個星期以後，官方即已通過法律，有權對任何講述那些駭人聽聞事件的人士進行嚴厲懲罰，即使講述的地點是在自己家中也不例外。

這種做法的目的，當然絕非真正為了隱瞞那些可怕的事件。否則如此一來，他們將無法達到自己的目標：讓人人因為恐懼、驚嚇而乖乖就範。反之，恐怖所收到的效果或許更因為一重又一重的謎團，以及無人敢攖虎鬚來點破祕密而進一步得到提升。假使有人敢在演講台或報紙上面，公開談論發生於「突擊隊」的地窖和集中營裡面的事情，即足以在德國招致不顧一切的反擊。而人們私下傳播的令人髮指的故事——「鄰居先生，你可千萬要小心了！你知道某甲出了什麼事嗎？」——就更容易讓每個人都變得沒有骨氣了。

更何況在同一個時候，又有一連串的群眾集會、盛大儀式和國家慶典，讓眾人忙得暈頭轉向，完全轉移了注意力。早在國會改選之前，就已經開始舉辦慶祝勝利的大規模集會，此即三月四日的「民族奮起之日」：德國全境到處都是群眾遊行、煙火、鼓號聲、管樂隊及旗海，成千上萬個擴音器傳出了希特勒信誓旦旦的聲音。該出現的東西無不齊備，只不過當時根本還無法確定，第二天即將舉行的選舉是否會給納粹澆上一頭冷水。

大選果然出現了如此的結果：那場德國最後一回舉行的選舉只給納粹帶來了四成四的選票（其上一次的得票率為三成七），也就是說，過半數的選民投票反對該黨。我們只需要考量一下，當時恐怖行動已經勢如野火，而左派政黨在選前具有決定性的最後幾週已被禁止發聲，那麼我們必須表示，德國人到底還是做出了中規中矩的集體表現。

可是這個選舉結果一點也不讓納粹覺得掃興。他們反而把失敗當成勝利來大肆慶祝，恐怖行動更是變本加厲，而群眾集會的次數又增加了十倍以上。選舉結果揭曉之後，窗前的納粹旗幟足足繼續懸掛了十四天之久。一個星期以後，興登堡變更了共和國的國旗——萬字旗和黑白紅三色旗共同成為「臨時國旗」。同時每天都是遊行隊伍、群眾集會、民族解放感恩慶典、從早到晚響個不停的軍樂、向英雄致敬的儀式、授旗典禮。最後的高潮就是「波茨坦之日」[2]那場誇張的鬧劇：興登堡那個老叛徒站在腓特烈大帝墳前，希特勒不知第幾十次立誓忠於某樣東西。接著鐘聲齊鳴、國會議員於莊嚴肅穆之下走入教堂、閱兵儀式、指向地面的寶劍、手中搖晃小旗的兒童、火炬遊行……。

這些綿延不絕的慶祝活動皆內容空洞，缺乏實質意義。可是這個做法同樣並非出於無意。其目的正在於讓百姓養成習慣，即使在毫無理由值得讓人慶祝的情況下，也要跟著歡呼和起立致敬。其實光憑一個理由即足以讓人表現出歡欣鼓舞的態度：每個白天和每個晚上，都有一些膽敢公然表態不願跟著這麼做的人，被人拿鐵棒和螺旋鑽活活整死——噓，切勿張揚出去！於是我們跟著歡呼、與狼共嗥，口中高喊「萬歲」、「萬歲」！而且大家很快就習慣了這種口味。一九三三年三月的天氣好得沒有話講。於是大家在春日和煦陽光照耀下，前往旗海飄揚的廣場參加盛典，將自己融入興高采烈的群眾當中，與之共同傾聽崇高的字眼：祖國與自由、民族奮起和各種神聖的誓言。這不是非常美好嗎？（無論如何，這總勝過被隔離囚禁於「突擊隊」的營房內，任憑人家用水管把自己的腸子灌滿。）

於是人們開始跟他們一起行動。這起初還出於畏懼，可是一旦同流合污以後，就不再有人願意回想起「畏懼」這檔子事——到底那不很光彩而且會教人看不起。結果人

2「波茨坦之日」即一九三三年三月二十一日，「新國會」開幕的日子。因國會大廈已焚毀，納粹乃刻意在具有特殊歷史意義的波茨坦，召開上台後的首屆國會，藉此象徵「老德國」與「新德國」之融合。此外，六十二年以前，新統一的德意志帝國（納粹稱之為「第二帝國」）第一屆國會亦於同日召開。「波茨坦之日」因而也象徵「第三帝國」已跳過威瑪共和，直接成為「第二帝國」之合法繼承人。當天，興登堡穿上帝國時代的元帥服，街頭飄揚著納粹的萬字旗與德意志帝國的黑白紅三色旗。希特勒卻一反常態身著燕尾服出現，藉以製造出和平的假象。

們連心中的觀點也隨之而改變了。這就是「國家社會主義革命」獲勝的最基本心理因素。

但還需要加上其他因素來配合，才使得納粹獲得了完全的勝利。那就是所有政黨領袖和組織領導人皆做出了怯懦的背叛行為——雖然有百分之五十六的德國人為了表示信賴他們，曾在一九三三年三月五日投票反對納粹。

這個既可怕又具有決定性的事件，卻未曾在世人的歷史記憶中留下太多印象。納粹本身可不想特別強調此點，以免讓自己的「勝利」變得稀鬆平常。而那些背叛者當然更無意揭露事情的真相。儘管如此，這種背叛行為卻可以把一個起初無法解釋的事實說明清楚：為何一個並非純粹由懦夫組成的偉大民族，竟然不加抵抗就讓自己蒙羞！

背叛發生得既普遍又徹底，而且從左到右的黨派均無例外。就共產黨而言，所謂「準備就緒」、預備進行內戰的說法完全誇大不實。他們實際上已經做好的準備，只不過是讓其高級幹部能夠及時亡命國外。這在前面已經說明過了。

社民黨的領導人則早在一九三二年七月二十日，也就是澤偉林和傑辛斯基「向暴力低頭」那一天，即已開始背叛數百萬盲目效忠於他們的小老百姓。社會民主黨進行一九三三年的選戰時，更採用了令人震驚的低聲下氣方式。他們光是跟在納粹拋出的議題後面打轉，並且動不動就強調自己「也是民族主義者」。在三月四日，也就是選舉的前一天，其「強人」——普魯士總理奧圖·布勞恩[3]——更坐著轎車穿越瑞士邊界，因為他早就未雨綢繆在提契諾地區買了一棟房子。到了五月，即該黨解散之前一個月，那些社會民主黨人已經淪落到集體在國會向希特勒政府輸誠的地步。他們甚至跟著唱出了《霍斯特·威瑟爾之歌》[4]！（國會的書面記錄寫道：「無論在大廳內或議事台上，皆爆出久久不歇的熱烈喝采聲。總理本人也轉身面向社會民主黨議員，對著他們鼓掌。」）

中央黨這個由資產階級和天主教共同組成的大黨，在近幾年內甚至已日益爭取到新教資產階級人士的支持。然而他們在三月的時候便已經撐不下去了。該黨在國會投下贊成票，讓希特勒政府獲得三分之二以上的多數，得以「合法」進行獨裁統治。此行動之領導者即為前總理布呂寧。外國大多已經忘卻這個事實，還把他當作未來可取

3 奧圖·布勞恩（Otto Braun, 1872-1955）為石版印刷工人出身的社民黨普魯士國會議員，於一九二〇至一九三二年間擔任普魯士總理。一九三二年七月二十日「鞭打普魯士」以後，布勞恩的權力即遭架空。一九三三年二月六日布勞恩正式被興登堡免職，一個月後即流亡瑞士以至於終。

4 霍斯特·威瑟爾（Horst Wessel, 1907-1930）是被共黨擊斃的「突擊隊」中隊長。由威瑟爾填詞的一首戰歌於一九三〇年成為納粹黨歌。一九三三年納粹奪權後，一唱完國歌（「德國……超越世上的一切！」）馬上接著唱出《霍斯特·威瑟爾之歌》，使之儼然具有「準國歌」性質。其歌詞大意為：「旗幟高舉，隊伍嚴整又緊密。SA行進，步伐沉穩厚重……。各方街道，為褐色團隊開放……。大街小巷將飄揚希特勒的旗幟，奴役的時代即將成過去！」（SA即「突擊隊」）

代希特勒的人選之一。但是大家不妨相信我的說法：在德國沒有人忘得了他的所做所為。一個人竟然可以在一九三三年三月二十三日[5]這個攸關生死的日子，基於策略性的理由而投下贊成票，把別人託付給他的政黨帶往希特勒那一方。這樣的傢伙是永遠不會在德國得到原諒的。

最後還剩下德意志民族主義黨派，即右翼保守圈子內的人士。[6]對他們而言，「榮譽」和「英雄氣概」簡直就等於黨章。可是其領袖們從一九三三年開始上演的，卻是一幕幕既不榮譽又無英雄氣概的搞笑劇！一九三三年一月三十日的時候，他們自以為已經成功「攔阻」納粹，並「使之變得無害」。[7]可是等到這場美夢落空之後，人們期待他們至少能夠「踩煞車」，以「避免最惡劣的情況發生」。結果卻不然，他們反而參與一切恐怖行動，不但追捕猶太人，也追捕基督徒，甚至不在乎自己的政黨被查禁、自己的支持者被逮捕。社會主義陣營那些背棄同志、臨陣脫逃的幹部，光憑其長相即足以令人覺得前途堪憂。可是這些貴族出身的軍官們（例如馮・巴本先生），眼睜睜看著自己最親近的朋友和同僚被槍殺，卻好官我自為之，口中不斷喊著「希特勒萬歲」。我們又該怎麼批評他們呢？

不但各政黨如此，即使那些聯盟也不例外。比方說，當時的「共產黨前線參戰士兵同盟」和「黑紅金國旗同盟」均為軍事化的組織，擁有若干武器和數百萬成員。他們當初成立的目的，分明就是準備在必要時反制納粹「突擊隊」。然而人們在那段時間完全覺察不到「國旗同盟」的存在。他們甚至杳無音訊，便這麼無聲無息地消失了，彷彿從來就沒有成立過一樣。德國全境出現過的抵抗行動，頂多只是單獨個人進行的困獸之鬥——例如那位科佩尼克的工會幹部。而「國旗同盟」的幹部眼見「突擊隊」過來「接收」其散布各地的服務處時，完全無人挺身做出任何抗拒動作。「鋼盔團」（「德意志國家民族黨」的武裝衛隊）則乾脆讓自己先是被「同步化」，然後逐步被解散掉。他們雖然發發牢騷，卻不願進行抵抗。

到處都沒有出現自衛反應、男子氣概與堅定立場。看得見的只有慌亂、逃竄與投奔敵營。一九三三年三月的時候，本來還有數百萬人不惜一戰。可是他們在一夜之間發現自己失去了領導人、沒有了武器，而且還遭到背叛。正因為其他黨派都不想戰鬥，

5 一九三三年三月二十三日即德國國會通過《授權法》的當天。（參見譯注一）

6 此右翼保守派即「德意志國家民族黨」（DNVP, 1918-1933），乃一九一八革命後代表帝國時代統治階層的政黨，持反對威瑪共和的立場。該黨自一九二〇年代末期快速向右轉，先與納粹在一九二九年共同發動「反楊氏計劃公民投票」，而後在一九三一年與納粹建立同盟關係（「哈爾茨堡聯盟」）。希特勒上台後推行「一黨國家」政策，「德意志國家民族黨」於一九三三年六月被迫解散。

7 保守反動派人士當初慫恿興登堡讓希特勒組閣時，心中打著一個如意算盤：希特勒政府將會像威瑪共和末期的其他內閣一樣，在極短時間內就灰頭土臉下台！

他們當中的某些人在無計可施之下，只得投效「鋼盔團」和「德意志國家民族黨」。二者的人數暴增了好幾個星期，然後它們也被解散了，而且同樣是不戰而降。

一九三三年三月「革命」的最基本特徵，就是對方領導者的鬥志渙散。這使得納粹的勝利得來全不費工夫。不過，這同時也使人懷疑此勝利的價值，以及它到底還能夠維持多久。當納粹把萬字符號壓印到德國群眾當中的時候，並沒有遭遇阻力，也就是說它壓印的對象並非有形狀的固體，而是缺乏固定形狀的軟麵糰。只要適當的時機一到，那個「麵糰」會同樣不加抵抗，輕易就變成了另外一個形狀。當然，一九三三年三月以後還存在著一個懸而未決的問題：到底還值不值得把那個「麵糰」重新塑造一個形狀出來。這是因為德國當時所顯露的本質上之道德弱點實在過於可怕，所以有朝一日歷史不可能不對之追究責任。

發生於其他民族的任何革命，不論它造成了多少流血犧牲，也不論它一時之間如何使人疲弱，到頭來總是能夠極度強化敵對雙方的鬥志。從長遠的角度來看，這將意謂著民族力量的急劇提升。我們只需要看看法國大革命時期的雅各賓黨和保皇黨，或今日西班內戰的佛朗哥派與共和派，便可大量發現英雄氣概、視死如歸的精神和偉人特質。雖然其中也伴隨著騷亂與殘酷的暴行，但不論其結局如何，雙方爭鬥時所施展出來的英勇行為，已在百姓的潛意識裡面成為取之不盡、用之不竭的力量泉源。今天的德國人卻在「力量泉源」應當湧現的地方，僅僅對恥辱、怯懦和軟弱留下了回憶。這總有一天必將造成嚴重後果，而且很可能會導致德意志民族及其國家形式的解體。

第三帝國就誕生於對手的背叛、無助感、軟弱感以及由此衍生出來的噁心感之中。在三月五日的時候，納粹仍然居於少數。但假如過了三個星期以後再度舉行大選的話，他們很可能果真會變成多數黨。這不光是因為恐怖已經奏效的緣故，也並非僅僅因為那些慶典已經麻醉了人心（德國人很樂意讓自己在愛國慶典中陷入麻醉的狀態）。具有決定意義的事實，就是人們對己方領導人怯懦的背叛行為感到憤懣及鄙視，一時之間已超越了對真正敵人的忿意及仇恨。幾十萬原本反對納粹的人，便突然在一九三三年三月紛紛加入納粹黨。納粹並不信任這些人，同時也不怎麼瞧得起他們，因而輕蔑地稱之為「三月陣亡者」[8]。

現在也首度有數十萬名工人離開社民黨和共產黨的組織，紛紛投效納粹的「工廠小組」或「突擊隊」。他們出此下策的理由頗不一致，而且往往是許多不同理由攪和在一起以後的結果。可是不管再怎麼找來找去，都很難在其中找到一個既有力又站得住

8「三月陣亡者」原指「一八四八革命」爆發時（在法國為二月，在德境則為三月）柏林街頭戰鬥中遇難的百姓。納粹於一九三三年三月大選之後，政權已根基穩固，當月即出現申請入黨人數暴增的現象，迫使該黨一度暫停吸收新黨員。納粹自己也鄙視那些搶著入黨的人，將之戲稱為「三月陣亡者」。

腳的正當理由。他們不但沒有見得了人的理由，而且整個過程在每一個單獨的案例之中，都清清楚楚呈現出神經崩潰的一切特徵。

若繼續深究下去，我們便可發現一個再簡單也不過，而且幾乎普遍存在於每個人內心最深處的理由：畏懼。與其被圍毆，那麼倒不如跟著他們一起去揍別人。於是出現了一種沒頭沒腦的飄飄然感覺，接著是萬眾一心所形成的如醉如癡感覺，有如磁鐵一般進一步對群眾產生了吸引力。

除此之外，許多人都對那些當初背棄他們的傢伙充滿厭惡感和報復心。更何況德國式的思維過程出現了一個奇特現象：「納粹的對手所做的預測全部都沒有實現。他們曾經聲稱，納粹絕不可能獲勝。可是現在納粹已經贏了，這就表示前者無理，而納粹是有理的一方。」同時某些人（主要是知識分子）心中另有一個觀感，以為只需要現在加入納粹黨，就可以改變其面貌，將該黨導引至另外一個方向。當然，趨炎附勢和見風轉舵的心理，免不了也在裡頭產生了一定的作用。

最後，在那些比較感性、隨波逐流、思想比較單純的人群當中，還普遍出現了一種較原始的神祕主義想法。那就彷彿一個被擊敗的部落拋棄自己乏善可陳的部落神祇，轉而信奉敵對部落的神明，將之做為自己的保護神。長久以來為人所信奉的聖馬克思並無助益，聖希特勒顯然要來得更為有力。於是我們把祭壇上的聖馬克思像搗毀，把聖希特勒的神像供奉上去。讓我們重新學習祈禱的方法，將「一切都是資本家的錯」更改為「一切都是猶太人的錯」。或許這麼一來我們就可以得到救贖。

由此可見，這一切演變過程均非違反自然的現象。它們完全位於正常心理作用的範疇之內，而且幾乎可以把所有看似難以解釋的事項都說明清楚。唯一剩下來有待澄清的事情就是，為何當時沒有出現「有種」的舉動。人們常常說一個民族或一個人「有種」，這就意味著外來的壓迫和撕裂所無法搖撼的中心思想與高貴韌性，也就是在疾風板蕩之際維繫不墜的自豪、自尊、自信及自重。

這些都是德國人所欠缺的。整體看來，他們是一個不可靠、柔軟懦弱和沒有中心思想的民族。一九三三年三月已經對此做出了明證。當那些「有種」的民族面臨挑戰時，其成員即有志一同奮身而起。可是當德國面臨挑戰的時候，其國民卻不約而同因洩氣而衰頹，因退卻而投降——簡而言之，這就是神經崩潰。

這千百萬人一起神經崩潰以後，便出現了一個團結一致、什麼事情都幹得出來的民族。今天它就成為全世界共同的夢魘。

21 生活正常如昔

以上就是事情發展的經過。現在事後回顧起來，凡事都清楚得無以復加，彷彿已經烙印下來一般。然而當我身臨其境的時候，卻無從得知其脈絡。其中最可怕的事情就是，雖然我感覺得到那一切都令人窒息和噁心，可是卻怎麼樣也無法掌握其本質，並整理出一個頭緒來。每當我試著把事態弄清楚的時候，所面對的只是沒完沒了的空泛討論，它們反而像帷幔一般遮住了視線。人們光是不斷挖空心思，想把時局硬生生套入一個早已不合時宜、無法切中時弊的政治觀念體系。

如果今天有人在有意無意之間，重新回憶起當初討論內容的一鱗半爪，免不了會驚訝它們竟然是如此荒誕不經！那時我們在精神上完全進退失據，因為我們所接受的教育是以歷史和資產社會做為導向，從來就沒有學過與上述那些事件有關聯的東西！無怪乎當時人們做出的解釋是那麼的無謂、所提出的辯解是那麼的愚蠢、所做的嘗試更是膚淺得不可救藥——雖然已清清楚楚嗅到了恐怖與討厭的氣息，自己的理智卻匆匆削足適履來適應一切！甚至連我們套用的各種「主義」也都完全脫離了現實。當我回想過去情景的時候，禁不住會出現一種不寒而慄的感覺。

除此之外，日常生活也阻礙了人們產生正確的認知。大家都繼續過著正常的日子——雖然它已經變得像海市蜃樓那般虛幻不實，而且每天都在周遭各種事件的烘托之下淪為笑柄！我仍然和往常一樣前往高等法院，那邊裝出法律多少還有效力的樣子，依舊進行判決的工作。我們判決委員會的那位猶太法官也尚未受到干擾，身穿長袍坐在審判席上。不過話要說回來，他的法官同僚已經宛如對待重症病患一般，以體貼入微的態度來與之周旋。

我照常打電話給我的女朋友查莉，約她一起上電影院，或兩人坐在小酒館啜飲「吉安地葡萄酒」，否則就找個地方跳舞。我仍然與知交見面、和友人們進行討論，家庭的生日慶祝亦未嘗中輟。不過此時的情景已經有所改變。在二月的時候，我們還可以自我安慰，認為儘管發生了許多事情，但生活的本質仍然未遭破壞，這說不定正意味著納粹的小動作已經遭到挫敗。可是現在已經無法再否認，我們的生活只是機械化地繼續進行下去，不但內容空洞而且了無生氣。每分每秒都可能顯示，正從四面八方席捲而來的敵對勢力已經獲得了勝利。

說來也奇怪，儘管事態已經發展到此地步，這種機械化自動繼續進行下去的日常生活，使得各地均未出現強有力反制暴行的動作。我曾經在前面敘述過，各黨派領導人之背叛行為及怯懦表現，如何阻止了反對團體內部的武裝力量被用來抵抗納粹。不過這個事實依舊無法解釋清楚，為何各地同樣沒有形成零星的個人挺身抗拒行動？——那即使並非為了推翻整個體制，至少也是針對身邊特定的惡行和劣跡而發（我在此不會忽略另一個事實，即這個問題同時也是對我自己所做的指責）。

對此造成阻礙的，正是繼續照常運轉下去的日常生活機制。倘若今天的人依舊是自給自足並著眼於大局的個體——例如像古代雅典人的樣子——那麼各式各樣的革命，乃至於整部歷史的進程都可能出現截然不同的發展。然而時人已經被自己的職業套牢，困處於每日的工作計劃之中而無法自拔，更對成千上萬個令人摸不透的因素產生了依賴性。他們就像是附屬於一架失控機械裝置的部件，紛紛在原有的軌道上繼續運行，如果出了軌的話，他們就會不知所措！惟有每日的例行公事才可帶來安全感與生命的沿續，因為常軌之外就是深不可測的叢林。每一個二十世紀的歐洲人皆對此惶恐不安，因此在採取任何「出軌」行動之前，都會考慮再三，不敢輕舉妄動做出勇敢、不尋常或自動自發的表現。正因為如此，類似德國納粹政權這種文明的災難才有可能出現。

雖然我在一九三三年三月曾因為激憤而暴跳如雷。雖然我曾做出狂野的建議讓家人深感震驚，例如脫離公職、移居國外，或皈依猶太教以示抗議。但是這些念頭每次一說出來以後都不了了之。家父則依據其豐富的人生經驗——來自一八七〇至一九三三年之間的生活，因而已無法涵蓋當前的變局——勸我打消念頭。他設法讓一切都顯得不那麼戲劇化，並以溫和語調奚落我的慷慨激昂。我聽了他的話。因為無論如何，我已經習慣他的威信，況且我對自己還不怎麼有把握。此外，冷靜的懷疑主義在我身上發揮了更大的作用，於是把激情壓抑下去。直到過了相當長的時間以後我才終於體會出來，在當時的局面下，我那種年輕人的直覺反而比家父的人生智慧還要正確，而且有些事情是無法用冷靜的懷疑主義來應付的。只不過那時我還過於羞怯，無法更進一步把感覺提升為積極的行動。

在當時看來，說不定我對事情的見解果真並不正確，那是不無可能的事情。說不定我們真有必要繼續耐心等待下去，讓一切都自動從沉醉中清醒過來。而我惟有待在衙門裡面的時候，在《民法典》和《民事訴訟條例》等法律條文的庇蔭之下才會感覺安穩。反正它們依然存在；高等法院也依然存在，縱使它的工作一時之間顯得毫無意義，但其本質仍未改變。或許它總有一天能夠站穩腳步，證明自己才是持久的強者。

於是我就在這種不確定的觀望態度下，把憤怒與不安埋藏在心裡，繼續處理每日的例行公事。有時就在與家人共進晚餐的時候，滔滔不絕發發牢騷。那是多麼的無謂和可笑，可是我就像千百萬人一樣，如此不痛不癢地繼續過日子，眼睜睜看著事情發生得離我越來越近。

它們果然來到了我的身旁。

22 真革命

三月底的時候，納粹覺得自己羽翼已豐，於是展開了真革命的序幕。其所欲鏟除對象已非國家的憲法，而是人與人之間所賴以共同生存於世上的基礎。那場革命至今仍方興未艾，倘若無人出面攔阻的話，不知將伊於胡底。

納粹所採取的第一個試探性動作，就是一九三三年四月一日的抵制猶太人行動。早在前一個星期日，當希特勒與戈培爾[1]在上薩爾茨貝格[2]共用茶點時，即已對此做出決議。到了星期一，報紙上面出現了諷刺意味十足的罕見標題：「政府宣布將採取大規模群眾行動」。報導的內容則為：自四月一日星期六開始，各猶太商店均將遭受抵制。「突擊隊」將派員於其入口處站崗，阻止任何人等進入。猶太籍醫師及律師亦將共同遭受抵制。「突擊隊」巡邏小組將負責監控其診所或事務所，以確保抵制行動圓滿貫徹到底。[3]

從納粹自己對抵制行動所做的解釋，即可明確看出該黨這一個月下來已經大有斬獲。一個月以前，他們為了終結憲法與公民自由，曾經大肆散播有關「共產黨預謀發動政變」的神話。不過那至少還是一個經過精心策劃、旨在取信於人的故事；他們甚至認為有必要派人把國會大廈燒了，以便在眾目睽睽之下製造出可信的證據。官方為抵制猶太人而提出的理由卻已完全相反，成為對那些被迫假裝相信其說詞者的公然侮辱和嘲諷。依據其捏造出來的理由，抵制猶太人的目的乃是為了自衛，同時對猶太人在國外詆毀「新德國」的狡詐宣傳做出反擊。原來如此！

他們在繼之而來的幾天內制訂出其他的補充措施（某些措施稍後又暫緩執行），一言以蔽之：所有「雅利安人」開設的商店必須解雇猶太籍的員工。接著全部猶太商店也被迫採取同樣的做法。猶太商店雖然在遭受抵制期間被迫關閉，但其「雅利安」雇員的薪資仍須照常支付。猶太商店的老闆更必須完全退居幕後，另行聘請「雅利安人」

1 戈培爾（Joseph Goebbels, 1897-1945）乃德國文學博士（其指導教授為猶太人）出身的納粹宣傳專家。一九三三年出任「宣傳暨國民啟蒙部」部長，職司全國納粹化的工作。一九四五年蘇軍兵臨柏林城下時，戈培爾一家八口於五月一日服毒自盡。

2 「前一個星期日」指的是一九三三年三月二十六日。上薩爾茨貝格位於巴伐利亞東南部德奧邊界，是希特勒的山巔別墅所在地。

3 一九三三年四月一日，納粹在「德國人！保衛自己！勿向猶太人購物！」的口號下，於全國各地展開抵制猶太商店、醫師及律師的行動。在某些城市，不顧「突擊隊」及「黑衫隊」的威脅恫嚇而進入猶太商店購物者，甚至臉部被蓋上「叛徒」之戳記。國際間憤而對納粹抵制猶太人之行動提出嚴正抗議，甚至威脅以抵制德國貨做為反制。當天傍晚納粹即逼不得已而「暫停」行動。但猶太人仍繼續遭受各種形式的迫害，其情況自一九三五年起愈演愈烈。

擔任經營者……。

接著又以猶太人為靶子，進行了大規模的「開導行動」。有各式各樣的傳單、海報和群眾集會用於教導德國人：假若他們還把猶太人當作人類來看待的話，那就犯下了嚴重錯誤。因為猶太人其實是「劣等人種」，也就是一種同時具有魔鬼特質的禽獸。儘管納粹暫時還沒有講明由此所獲致的結論為何，可是已經有戰鬥口號和宣傳標語做出了具體要求：「猶大，去死！」被指派來主持抵制行動的傢伙名叫尤利烏斯·史特萊歇爾[4]，當時大多數德國人還是第一次聽見那個名字。

這一切所做所為，竟然激發出四個星期以來已經不再有人指望德國人會做出的動作：普遍出現的震驚反應。那是一種輕聲細語道出的質疑，雖然經過自我收斂，在全國各地卻仍清晰可聞。納粹很機靈地看出苗頭不對，曉得這一步在目前的形勢下未免走得太過頭了，於是在四月一日以後又撤銷某些規定。可是在撤銷之前，他們仍不忘先讓恐懼發揮出最大的效果。至於他們究竟把自己真正的意圖放棄了多少，今天大家都已經明白得一清二楚。

除了震驚反應之外，最奇特和最令人洩氣的發展就是，這個首度大剌剌針對謀殺發表出來的新觀點，在整個德國掀起一股空談和討論的浪潮。所談論的對象並非反猶太主義，而是「猶太人問題」。從此以後，納粹運用同樣的伎倆，在國際間針對許多其他的「問題」獲得豐碩成果：他們可以向一個人、一個國家、一個民族或一個特定的人群做出死亡威脅。結果不是納粹自己，反而是對方的生存權突然成為普遍討論的對象——也就是說，被打上了一個問號。

每個人都在一瞬之間，感覺有必要或有權利針對猶太人來發抒己見。某些人為了替猶太人辯護，因而在「規規矩矩」的猶太人和其他類型的猶太人之間做出精細的區分——可是猶太人到底做了什麼，才需要別人來為他們提出辯護呢？

於是他們列舉出猶太人在科學界、文藝界和醫藥界的成就。然而唱反調者卻對此大做文章，表示科學、文藝和醫藥等領域正因為猶太人而「充斥外來影響」。如此一來，很快就出現一個普受歡迎的觀點，認為如果讓猶太人從事高尚職業以及在知識界擔任要職的話，這若非犯罪行為至少也是不智之舉。於是人們橫眉豎目指責那些幫猶太人講話的人，點出該族群「令人髮指地」分別在醫生、律師和新聞記者等等當中占了多麼高的百分比。

4 尤利烏斯·史特萊歇爾（Julius Streicher, 1885-1946）乃小學教師出身的納粹高幹，為紐倫堡地區（法蘭克尼亞）省黨部頭目及《衝鋒報》（*Der Sturmer*）的發行人。《衝鋒報》自一九二三年開始傳播反猶太主義，以文字及漫畫極盡污衊猶太人之能事。納粹抵制猶太人時，史特萊歇爾亦出掌「抵抗猶太人之『煽動宣傳及教唆抵制』中央委員會」，以主導抵制行動。最後他於紐倫堡大審被判處死刑並執行完畢。

時人特別喜歡用百分比針對「猶太人問題」做出評斷。例如有人探究，猶太人在共產黨員當中所占的比例是否太高，以及他們在大戰陣亡軍人之中所占的比例是否過低。像我就真的見過那麼一位仁兄，他來自「受過高等教育的階層」並獲有博士頭銜，卻以認真至極的態度設法向我證明：大戰時陣亡了一萬二千名德國猶太人，在德國猶太人當中所占的比例低於「雅利安人」的陣亡率。於是他據此得出一項結論：納粹的反猶太主義「確實多少可以站得住腳」。

今天應該已經不再有人懷疑，納粹的反猶太主義其實與猶太人的貢獻或錯誤截然無關。納粹黨人已經逐漸不再隱瞞自己的真正意圖，那就是要挑動德國人在世界各地追捕猶太人，並竭盡所能加以滅絕。其中值得玩味之處並非為此提出的各種理由——那些理由全部都是令人不屑一辯的無稽之談——而是該意圖的本身。它成為世界歷史上一個嶄新的現象：每個物種皆有與生俱來的團結本能，使自己得以在生存奮鬥中存活下來。納粹的意圖卻是要把這種本能連根拔除，同時讓人類原本僅發洩在動物身上的猛獸天性，轉而被用來對付自己同類當中的對象。於是他們把一整個民族變得像是一群惡犬，而且還要「放狗咬人」。

等到國民變得隨時準備對同類進行謀殺，甚至將此視為自己的責任之後，更換「被咬的對象」就只是細微末節的小事了。今天的事態已經相當清楚，除了「猶太人」之外，

「捷克人」、「波蘭人」和任何其他的民族也都可以成為對象。此處的關鍵就是，一整個民族——德意志民族——都被有系統地注射了一種病菌。而凡是受到那種病菌感染的人，與自己的同類打交道時就會表現得有如豺狼一般。換句話說，經過數千年文明發展才被壓抑下去的殘酷暴虐天性，現在又釋放了出來，而且還刻意遭到培植。

在稍後的章節裡面我還會提到，縱使大多數德國人已經積弱不振而且顏面盡失，其體內對此病菌仍具有抵抗力。或許這是因為他們依然可以憑直覺看出，這裡頭玩的到底是什麼樣的把戲。假若實情不再如此的話，而且萬一納粹的這種嘗試獲得了成功——此正為其中心思想之所在——恐將導致人類歷史上的最大災難，使得人類這個物種陷入嚴重生存危機。如果真的淪落到了這種地步，唯一的解救之道恐怕就是採取可怕的斷然措施，將感染此「豺狼桿菌」者一概加以撲滅。

從以上的概略說明便不難看出，納粹的反猶太主義並非只涉及猶太人的生存問題而已。同時，納粹黨綱之中沒有任何條款比其更為惡毒。人們也可以由此衡量出來，有一種至今仍不時在德國被提出來的觀點是多麼可笑。按照其說法，納粹的反猶太主義只是小事一樁，頂多也不過是納粹運動的美中不足之處而已。人們只需要依據自己喜不喜歡猶太人的程度，對此概括承受或表示惋惜即可。可是「與偉大的民族問題比較起來，那完全是無足掛齒的事情。」

納粹的反猶太主義，使得時人倒退至人類肇始之初所面臨的原始危機。與之相形之下，那些「偉大的民族問題」才是日常生活當中最微不足道的小事。它們僅僅是歐洲在過渡時期所出現的各種混亂現象之一，但這個過渡時期或許還會持續幾十年。

話要說回來，在一九三三年三月的時候，還沒有人有辦法把這一切都看得如此清楚。不過我可以在此為自己美言幾句：那時我已經嗅出事情很不對勁，而且我很清楚地感覺到，截至當時為止所發生的事情，只能用「令人作噁」幾個字來形容。當時已經開始出現《聖經啟示錄》世界末日景象的雛形，我冷不防從心靈中難得使用到的角落發覺問題實在嚴重，可是一時之間還沒有辦法把那些問題具體講出來。

同時我也感覺得到，一切都正在衝著我直撲而來——那種感覺帶來了恐懼，可是其中也包含了幾乎令人竊喜的緊張刺激。我是納粹眼中的「雅利安人」，至於我的身上實際具有多少個不同種族的成分，這是我和任何人都同樣無法確定的事情。無論如何，依據族譜的記載，我們家族自從近兩、三百以來就沒有過猶太人的血統。[5]雖然如此，我生來就對德國猶太人的世界特別具有好感，而且凌駕於我自己所屬的一般德國北方人之上。我跟猶太人之間的個人關係不但十分悠久，而且一直非常密切。像我結識最久、交情最深的一位朋友就是猶太人。甚至連我新近認識的小女朋友查莉也是猶太人。雖然我對她還沒有拿定主意，可是無可否認的是：我的確愛她。那時我對她的愛意變得益發強烈：正因為她遭遇危難，我以自己對她的愛意為傲，而且我曉得，沒有人有辦法強迫我對她採取抵制行動。

當報紙首度刊出即將抵制猶太人的消息以後，我就在同一天晚上打電話給她。在繼之而來的一個星期裡面，我幾乎天天與她見面。現在我們二人之間的關係，看起來已經像是一個真正的愛情故事。在日常生活中，查莉當然不再是當初嘉年華舞會的「土耳其少年」，而是來自一個憂心忡忡的猶太小資產家庭的正派少女，他們的家庭天地還包括了數不勝數的親人。她是那麼的嬌小、溫柔與友善，可是悲慘的命運正籠罩在她的頭上。在那個星期裡面，我無法不愛她。

我還記得那年三月的最後一個星期，也就是抵制行動已經箭在弦上之際，我和她在一起時所發生的奇特情景。那天我們一同坐車前往柏林市郊的格魯那瓦德，天氣好得沒話說，三月裡面從來就沒出現過那麼溫暖的春日。萬里晴空明亮得令人難以描繪，只有小朵的雲彩從中飄過。我們就待在散發出清香的松樹之間，有如電影裡面的情侶一般，坐在一個長滿青苔的小丘上親吻。整個世界彌漫著一片祥和，而且充滿了春天

5 若從納粹的角度來看，作者的「雅利安血統」可謂相當純正。依據納粹政府一九三三年四月七日公布的法案，任何德國人若祖父母或外祖父母之中有一方為猶太人，即為「非雅利安人」。納粹黨員甚至必須證明自己的祖先直到西元一八〇〇年都沒有猶太血統。

的氣息。

我們總共在那邊待了一個多小時，大約每隔十分鐘就有一個班級的小學生從我們面前走過，看來他們全校正在舉辦踏青活動。那是一群又一群活潑可愛的學生，帶隊的老師是典型的師表模樣，多半戴著夾鼻眼鏡或留著小鬍子，很仔細地呵護自己的羊群。每當有一個班級經過我們面前的時候，學生們就轉過身來，以童稚的嗓音興高采烈地齊聲向我們喊出：「猶大，去死！」或許他們根本就不是在講我們，因為我長得一點也不像猶太人。查莉雖然是猶太人，可是也不怎麼讓人看得出來。說不定那只是一種友善的打招呼方式罷了。我不曉得實情如何，但也難講他們是否果真把我們當作具體對象，於是提出了上述的要求。

我就坐在「春日的小丘」上面，手臂挽著一位嬌小溫柔的女生，與她接吻並撫摸她的頭髮。同時不斷有一群又一群的小學生一面快快樂樂地郊遊，一面要求我們「去死」。我們可沒有做出這樣的動作，而他們也不為所擾地繼續向前行進，一點也不在乎我們還沒有「去死」。

多麼不真實的景象！

23 柏林高等法院的沉淪（一九三三年三月三十一日）

時間已經到了一九三三年三月三十一日，可是仍看不出隔天即將出現嚴重的狀況。人們把報紙從頭到尾仔細翻閱一遍，想找出事趨和緩的蛛絲馬跡，巴不得時局至少能夠轉圜到不那麼離譜的地步。然而一切都只不過是白費功夫而已，局勢不但顯得更加尖銳化，報上並有模有樣地刊出行動方針，點出了執行的細節以及個人應當該採取的動作。

除此之外，凡事都跟過去相差無幾。街頭仍舊充滿了汲汲營營的匆忙步調，一點也不像是有特殊事件正在蓄勢待發的樣子。猶太商店也照常開門營業，因為當天還沒有不准百姓入內購物——禁令要從第二天上午八時起才會開始生效。

我依舊前往高等法院。它和往常一樣灰暗冷漠，完全不受干擾地巍巍聳立於路旁的草坪和樹叢之後。律師依例穿著飄動的絲質黑色長袍，就像一隻又一隻蝙蝠似地快步通過遼闊的長廊和大廳。他們的手臂夾著公事包，聚精會神露出嚴肅的面部表情。猶太籍律師也如期出庭辯護，彷彿那只是一個稀鬆平常的日子。

我帶著卷宗夾進入圖書館，找了一張長長的閱覽桌把資料攤開來，也表現得彷彿那只是一個稀鬆平常的日子罷了。當天我不必出庭，但是必須根據那些資料撰寫一份鑑定書。其來龍去脈頗不單純，充滿了錯綜複雜的法律問題。我費盡力氣把一本又一本厚厚的案例論集搬到桌上，然後坐在它們後面埋頭苦幹，一面翻閱法院的判例，一面仔細做筆記。巨大的閱覽室與昔日相同，於寧靜中傳來紙張隱約的沙沙聲，表示有許多人正潛心用精神來幹活。當眾人持筆在紙上龍飛鳳舞的時候，其實就是用無形的刨子和銼刀來精雕細琢一個法律案件、進行歸納比較、逐字推敲一份文件的用語，並試圖查明相關法律條文可適用至何種程度。接著紙上又彷彿醫師動手術時劃下的一刀，出現了一連串潦草的字跡。這時或有一個問題獲得了澄清，或是在判斷某要素時發現了眉目。那當然仍非最後的判決，而是諸如「原告……之舉措似極為不妥，如今應對……詳加探究」之類的句子。

這是一些非常謹慎、精確和沉默的工作。人人在大廳內集中精力，心無旁騖處理自己的事務。連那些身兼雜役和法警的巡查人員，也在圖書館內放輕腳步，盡量讓人感覺不到他們的存在。大廳內闃然無聲，可是在此寧靜之中卻又瀰漫著活動繁忙的極度緊張氣氛——宛如一場無聲的協奏曲演奏會。我非常喜歡這種氣氛，因為它十分緊湊而且大有裨益。那天我恐怕很難在家中的書桌前面做出任何名堂來，可是在圖書館內卻簡單得很，而且我可以全神貫注。這裡就像是一座要塞，不對，這裡就像是一個蒸餾器，外面的空氣根本無法進入。更何況這裡沒有革命。

突然傳來一聲令人側目的噪音，那是什麼？是有人猛然把門撞開？還是口齒不清的尖銳呼叫聲——有人在發號施令？在場者都在一瞬間吃驚地將頭揚起，面露緊張神情想聽出苗頭來。大廳內依然安靜無比，可是其本質出現了改變，那已經不再是工作中的寧靜，而成為畏懼與驚慌所帶來的死寂。

室外的走道傳來急促腳步聲，正有一票人馬堂而皇之從樓梯跑步上來。接著遠遠聽得見響個不停的喧鬧聲、呼叫聲及推門聲。有幾個人忍不住起身過去把門打開，探頭向外張望幾下之後又走了回來。也有些人步向巡佐，依舊壓低了聲音與他們交談——在閱覽大廳內只准輕聲談話。室外的噪音則越來越響亮。有個人發出聲音打破了寧靜，說道：「突擊隊。」隨即另外一人以中度音量表示：「他們正準備把猶太人攆出去。」還有兩三個人聽了立刻大笑起來。這陣笑聲比當時實際發生的事件還要來得令人震驚：它立刻令人難以置信地發現，原來連閱覽大廳裡面也都坐著納粹黨徒。

原本只是若有若無的騷動不安，逐漸變得越來越令人無法充耳不聞。人們紛紛打斷工作站了起來，或彼此交頭接耳進行討論，或漫無目標四下來回走動。有一位顯然是猶太人的讀者不發一語闔上書本，非常仔細地把它們逐一放回書架，收拾完畢自己的卷宗以後便走了出去。很快就有一個看來像是巡查長的法警站在門口，他以審慎的語氣對著室內大聲喊道：「突擊隊已經衝入司法大樓，猶太籍的先生們今天最好暫時避避風頭，趕緊離開此地。」

我們同時聽見外面有人耀武揚威喊道：「猶太人滾出去！」室內有個聲音回應道：「早就滾了。」這時再度傳來剛才那兩三個人喜孜孜的呵呵笑聲。我瞄了一眼，這下才赫然發現他們竟是和我一樣的法院見習生。

此情此景令我在驚愕之餘，猛然回憶起四週以前被人暴力驅散的嘉年華舞會：當時驅散的情形和現在並沒有兩樣。許多人收拾卷宗夾匆匆離席，這又教我聯想起「我並不反對你們回家」那句話。他們果真還能夠順利回家嗎？今天的局面看起來已不再是那麼理所當然。其他人則把自己的東西留在桌上，乾脆走出去看熱鬧。巡查人員則表現得比以往更加讓人感受不到他們的存在。留下來的讀者當中，有一、二人甚至大搖大擺點燃香菸——就在高等法院的圖書館裡面！巡查人員完全不敢開口，所以這也是革命的一環。

後來那些「觀光客們」對他們在司法大樓內的所見所聞做出了描述。沒有關於暴力的報導，哦，完全沒有。一切都進行得非常平順，只不過大多數的開庭工作顯然都臨時取消了。那些法官脫下了自己的長袍，低聲下氣穿著便衣離開司法大樓。當他們走下階梯時，兩側列隊站立著突擊隊員。只有在律師休息室裡面，動作才變得比較激烈。

例如有一位猶太律師在那邊「裝腔做勢」，結果被痛毆了一頓。後來我才曉得那位律師是什麼人：他不但曾經在大戰時負傷五次並瞎了一隻眼睛，而且還因功晉升為上尉。他很可能仍然保留了軍官的本能，在士兵嘩變時立即加以喝止，結果便慘遭厄運。

那些闖將也來到了我們這邊。他們猛力把門推開以後，立即湧入一群褐衣人。其中一個樣子像是領隊的傢伙，直挺挺地以洪亮的聲音吆喝道：「『非雅利安人』必須立刻離開這個場所！」我注意到，當他使用了「非雅利安人」這個特定用語之後，接著又說出了非常不具體的「這個場所」一詞。這時顯然跟剛才同樣的一個人又回應道：「早就滾了。」我們的巡查人員光是站在那邊，擺出只是要伸手把帽子扶正的動作。我的心跳不禁加快起來，現在該做什麼？要怎麼做才不會有失自己的尊嚴呢？我決定不予理睬，讓自己完全不受干擾！於是又朝著我的卷宗低下頭來，機械化地閱讀自己寫下的句子：「被告之陳述雖不正確，然亦無足深究……」反正不要理會他們就對了！

一個身穿褐色制服的傢伙朝著我走來，站在我的面前劈頭就問：「你是雅利安人嗎？」我不加思索地回答說：「是的。」他用檢視的目光望了望我的鼻子以後就走開了。這時我的臉部湧上一股熱血——我慢了半拍才領悟到，自己已經蒙受奇恥大辱並打了敗仗，因為我說了：「是的」！我固然是「雅利安人」無誤，所以我並沒有撒謊。只不過我讓更糟糕的事情發生了：竟然對著一個無權向我問話的人，很屈辱地做出了肯定的答覆，表明自己是「雅利安人」（雖然我把這個名稱視同草芥）。但最可恥的事情就是，我用那個答案換來現在可以繼續不受打擾坐在卷宗後面！尤有甚者，當我面對第一次考驗時就失敗得一塌糊塗！我真想打自己一記耳光。

當我離開高等法院的時候，它仍然和往常一樣灰暗冷漠，完全未受干擾地巍巍聳立於路旁公園的樹叢之後。沒有人看得出來，這個機構不久之前已經陷入萬劫不復的境地。或許也還沒有人看得出來，我剛剛才遭受了沉重的打擊，而且那個恥辱很難洗刷。一個穿著體面的年輕人就這麼安安穩穩地沿著波茨坦大街行走。馬路上也看不出任何異狀。一切都和往常沒有什麼不同。不可知的事物正瀰漫於空氣之中，一步步向我們繼續逼近……

24 查莉——兩段奇特的插曲

當天晚上我還另有兩段奇特的插曲。其中之一就是，我的小女朋友查莉之生死存亡讓我在整整一個小時之內變得緊張兮兮。雖然我的畏懼來得沒頭沒腦，可是卻也不能說完全沒有道理。

事情的緣由其實非常可笑，那只不過是因為我們錯過了會面時間的關係。我們約好在她上班的商店門口碰面。她白天就在那邊負責打字，每個月可以有一百馬克的收入。如同前面所述，她是一個小女生而非土耳其男孩，來自一個憂心忡忡、工作勤奮的小資產家庭。當我在晚上七點抵達那邊的時候，商店早已大門深鎖、人蹤全無，並在門口放下了拒人於千里之外的捲簾。那是一家猶太人開設的商店，門前一個人也沒有。或許「突擊隊」今天也已經來過此地了？

於是我搭乘地鐵前往她的住處。我沿著一棟巨大出租公寓的階梯拾級而上，然後在她家門口按下電鈴。接著又按了第二次和第三次，可是屋內依然沒有動靜。我只得走回樓下，找了一個公用電話亭打電話到店裡——沒有人答話。我又打電話到她家，同樣沒有人答話。我在百般無奈之下，只得站在地鐵站的入口繼續等候，至少那是她每天從店裡回家時的必經之處。許多人從那邊湧進湧出，沒有人前去打擾，也沒有人阻止他們，情況也跟從前每一天沒有兩樣。可是人群裡面就是沒有查莉。我不時離開再打一通電話，但那只不過是白費功夫而已。

當我等待的時候，兩膝一直發軟，心中充滿了無助感。她從家中被「帶走了」嗎，還是從店裡頭被「抓去關了」嗎？說不定她已經待在「亞歷山大廣場」，甚至正在前往當時的第一座集中營——奧拉寧堡——的途中？一切皆未可知，可是一切都不無可能。抵制猶太人的行動或許光是裝模作樣而已；然而它也可能真正意味著「猶大，去死」，於是成為奉命進行的有紀律大規模謀害及格殺猶太人之藉口。這種不確定性，也正就是他們經過仔細盤算之後所欲收到的效果。他們想在一九三三年三月三十一日晚上，讓一位猶太少女陷入極度恐懼，這種推測固然看似穿鑿附會，但也不能說其中全無道理存在。

幸好那天晚上我只是多心而已。過了約莫一個小時以後，我已經放棄任何希望，隨手又打了一通電話。查莉家中話筒的那一端居然傳來她的聲音。她表示店裡面的員工眼看即將失業，於是找了個地方一起坐下來討論現在該如何是好，談了一個小時以後仍然一籌莫展。不過「突擊隊」今天並沒有過來騷擾。接著她充滿歉意說道：「實在對不起，時間拖得長了一點。討論的時候我可是一直如坐針氈呢……」

那麼她的雙親呢？——他們到醫院去了，因為有一位阿姨剛好就在今天生產，以最狂妄囂張的方式違抗了「猶大，去死」之要求！可是猶太診所和醫師即將遭受抵制……，所以那位阿姨明天又該怎麼辦呢？實在令人難以想像！此種疑慮在五年以後果然成為事實，病患及產婦硬是從病床上被趕了出去。這種可能性當時已在「隱然成形」之中，人們的心中已經感受得到陰影，卻又無法痛下決心說出個所以然來。明天即將發生的事情，讓人一時之間完全失去了想像力。

我總算暫時可以放下心中的大石頭，覺得自己惶惶不可終日的表現未免有些可笑。五分鐘以後，查莉就走了過來。她妝扮得非常標緻，頭上斜戴著羽毛帽：一副大都會少女晚上赴約時的標準打扮。這時我們又面對一個新的難題：現在已經九點多了，連去電影院都已經太晚，我們還有什麼地方可去呢？但是我們早就約好要一起出門，總不能連目的地都沒有吧？最後我終於想起來，有一個活動要到晚上九點半才開始。於是我們坐上計程車趕赴「地下墓穴」[1]。

一切都顯得有些瘋狂。剛才慌亂時已經有此感覺，現在眼看事情已經平息下來了，

1「地下墓穴」為柏林市一家著名的「卡巴萊」幽默諷刺劇場（當時德國的「卡巴萊」大多位於建築物的地下室），於一九三五年被納粹政府勒令歇業。

那種印象反而更形強烈：不久以前我還害怕得要死，現在更在風平浪靜之餘可以百分之百確定，我們兩個當中至少有一人會在第二天面臨生存危機。可是無論就外在形勢或主觀意識而言，我們都不覺得此時去「卡巴萊」幽默諷刺劇場有何不妥。

至少在納粹執政的最初幾年有一個獨特現象，那就是表面上一般人的生活幾乎都沒有出現變化：電影院、劇場和咖啡屋人滿為患，一對對愛侶在花園或舞池翩翩起舞，漫步者神情自若躑躅於街頭，年輕人歡天喜地伸長了身子躺在沙灘上……。納粹便在進行宣傳的時候，把這些現象拿來大做文章：「請過來實地體驗一下我們這個正常、寧靜而快樂的國度。請親眼看看，即使猶太人也可以在我們這邊過著安穩的日子。」可是人們無法看見正在暗中成形的精神錯亂、恐懼與緊張以及「不管明天」的生活態度，還有死亡之舞的氣息。比方說，那天地鐵站張貼出來的刮鬍刀廣告海報，在「剃得乾淨——心情來勁」的大標題下面，有一位神采奕奕的年輕人臉上正綻放出勝利的微笑。大家怎麼樣也想像不到，海報上面的同一個人已經在四年以前[2]，因為「叛亂罪」——至少目前的稱呼如此——而被押赴普勒岑湖監獄的天井。他的頭部就在那邊被從身體上剃了下來。[3]

我們自己當然多少也是應該受到指責的對象。雖然剛剛才經歷了對死亡的恐懼及束手就擒的感覺，可是我們除了竭盡所能加以忽視，並不受打擾繼續歡樂下去之外，完全想不出更好的對策。我相信，一百年前的年輕情侶或許會想出更多的辦法來——縱使那只是一個以危險和失落感做為調劑的偉大愛情之夜。我們卻找不到更好的做法，只得驅車前往「卡巴萊」，反正沒有人阻止我們過去。而且我們無論如何都會這麼做，更何況這麼做的目的正是為了盡量不去想起那些令人不舒服的事情。

這看起來似乎非常冷靜無畏，但它或許也是麻木不仁的表徵，顯示出我們在受苦受難的時候，老是跟不上實際狀況的發展程度。如果大家不反對我把這個概括性的說法繼續推演下去的話，那麼我認為德國現代史上最可怖的現象之一就是：施暴的一方沒有兇手，受難的一方則無烈士。此即一切都發生於半麻醉的狀態下，而客觀存在的恐怖事件背後，所呈現出來的就是膚淺而可悲的心理。於是將謀殺的行為比擬成不良少年滋事，將自己所受的屈辱及道德的淪喪視為不痛不癢的小插曲。即便有人壯烈成仁，基本上那也只不過是因為「運氣不好」而已。

我們的怠惰行為卻在那一天獲得了最佳的報償。一個突發事件使我們來到「地下墓穴」，這裡就發生了當晚的第二段奇特插曲。現在我們置身於整個德國唯一還在進行

2 指一九三五年。（作者撰寫本書時為一九三九年。）

3 納粹時代通常使用斷頭台來處決非軍職的「叛亂犯」。

抵抗的公共場所；該處的抵抗方式非常勇敢、幽默，而且十分優雅。我在當天上午已經親身經歷過，具有數百年悠久傳統的普魯士最高法院如何懾於納粹的淫威，很不光彩地淪落到土崩瓦解的地步。同一天晚上我卻看見，一小群缺乏任何偉大傳統的柏林「卡巴萊」演員採取傑出行動，以優雅的方式為眾人找回榮譽。高等法院倒了下去，「地下墓穴」卻屹立不搖。

率領這一小群演員走向勝利的人，名字叫做維爾納．芬克[4]——在當時殺機四伏的惡劣環境下，只要有誰能夠堅持立場、威武不屈，那就已經是一種勝利。而毫無疑問的是，這位身材矮小的「卡巴萊」主持人將在「第三帝國」的歷史上占有一席之地，而且那將是難得一見的榮譽席。

他長得並不像是英雄的樣子，雖然最後他幾乎成了英雄，但那並非因為他個人的關係。他並非革命派的演員，也不是話中帶刺的譏諷者，更絕非手中拿著投石器的大衛王。他生性友善而親切，講出來的笑話十分輕柔，既像翩翩起舞，又似騰雲駕霧。其主要的工具就是雙關語和文字遊戲，而且已然成為箇中翹楚。他開發出一種特別的表達方式，這被別人稱做「隱藏的觀點」。他表演的時間越久，就越懂得如何隱藏自己的觀點，可是又不會隱瞞自己心中真正的想法。

他就在自己的國家，成為「和善」與「親切」的庇護所，而此二種特質正是納粹所欲鏟除的對象。其「隱藏的觀點」便置身於這種和善親切的背後，那意味著威武不能屈的真正勇氣。他敢於公開說出納粹的真相——在德國的正中央！他的劇目裡面出現了集中營、家庭搜索、普遍的畏懼、普遍的謊言。他對此所做的嘲弄，娓娓道出了人們不敢大聲表達的痛苦和鬱悶，於是產生一種極不尋常的寬慰力量。

一九三三年三月三十一日很可能就是他最偉大的晚間演出。屋內坐滿了人，觀眾眼中已經清楚望見了第二天即將出現的萬丈深淵。芬克卻讓他們發出笑聲，而且我從未見過有任何群眾能夠笑得如此開懷暢快。那是一種感人肺腑的笑聲，是擺脫了麻醉與絕望以後，於重生之下所發出的頑強笑聲。正是大家所面對的危難才激發出這種笑聲。「突擊隊」遲遲還沒有來到這裡，把所有的人通通抓起來，這看起來不正像是一個奇蹟嗎？或許當天晚上，我們還有辦法在這個綠洲繼續歡笑。我們就以一種看似不可能的方式，超脫於危險和恐懼之外。

4 維爾納・芬克（Werner Finck, 1902-1978），德國作家、演員及著名的幽默諷刺劇演出者，一九二九至一九三五年間為「地下墓穴」之負責人。「地下墓穴」遭查封後，芬克曾被關入集中營一年，一九三七年轉至另一家「卡巴萊」繼續演出，但該處兩年後亦遭查禁。芬克為避免再度下獄，只得「自願」入伍參戰。芬克於戰後仍活躍於「卡巴萊」及電影界，曾獲頒德國「卡巴萊演員獎」。

25 抵制猶太人的行動與法朗克・蘭道之流亡

互道晚安的時候，我開口說道：「查莉，如果妳發現他們打算衝進你們公寓的話，那就趕快到我家來。」我心中同時冒出一個奇怪的感覺，不知該如何向家父母解釋這件事的來龍去脈。把那個念頭壓抑下去以後，我繼續表示：「希望妳在我們家還能夠安全無虞。」她很感動地接受了我的請求。謝天謝地，第二天她沒有這麼做的必要，因為她絕對不可能找到我。

四月一日早上十時整，我突然接獲一封電報，上面寫著：「若有餘力，請速至。法朗克。」我趕緊與父母告別，其情況簡直像是正準備披掛出征一樣。接著我坐上區間火車往東方行駛，出城前往我的朋友法朗克・蘭道那邊。基本上，我很高興能夠被叫出去為別人效勞，不必躲在角落裡面坐視當天的各種事件與我擦身而過。

法朗克・蘭道是我最要好和交情最深厚的朋友。我們剛上中學時就已經彼此熟識，曾經在「老普魯士賽跑同盟」一塊兒跑步，而後共同參加「正確的」體育俱樂部。最後我們進了同一所大學，現在更一起在法院當見習生。我們不但共同經歷過各式各樣的小孩子嗜好和幻想，還相互朗讀了自己啼聲初試的文學習作。這個愛好現在進而演成更認真的寫作，而且我們覺得自己「實際上」更像是文學家而非法院見習生。有些年頭我們幾乎天天見面，習慣毫不保留地相互分享生活中的點點滴滴，其中也包括了自己的愛情故事。不過與其說這意味著二人之間全無隱私，倒不如說是自己在跟自己研商大計。我們結識的十七年間，從來就沒有過真正的爭吵，那就彷彿一個人不會跟自己決裂一般。至於我們有異於對方之處——其中也包括了血統上的不同，但那是最無關緊要之處——在少年時代就已經被津津有味地仔細分析過，完全不會造成彼此之間的隔閡。

他是我們二人當中的耀眼明星，天生氣宇不凡，身材高大、寬闊而結實。他年少時看起來就像是阿波羅。後來他的鼻樑變大、額頭長高、臉上出現了一些皺紋，又令人不自覺聯想起年輕的猶太國王掃羅。其生涯雖然與我極為相近，卻比較意氣風發，具有更大的深度及廣度，愛情對他造成的衝擊也遠較我為烈。他青少年時代的生活比我要來得多彩多姿，為此所付出的代價則為不時陷入鬱結於心、難以釋懷的愁緒。這也是我所沒有過的遭遇。

那時他正處於低潮，而且這個階段持續的時間長得可怕——已經將近一年了。這回出現了一個非常具體的外來因素：他的女友漢妮曾在一年前對他有過不忠的行為。雖然那出於偶然和無意之間，實際上只不過是逢場做戲而已，卻把他整得天下大亂。

揆諸二十世紀盛行的愛情觀，其表現未免顯得有些可笑。可是他早已發展出一種老式的熱情，非但不合時宜，有時看起來簡直像是不食人間煙火的愛情故事，來自《少年維特的煩惱》、盧梭筆下的《新愛洛綺思》、海涅的《歌集》和蕭邦的華爾滋。那種感情天地與輕率的出軌行為是格格不入的。結果起初是法朗克的內心世界完全崩潰，而後當漢妮發現自己闖了大禍，也跟著變得如此。繼之而來的發展就非常令人洩氣：二人分道揚鑣，隨即復合了一半卻又不怎麼成功。他也試著與其他的女性交往，卻只留下了更多的憤懣和傷痕。雖然他還是修補了與漢妮之間的友誼，但這越來越只像是對過去的諷刺，二人之間的關係於是又冷卻下來，於藕斷絲連之後出現了無法避免的結果。

大家都曉得類似的故事，它們往往成為小說當中的情節，而且是偉大幸福感所帶來的悲劇性下場。好在不久以前出現了另外一位少女。她名叫愛倫，是一位冰雪聰明的小女人和智慧頗高的大學女生，具有相當令人愉悅的氣質，以及源自富裕家庭的冷靜自若和條理分明的作風。我們可以拿她來打個比方：當一場慘烈的革命帶來混亂和苦難以後，便需要一個文雅的復元期來重建秩序，而她就是後者的具體化身。法朗克曾在不久以前介紹我與她認識，過了沒多久他又半開玩笑問我，假如他們二人訂婚的話我會做何感想？訂婚以後他就參加國家中級文官考試、結婚，然後可以過著中產階級的生活。愛倫是否就是他所需要的好太太呢？我聽了忍不住放聲大笑，覺得那個決定未免來得太快了。法朗克也跟著笑了出來，我們的話題就此打住。

現在我坐車前往他家。他和父親共住一處，後者身為醫師，所以也是遭到抵制的對象。我非常好奇，現在一切看起來將是什麼模樣？

局勢看似相當狂亂，可是狂亂之中反而顯得風平浪靜。東邊那幾條馬路有許多猶太人經營的商店，它們仍然照常開門，可是敞開的大門前面都有「突擊隊員」叉開雙腿站著看守。商店櫥窗被塗寫了不堪入目的字眼，而店主大多已經藏匿無蹤。另有一些好事者在門外遊蕩，心中交織著忐忑不安和幸災樂禍的態度。那整個行動顯得手足無措和停滯不前，似乎所有的人都等著好戲上演，一時卻又不曉得會出現什麼樣的情況。但無論如何，那都不像是將要發生大規模流血事件的模樣。我可以暢行無阻繼續朝著蘭道家前進，顯然「他們」並沒有闖入民宅。這使我對女友查莉的處境感覺安心了不少。

法朗克不在家，於是由其體型飽滿、生性樂天的年邁父親代為迎接。從前我上門的時候，他經常會與我交談，以一種寬宏的氣度詢問我文學創作的情形，並不時對莫泊桑表示讚揚——那是他最推崇的文學家。他還會搬出各式酒類硬要我逐一品嚐，藉此來鑑定我的品味如何。當天他卻以受到侮辱的姿態來接待我。他未遭干擾，他並不害怕，但是他受到了侮辱。當時許多猶太人都還具有這種態度，簡而言之，在我看來那是他們的非凡表現。可是到了現在[1]，他們之中的大多數人早已失去了那麼做的力量。他們多年下來已經承受了太多可怕的打擊。類似的情況也濃縮於幾分鐘以內，發生在集中營的囚徒身上。他們正遭受桎梏、被打得稀巴爛：第一次的打擊只會觸及骨氣，而在內心深處激發出猛烈的抗拒反應。可是等到出現第十次或第二十次打擊的時候，一切都光是打在肉體上面而已，所造成的只不過是一聲聲啜泣與哀鳴。這六年以來，德國的猶太人社群大致就集體經歷了這樣的發展趨勢。

蘭道老先生還沒有被打得稀巴爛，他只是受到了侮辱。而令我略感震驚的，就是他在接待我的時候，把我看成是自己的侮辱者所派來的使者。他見了我劈頭就問：「你還有什麼話好說？」我有些不知所措地表示，那一切當然都教我感覺噁心。縱使如此，他還是彷彿針對我個人而責難道：「你難道真的相信，我捏造出駭人聽聞的消息，然後把它們寄到國外？你們當中難道真有人相信這檔子事？」我更在驚訝之中發現，他簡直像是出庭辯護似地開口繼續說道：「我們猶太人可不會笨到在當下這個節骨眼，做出寫信到國外散播謠言的蠢事來。難道我們沒有在報紙上面讀過，通信自由早就被取消了？說也奇怪，我們居然還獲准繼續讀報紙！不管怎麼樣，你們當中難道真還有人相信那個愚蠢的騙局，以為我們製造了駭人聽聞的消息？如果沒有人相信的話，那麼這到底又是怎麼一回事？你可以告訴我嗎？」

「當然沒有任何明理的人會相信這檔子事。」我回答道：「可是這又有什麼實質意義呢？目前的情況就是，你們已經落入敵人的手中。其實我們全部都落入了他們手中。他們已經掌握了我們，可以對我們為所欲為。」

他憤恨不平地盯著煙灰缸，只把我的話聽進了一半。接著他又說道：「最讓我生氣的就是謊言，那個該死而令人噁心的謊言。如果他們真的想要，那麼乾脆就把我們通通殺掉算了，反正我的年紀已經夠老了。可是他們何必還要講出那種骯髒的謊言來呢？請告訴我，他們為什麼要這麼做！」顯然他心中的想法已經根深蒂固，認為我好歹都是和納粹一夥的人，所以會曉得他們的祕密。

這時蘭道太太走了過來。她強忍住心頭的憂傷，面露微笑對我打招呼之後，便開口幫我打圓場：「你正在向法朗克的朋友問些什麼啊！他曉得的內情就和我們一樣少，更何況他並不是『國家社會主義者』。」（她刻意禮貌地使用了「國家社會主義者」[2]這個冗長的字眼。）她的丈夫卻不斷繼續搖頭，看起來就像是要把我們剛才的談話內容全部都搖掉一般。「總該有人過來向我說清楚講明白，他們為什麼要撒謊。」他仍然毫不

1 此處的「現在」，指的是作者撰寫本書時的一九三九年。

2 「國家社會主義者」即納粹黨人。納粹（Nazi）是「國家社會主義」一詞德語發音的前二個音節，用為俗稱或帶貶義的簡稱。當時的德語也依據同樣原則，稱「社會主義者」為「社粹」（Sozi）。

鬆口地說道：「為什麼他們在大權在握、想做什麼就可以做什麼的時候還要繼續撒謊？我就是想知道為什麼！」

她打斷了蘭道先生的話：「我想你現在應該再過去看看那個小傢伙了，他呻吟得好厲害！」

「我的天哪，」我接著問道：「令郎難道生病了嗎？」法朗克還有一位弟弟，現在被談到的人應該就是他。

蘭道太太回答說：「看來如此。他自從昨天被大學趕出去以後，就一直非常激動，今天更不斷嘔吐而且一直喊肚子痛。這看起來有點像是盲腸炎，雖然……」她苦笑了一下，繼續表示：「雖然我還沒有聽說過，有人會因為激動而罹患盲腸炎。」

「這個時代發生了一大堆從來就沒有人聽過的事情。」老先生站起來的時候仍不忘氣沖沖補上這麼一句。當他邁出沉重步伐朝著房門走去的時候，又轉過頭來問我：「你是個很好的法學家，對不對？你能否告訴我，今天犬子非但不抵制我，反而還讓我來為他檢查身體，這可會教他涉及刑責的問題？」

蘭道太太趁他不在的時候表示：「你可千萬別見怪，他老是沒有辦法擺脫那些念頭。法朗克應該馬上就要回來了，然後我們可以一起吃午飯。你現在日子過得怎麼樣？令尊的工作一切都好嗎……？」

法朗克回來了。他加快腳步走入房間，表情顯得非常平靜，可是在沉穩之中不經意流露出神經繃緊、全神貫注的表情。他平靜的樣子看起來就像是一位站在作戰地圖前面的指揮官，就某些方面而言也像是一名精神病患，已陷入牢不可破的偏執想法而難以自拔。

「真好，你來了。」他對我說道：「對不起，我不得不遲到一下。待會兒我還會請你幫忙做許多事。我很快就要離開這裡了。」

「你什麼時候走？要去哪裡？」我以同樣平靜而略帶焦慮的態度問道。

「去蘇黎世，而且如果可能的話，明天一大早就走。家父並不希望我這麼做，可是我還是會坐車離開。你曉得昨天高等法院發生了什麼事情嗎？」

「我自己就在那邊。」我回答了以後才猛然想起，天哪，法朗克昨天甚至還參加了開庭審判的工作！

「那麼你當然曉得發生了什麼事。我不認為留在這裡還會有任何意義，所以我決定離開。此外，我已經訂婚了。」

「跟愛倫嗎？」

「沒錯，而且她將跟我一起走。今天我還必須和她的父母見面。如果你能夠跟我一起過去的話，我和愛倫都會非常感激。無論如何，今天你恐怕必須幫忙做很多事情。」

「那麼漢妮怎麼辦呢？」

「今天晚上我也必須好好跟她談一談。」他說到這裡的時候，平靜的態度夾雜著些許的激動，聲音中突然出現了前所未聞的語氣。

「這一天裡面要做的事情可還真不少。」我接著說道。

「是啊，做每件事的時候你多少都得幫我一點忙。」

「那當然不成問題，我非常樂意效犬馬之勞。」

這時傳來了叫我們過去吃午飯的聲音。

蘭道太太煞費苦心想在餐桌上營造出正常的談話氣氛，可是她的丈夫卻一再發表言論來殺風景，讓大家又變得沉默不語。

「法朗克有沒有告訴你他打算離開這裡？」法朗克的父親不待我出聲，又繼續問道：「你對此有何意見？」

「我覺得這是相當明智的做法。」我開口表示：「他的確應該趁著還有辦法的時候趕緊離開。否則他在這邊還能夠做什麼呢？」

「留下來。」老先生又說道：「在這個節骨眼，他更應該留下來，而非眼睜睜讓人家把自己趕走！他已經通過了國家考試，所以有權擔任法官。我們倒想看看，他們還敢不敢……」

法朗克很不耐煩地開口打斷父親的談話：「啊，老爸……」

「我擔心，」我接著說道：「自從高等法院昨天被『突擊隊』暴力驅散以後，法治已經成為歷史。」（這時我眼前重新浮現出昨天的一點一滴，不覺立刻面紅耳赤起來）。「恐怕以後不會再有任何值得我們捍衛的事物。現在我們每個人都形同囚犯，唯一剩下來還可以做的事情，就是要想辦法脫逃。我自己也巴不得能夠離開這裡。」

這是我心中真正的想法，只不過我還不想明天一大早就走……。

「你也想離開？」蘭道先生又問了：「你怎麼可能會想這麼做？」顯然他心中的想法已經根深蒂固——因為我是「雅利安人」，免不了就會成為納粹的同路人。看來他最近已經有了太多這樣的體驗，所以無法再相信任何其他的可能性。

「因為我再也不喜歡這裡了。」雖然這個理由聽起來不夠充分，而且顯得有些傲慢，不過我只想用最簡單的方式來表達出心中的想法。

老先生便不再責難，陷入沉思之中。過了一會兒他又開口打破沉默：「看來我必須在一天之內把兩個兒子都送走了。」

「一點也不錯。」蘭道太太高聲說道。

「那個小傢伙必須馬上開刀，」他隨即表示：「那是最典型的急性盲腸炎。可是現在我雙手不穩，無法給他動手術。不過今天還會有別人願意操刀嗎？難道我必須到處打電話求人家：親愛的同事先生（或『不再是同事』先生），您是否可以看在上帝的份上為犬子動動手術——不過他是猶太人？」

「某某醫師一定會答應這麼做」，蘭道太太很確切地表示。她說出一個人名，不過我已經想不起來那是什麼人了。

「如果是從前的話，他絕對會答應的。」老先生大笑幾聲以後對著我說道：「我們曾經在野戰醫院合力幫別人鋸腿，為時長達兩年之久。可是誰又曉得今天變成什麼情況了呢？」

「我可以打電話給他，」蘭道太太連忙開口：「他絕對會答應的。」她那天的表現實在是可圈可點。

用罷午餐之後，我們一同過去探視那位年輕的病患。他微笑的臉上露出窘態，就像是自己做出了蠢事一般，並不時強忍住呻吟和喊痛的聲音。他向哥哥問道：「那麼你真的要離開了？」「是的。」小弟弟又說了：「可惜現在我不能一起走。你出發以前還會過來跟我說再見嗎？」

我們走出那個房間的時候，法朗克顯得有些激動。我忍不住開口表示：「實在是太可怕了。」他接著說道：「是啊，的確非常可怕。我根本就不曉得那個小傢伙現在該怎麼辦。他完全不會有辦法承受眼前出現的各種不公平現象，因為他對這一切根本缺乏正確的認知。你曉得他昨天向我表達了什麼願望嗎？他想救希特勒一命，然後對他說：『我是猶太人。現在請讓我們花一個小時的時間把問題從頭到尾好好談一遍』……。」

我們一同走入他自己的房間。那裡擺著幾口已經打開的箱子，衣服掛得到處都是。當時是兩點鐘左右。法朗克說道：「我必須在六點與愛倫在萬湖火車站碰面，所以五點鐘的時候我們就得從這裡出發。不過在離開以前還有許多事要做。」

「打包嗎？」我問道。

「也包括在內。」他回答說：「不過最主要還是料理其他的事情，這也就是請你過來的原因。我有一大堆物品亟待處置，其中有從前的信函、相片、日記、詩作、回憶等，還有其他許多講不完的東西。我可不想把它們都留在這裡，但也無法帶走，而我更不想把它們全部銷毀。你能夠把它們搬到你家去嗎？」

「沒有問題。」

「現在我們必須把它們全部檢查一遍。一切都亂七八糟，而且有些東西的確可以扔掉。我們就趕快一起來瀏覽吧？」

他打開了一個大抽屜，裡面放著一大堆紙張、相簿、日記：那就是他過去的生命，而且其中有許多部分與我完全重合。法朗克深深吸了一口氣，苦笑著說道：「我們必須一口氣把事情辦妥，剩下來的時間已經不多了。」

於是我們開始整理那些紙張，把一封又一封的舊信函攤開，讓照片一張接一張從手中滑過。我們眼前湧現出一幕幕往日情景，濃濃愁緒不覺襲上心頭。我們的年少時光就宛如放置在抽屜裡面的植物標本。其香味正因為增添了已逝、過往及「一去不返」的氣息，而變得更加濃郁和令人陶醉！相片上出現了我們身穿運動服，與當時的同伴站在一起的模樣，以及我們偕同女孩子泛舟時的情景——「我的天哪！你還記得嗎？」其中也有站在沙灘上的留影，我們臉上長滿了雀斑，照片上面仍然照耀著囊昔外出郊遊時的陽光。此外還有來自快樂時代的網球照片。那些與我們挽著手臂而立的朋友，還有那些奮不顧身跳起來接球，至今仍騰空停留在相片上的少女，他們而今都在何方？法朗克打開了幾個信封，裡面露出似曾相識而令人激動的字跡，使我們忍不住多望了幾眼，回憶起自己的往事。其中還出現了我自己的筆跡，許多年以前我寫出來的字就是那個樣子……。

每個人都曾經在徹底清理舊物的時候，深深陷入往日情懷而難以自拔。類似這樣的大掃除，通常專門留待夏日陰雨綿綿的星期天來進行。而每個人也都有過此情可待成追憶的感覺，會禁不住難耐的誘惑，迫不及待想把一切都重新閱讀一遍、讓已逝的生活又驀然重返……。那種猶如吸鴉片一般令人逐漸昏沉沉軟綿綿的感覺，也是每個人都曉得的事情。如此清理下來以後，白天的時間已經不敷使用，往往還得繼續挑燈夜戰。整理之際所耗費的時間越長，人們也就可以在那個如夢似幻的世界停留得越久。

我們卻只有不到三個小時的光陰，必須以飛快的速度急忙瀏覽，其情況有如匆匆遁入了一部快動作放映的電影。我們更必須嚴加挑選、徹底銷毀，只把最重要的物品裝入一口大箱子。它們只會在那邊積聚灰塵，靜待有朝一日什麼人心血來潮，含笑將之過目一遍。可是這要等到何時才會在何地發生呢？其餘的物品則必須毫不留情被宣判送入垃圾桶。那等於我們對自己的青年時代所進行的速審速決！可是又該如何加以衡量？如何製訂出標準來？如何確認某樣東西確有保留下來的價值？結果這個奇特的工作使我們變得更加默默無語，而時針已經移動得越來越快。我們必須採取快速的行動——快速宰殺或快速裝棺！

我們總共被打斷了兩次。第一次是蘭道太太過來告訴我們，救護車已經在樓下等候。法朗克的弟弟現在馬上就要被送去醫院開刀，她和丈夫會跟著一起過去。如果法朗克想跟他道別的話，現在正是時候了。法朗克回應道：「好的，我馬上就來。」多麼奇特的惜別：兩兄弟當中的一個現在正要被送上手術台，另外一個則準備流亡海外！

「對不起，我得離開一下。」法朗克說完以後，就跟著他的母親一起走了出去。他在外面停留了五分鐘的時間。

過了大約一個小時，我們再度被迫中斷。那時屋內空空蕩蕩，只剩下我們二人和女僕。門鈴突然響了起來，接著女僕敲門通知我們，表示門外站著兩個「突擊隊員」。

那兩名男子肥胖臃腫，身上穿著褐色襯衫、束緊褲腳的褐色長褲和軍用長統靴。他們可不是「黑衫隊」的鯊魚，看起來反倒像是平日搬著一桶啤酒上門的工人，會在收到小費以後粗聲粗氣表示謝意，並在帽沿舉起兩根手指致意。他們顯然還不大適應自己的新角色與新任務，只得直挺挺站著來飾掩窘態。

他們兩個就像合唱似地，一起高聲喊出：「希特勒萬歲！」沉寂了一會兒以後，他們當中看起來階級較高的人開口問道：「你是蘭道醫師嗎？」

「不，」法朗克回答道：「我是他的兒子。」

「那你呢？」

「我是蘭道先生的朋友。」我回答說。

「你的父親在什麼地方？」

法朗克很穩重地做出簡短答覆：「他跟我弟弟一起上醫院去了。」

「他去那邊做什麼？」

「我的弟弟必須動手術。」

那個突擊隊員很滿意地順口用柏林土話說道：「那就對了，現在讓我們去看看診療室。」

「請便。」法朗克一說完就把門打開。那兩個人便乒乒乓乓從我們二人中間穿過，一直走入那空空如也、雪白整潔的診療室。他們在那邊只能用嚴厲眼神仔細打量閃閃發光的器械。

「今天有人來過嗎？」領頭的人問道。

法朗克回答說：「沒有。」

「那就對了。」帶隊者又這麼說了一次，看來這就是他的口頭禪。「再帶我們看看其他的房間。」他隨即率領同伴在屋內到處探頭探腦，以懷疑和檢視的目光四下張望，其表情簡直就跟法院執行扣押的人員沒有兩樣，彷彿正在尋找可以查扣的物件。最後他終於問道：「今天確實沒有別人來過？」法朗克做出否定的答覆以後，他第三次說出：「那就對了。」我們一起走到大門口以後，那兩個人猶豫了一陣子，似乎覺得現在必須採取某種行動，可是又不曉得該做什麼才好。正值雙方無言以對之際，二人突然又像合唱似地高聲喊出：「希特勒萬歲！」隨即一溜煙似地閃出門外，沿著階梯走了出去。他們才剛剛離開，我們就把大門關上，默不做聲回到房間繼續埋頭苦幹。

時間過得飛快，到了最後我們只得以越來越簡略的方式來處理物件。一包又一包的信函未經檢視就被丟入字紙簍。或許這是因為我們比一個小時以前更加清楚地警覺到，我們的青少年時代已被全盤破壞，早就不再具有任何意義。所以不論我們再怎麼摧毀其殘餘物也都無甚大礙。

時間已經到了五點鐘。我們把箱子綑起來，並環顧了一下摧毀工作的成果。「今天晚上我還得找時間把剩下來的東西整理完畢。」法朗克說完以後就打電話去醫院詢問，我則向查莉通話問好。然後法朗克走去告訴女僕，現在他就要出門了。

「令尊和令堂曉得你已經訂婚了嗎？」

「還不曉得，否則他們鐵定會消受不了。現在一切都只能看著辦了。」

街頭的書報攤懸掛著當天剛發行的《攻擊報》[3]，上面印著醒目的大標題：「衝鋒的號角已然響起」。

我們坐上了電車，從東邊駛入城內，然後穿越整個市區在西邊下車。在車上終於首度有了好好交談的機會，可是我們講出來的都是一些不著邊際的話。有太多人走進走出或坐在我們周圍，教人很難判定他們是否來自敵營。除此之外，我們還必需仔細思考彼此之間的約定、該轉達的事項和應交辦的任務，以致不時中斷談話。至於他個人的計劃呢？那還非常不清楚。他只打算先在瑞士攻讀博士學位，靠著每月二百九十馬克的生活費過活（當時居然還允許每人每月可向國外匯出二百馬克！）。同時他在瑞士有一位頗富聲名的叔伯級長輩，或許還可以幫得上忙……「反正趁早離開最要緊。從現在的情況看來，我擔心那些人很快就會不再放我們出去。」

當天果然出現了這種情況，不過隨即又被凍結，要等到五年以後才終於成為事實。[4]我們抵達萬湖的時候，愛倫已經站在車站等候。她不發一語把一份報紙交給我們過目，它的上面印著一份官方公告：「前往國外者須持有出境證」。我相信政府引進這種措施的理由，依然不脫「避免有人在國外進行毀謗及散播不實消息」那一套說詞。這早就清楚得無以復加了。

「太可怕了，看來我們已經跌入了陷阱。」法朗克忍不住說道。而愛倫那位端莊穩重、家教良好的小婦人竟也猛然舉起拳頭朝著天空揮去。這種動作其實惟有在舞台或博物館的畫作上面才看得見，就柏林市郊一位穿著體面的淑女而言，那只能說是頗不尋常的景象。

「或許它還不會立刻生效。」我開口表示。

3 《攻擊報》為納粹宣傳部長戈培爾的傳聲筒，由其本人創辦於一九二七年七月四日。

4 德國猶太人真正的苦日子開始於一九三八年。繼一九三五年九月的《紐倫堡法案》明文禁止猶太人出任公職及與「雅利安人」通婚之後，納粹政府更於一九三八年採取一連串完全剝奪猶太人權利的措施：猶太籍醫師及律師之執照被註銷、猶太人不得參與經濟及藝文活動、不得使用大眾交通工具（含電梯）、不得進入大學就讀、不得駕駛汽車、不得使用公園座椅……。

「無論實情如何，」法朗克說道：「現在我們都必須加快動作，說不定還會福星高照，否則那就實在太糟糕了。」

我們不發一語沿著別墅區前面的街道走下去，途經大大小小的花園。這裡非常平靜，看不出白天發生過的事情，連商店櫥窗也未遭塗抹。愛倫與法朗克手挽著手一同步行，我則抬著那個裡面藏有他留下來物品的箱子。這時天色已經放暗，還飄下細細雨絲。我的腦海出現了一片微醺，一種極不真實的感覺使得所有的事件都顯得不那麼嚴重。可是那正是岌岌可危之處——我們已經在倏忽之間，深深陷入一個「不可能」的狀況。那已經到了鋪天蓋地的程度，所以即使所有的猶太人明天就因為某種藉口而遭受懲罰，以致鋃鐺入獄或被迫自盡，也不會有人覺得訝異。如果有誰對那些突擊隊員做出指示，要他們按部就班把猶太人悉數誅除，他們也會心花怒放地說出：「那就對了。」街道看起來仍將維持原樣，反正「那就對了」，而且凡事都會照常進行。城郊各棟豪宅依舊矗立於怡人的庭院後方，春風仍然會夾著不冷不熱的細雨迎面拂來……

我在恐懼之中驀然驚醒過來的時候，已經走到了目的地。這時我才很尷尬地意識到，自己在那裡不折不扣是個陌生人，根本就沒有過來的理由。不過我倒也不必過分擔心，因為屋內人滿為患，外人根本就不會引起注意。從外面看起來，那棟房子靜謐尊貴，完全沒有風吹草動的跡象。可是等到走進去以後，裡面卻是一派難民營的模樣。

置身其中的人雖然努力把它偽裝成一個共用下午茶的場所，但這只是徒勞無功而已。在寬闊美麗的客廳裡面，大約有二十位年輕的客人或坐或立。看來他們都是這家人的好朋友，平日沒事就過來走動，今天則齊聚一堂，想在這個從前喝茶聽音樂的地方尋得助力與安慰……。可是他們在這邊所能找到的，卻只是別人的緊張與憂慮。在良好的教養與殷勤的禮數背後，存在著一種難以言喻的平靜中之恐慌。大家把倒好的茶水傳遞下去，並在茶杯中放糖，有人說「謝謝」，也有人說「不客氣」。眾人發出的聲音，也不會比一般茶會交頭接耳的談話聲來得響亮。可是這回的交頭接耳方式十分詭異，即使突然冒出了尖叫聲也不會讓人覺得奇怪。

我見過在座的一位客人，他和我一樣也是法院見習生，來這裡的目的是想請愛倫幫忙翻譯一份文件。他曾經在布魯塞爾替一位律師工作過一陣子，現在他草擬了一封信準備寄過去。「信就在這裡。」他說完便從胸前口袋掏出一張紙片，而這張紙現在或許就攸關他的性命。「好的，給我吧。」愛倫接著便用鉛筆在紙上塗寫起來，可是很快就有別人請她離開一下來商量事情。她回來以後繼續潦草書寫，寫了還沒幾個字，又被母親叫到一旁。等她再度走回來的時候已經思緒大亂，自言自語問道：「『法院見習生』……，『法院見習生』法文到底該怎麼講？……」她突然冒出一句話：「請不要生氣，不過我實在沒有辦法——今天沒有辦法、現在沒有辦法。」「沒有關係，請千萬不必在意。」那個倒楣的人雖然彬彬有禮地回答，可是他的臉已經拉得很長。

愛倫的父親長得圓嘟嘟而慈眉善目。他擺出東道主的制式化微笑，想藉著插科打諢來改善氣氛，只可惜收效不彰。愛倫的母親則待在一個角落，與法朗克和其他直接受到波及的人士討論關於出境證的報導。我於是走去那邊加入他們的談話。其中有個人表示：「如果能夠曉得規定從哪一天開始生效就好了！」另一人問道：「難道報紙上面沒有寫出來嗎？」

「沒有啊，上面什麼都沒寫。報紙就在這裡，你就自己拿去看看吧！」愛倫的母親說完以後，不知從何處把那份報紙變了出來——它顯然已經被翻閱得破爛不堪。我開口建議：「應該有人打電話去警察總署問一問。」有人接著表示說道：「那豈不是自投羅網？」「可以報出假名啊。」我繼續表示：「對了，如果大家不反對的話，我非常願意打這通電話。」

「你真的願意這麼做？」愛倫的母親提高了音量問道。這時每個人都現出如釋重負的表情，彷彿我做出了什麼偉大的貢獻一樣。「不過拜託，拜託千萬不要使用我們的電話機。」她連說帶喊地懇求我。我可以逐漸感覺得到，她的自我克制即將崩潰，而且她在強露出來的微笑背後，已經處於發出尖叫的邊緣。「如果你真的想幫我們這個大忙的話，樓下街角就有一具公用電話。等一下，你有十芬尼的銅板嗎……？」

這時愛倫的父親也走過來把法朗克叫到一邊：「愛倫已經告訴我，你有話想對我說，我們可以開門見山地談一下……」他們兩個人於是消失了，我就邁出大門去尋找公用電話亭。

我也受到眾人的情緒感染，在話筒的一端報出了假名。我的通話在警察總署裡面被一再轉接，等了又等以後終於有瞭解狀況的人出面答話，表示規定要從下週二才開始生效。[5]我說完「非常感謝」以後，便心滿意足地掛上電話。

重新走進來的時候，當初我離開的那個房間幾乎已經人蹤全無，只剩下一位老邁不堪的先生兀自坐著。或許剛才他也坐在那裡，只不過因為默不做聲而沒有引起注意罷了。他可能是位老祖父，長得就跟林布蘭畫中的老猶太人沒有兩樣。他留著稀疏而尖尖的山羊鬍，臉上布滿了一重又一重皺紋，神色自若地坐在靠背椅上抽煙斗，不過看得出來他正在思索一些問題。其他人一定已經走到那棟大房子的其他角落去了。我正想開口詢問，那位老先生卻搶先一步講起話來，並用他那雖然細小，卻深邃清澈的雙眸仔細打量我。

「你不是猶太人，對不對？」他開口問道。我向他做出解釋，表示自己只不過是陪

5 一九三三年四月一日那天是星期六。

著一位猶太朋友來到此地。他繼續以極具權威性的口氣說道：「你能夠不背棄朋友，這是一件好事！」我有些不知所措，結結巴巴回應了幾句。但最讓我感覺疑感的，就是他隨後說出來的話：「你這麼做其實很聰明，你知道嗎？」

他似乎正在享受我的手足無措，還不厭其煩地吸著煙斗，接著用蒼老沙啞，但依然強勁有力的聲音宣示：「猶太人會有辦法撐過去的。你懷不懷疑這一點？其實你不必擔心，他們終究會撐過去的。從前也曾經有過許多人想要滅絕猶太民族，可是猶太人照樣活了下來。這回他們也將繼續生存下去，此次的遭遇只會給他們留下更多的回憶。對了，你曉得尼布甲尼撒[6]嗎？」

「《聖經》裡面的尼布甲尼撒？」我難以置信地問道。

「就是他！」老祖父一面說著，一面用清澈的小眼睛仔細盯著我瞧，目光之中迸發出嘲諷的火花：「他想要消滅猶太人，而且他是比你們的希特勒更偉大的人物，他的王國也比德國要大上許多。那時猶太人還是一個稚齡的民族，比今天還要來得年輕與脆弱，沒有任何東西可為奧援。而尼布甲尼撒國王卻是個大人物，不但非常聰明，而且極為殘暴。」

他不疾不徐把話說了出來，彷彿在布道一般，並在享受自己的言論之餘，不時停頓下來深深大口吸著煙斗。我則一語不發在旁洗耳恭聽。

「可是他，尼布甲尼撒國王，仍然無法達到自己的目的。」老祖父繼續說道：「縱使他是那麼的偉大、那麼的聰明和那麼的殘暴，可是這一切都幫不上忙。現在他幾乎已經完全為人所遺忘，所以當我提起那個名字的時候，你幾乎笑了出來。現在只有猶太人還記得他，猶太人仍然存在而且還活得好好的。如今又冒出了一位希特勒先生，再度動念要把猶太人消滅掉。不過他，這位希特勒先生，照樣是不會有辦法做到的。你相不相信我的說法？」

我則語帶保留地回答：「我只能盼望您所講的話都是對的。」

「我還要向你透露一個祕密。」他接著表示：「那是一場小小的惡作劇，換一種說法，那就是上主的惡作劇——凡是想追殺猶太民族的人，到頭來總不會有好下場。事情為什麼會是這樣？我明白其中的理由嗎？我並不明白，然而事實正是如此。」

當我還在腦海中來回尋找例證與反證時，老祖父又開口了：

「就拿尼布甲尼撒來說吧。他是自己那個時代的偉人，是萬王之王和一個非常了不起的人物。可是他年邁以後卻陷入精神錯亂，就跟一頭牛一樣用四肢在草地上爬行吃

6 尼布甲尼撒二世（Nebukadnezar II，在位期間：605-562 B.C.）為新巴比倫王國最著名的君主，曾於西元前五九七年占領耶路撒冷，十年後更摧毀該城，並將殘餘的猶太人悉數擄至巴比倫，史稱「巴比倫之囚」。巴比倫於尼布甲尼撒駕崩二十三年之後即告滅亡。

草，像牛一樣用牙齒來嚼草。」這時他突然停下來吸了一口煙，臉上露出一絲意味深長的微笑。那是一種發乎內心的歡笑，連帶使他的眼神閃耀出友善的光芒，照亮了他心頭既有趣又帶來寬慰的想法。他繼續說道：「或許希特勒先生有朝一日也會用四肢在草地上爬行，像一頭牛似地吃草。你還年輕，說不定能夠等到那一天的來臨。我自己可就沒有辦法了。」他一想到眼前出現的未來景象，便不覺莞爾而無法自已。一股歡暢而盡在不言中的笑意使他全身上下都搖晃不已，結果不小心被煙嗆到而咳起嗽來。

這時家中的女主人從門外探頭進來，繃緊了神經問道：「發生了什麼事？」我連忙告訴她那個好消息，只見她略嫌熱情過度地向我道謝不已。「現在你得趕緊跟我們共飲一杯葡萄酒來祝福那對新人。」她說完就拉著我離開，還問了一聲：「你應該早就一切都已經曉得了吧？」

我在走出去以前先彎腰向老先生鞠躬致意。他仍然樂不可支地坐在那裡，點了點頭放我離開。另外一個房間裡面果然站著那群手足無措的人，在未被事先告知的情況下成為訂婚儀式的來賓。他們面有憂色，手中持著玻璃杯啜飲葡萄酒。法朗克和愛倫則站在人群當中，與他們逐一握手，臉上看不出快樂或憂傷的表情。這只能說是一個非常奇特的訂婚典禮。我得到的消息——大家還有兩天的時間可以自由逃離國境——來得簡直就像是訂婚禮物。有些人聽了以後馬上變得坐立不安，已經開始討論有關避居國外的事宜。

半個小時以後，我和法朗克又一同坐上了區間列車。此時天色早已變黑，而且還下起雨來。我們的車廂的小隔間內沒有別人在場，今天總算首度出現可以好好講講話的機會了。然而我們兩個都默默不語。

他忽然開口打破了寧靜：「你覺得這一切到底怎麼樣？今天你根本就還沒有表示過意見。我這樣做對嗎？」

「我不知道。無論如何，我認為你明天就走是正確的做法。其實我很想跟著你一起離開，但是我沒有辦法。」

他就像受到了指責一般，接著說道：「你曉得嗎？我必須趕緊跟所有的事情都做個了斷。我總不能這邊事情做了一半，那邊事情還沒做，留下一個爛攤子就一走了之吧？所以我和愛倫訂了婚，由她跟我一起走。漢妮則永遠出局，事情就這麼簡單。」

我點了點頭，問道：「那麼你自己滿意嗎？」

「我不曉得。」他沉默了一會兒以後笑著表示：「說不定一切都只不過是瞎胡鬧而已。我不曉得，因為事情發生得實在是太快了。」

我問他：「那麼你現在還要跟漢妮見面嗎？」

「是的。」他剛把話講完，就用手緊緊抓住我的手臂，以充滿感性的語調問道：「你能幫我一個大忙嗎？如果可能的話，請在這兩三天之內打電話給漢妮來安慰她一下，並且……」。這時他突然以整天都沒有出現過的殷殷柔情繼續說著：「並且想辦法幫她解決護照的問題。她還沒有護照，而且更糟糕的是，她連國籍也沒有。她出生在一個原屬匈牙利，但是今天已經劃歸捷克斯洛伐克的地方。她的父親早在一九二〇年即已過世；沒有人曉得他是否自己結束了生命，以及為什麼會想自殺。現在無論是匈牙利還是捷克都不願意發護照給她。那真是一個恐怖的三不管故事。」

「那當然。」我回答說：「我會看看有沒有辦法為她效勞。至於安慰嘛，那只能聽天由命了。」

「是啊，」他面露苦笑說道：「那當然是非常困難的事情。」

接著我們都不再出聲，靜靜讓火車載著我們穿越黑夜和雨水。他突然不自覺地開口說道：

「假如漢妮有一本護照的話，今天的情形可能就會完全，完全不一樣了。」

抵達「動物園站」以後，我們就在那邊下了車。馬路上首度稍微看得出革命的味道。可是那也只不過是一些反常的狀況而已：「動物園」周圍街道兩旁燈火通明的娛樂區了無生趣，那是前所未見的現象。

我們二人站在一個電話亭前面。他開始變得焦躁不安，因為他約好和漢妮通電話的時間早就過了。「現在還要跟漢妮見一面，」他心事重重地表示：「然後是我的父親，最後還要繼續收拾行李……非常感謝你今天過來幫忙。」

「一路順風，」我接著說道：「好好撐過今天晚上。到了明天你就已經順利離開，可以把一切都拋諸腦後了。」一直要等到這個時刻，我才首度真正感覺今天就是惜別的日子。

現在其實還有許多話要說，但是時間已經太晚。電話亭終於空了出來，我們便緊緊握著手互道珍重。

3

告別

ABSCHIED

26 什麼是真正的歷史事件？

我的故事就是一個因人成事、顯然不甚有趣而且無足輕重的青年人，一九三三年發生於德國的個人歷史。但在繼續講下去以前，似乎有必要先和某些讀者稍稍溝通一下意見。他們一定認為，我這個因人成事、的確微不足道的升斗小民，已經占用了他們太多時間。這種意見或許不能說是毫無道理可言。

是我搞錯了嗎？還是我真的已經在這裡聽見，某些好心好意陪伴我這麼久的讀者，正逐漸失去耐心，已經開始隨手翻閱本書了？

此種不耐煩的翻閱動作，大致可用言語表達如下：「這到底是怎麼回事？一九三三年時的柏林，有個年輕人因為女朋友約會遲到而擔憂其安危；他在『突擊隊員』面前表現得精神渙散；他遊走於幾個猶太家庭之間；他還不顧一切——這即將出現於後面幾頁——離開自己的同伴、拋棄自己的人生規劃、告別自己保守而不成熟的觀點。這一切跟我們又有什麼關係？看來柏林在一九三三年確實上演了一些歷史意義十足的事件。可是假如我們真要探討它們的話，想讀到的至少也是希特勒與布隆貝格[1]、施萊歇爾、羅姆[2]等人之間到底有什麼暗盤交易？究竟是誰在國會大廈縱火？布勞恩為何亡命海外？奧伯佛恩[3]何故自殺？我們可不想聽一個不知名小伙子的個人遭遇，更何況他未必就比我們更清楚那些重大事件。他雖然比較接近現場，卻從未深入探討上述問題，所以甚至還稱不上是一個稱職的目擊者。」

這是相當嚴厲的指責。我必須鼓足餘勇才有辦法公開承認，我並不認為這種說法站得住腳，而且我並未以個人的故事來浪費那些高標準讀者的時間。指責當中的正確之處則為：我沒有深入探討那些事件、我確實並非特別稱職的目擊者，而且沒有人會比我更看輕自己的重要性。不過我依然相信——請千萬不要以為我在自我標榜——我這個不足掛齒的小老百姓的瑣碎的個人故事，正好道出了德國與歐洲歷史上從未有人談論過的大事。這對後世而言，會比我講述到底是誰在國會大廈縱火，或希特勒和羅姆之間發生了什麼事情，更要來得重要和有意義。

什麼是歷史？它發生的地點何在？

我們閱讀各種正常歷史撰述的時候往往忽略了一點，那就是它們只不過勾勒出事件的輪廓而非其本質。人們因而產生誤解，以為歷史僅僅上演於幾十個「主導民族命運」的人物之間，而那些人做出的決定與行動，日後即被稱作「歷史」。於是我們所處的三〇年代之歷史，被視為一場介於希特勒、墨索里尼、蔣介石、羅斯福、張伯倫、達拉第以及其他一、二十人之間的棋局。他們的姓名幾乎人人皆可朗朗上口。反過來說，我們這些不知名的其他人物，便顯得頂多只是歷史的物件或棋局中的卒子而已，可以任人擺布、放著不管，或被犧牲宰殺。我們的生命——假如我們果真有生命的話——似乎存在於截然不同的另外一個世界，與我們所置身的棋盤完全無關，彷彿我們不曉得棋盤上的事件就發生在自己身上一樣。

若從上述角度觀之，以下的說法未免顯得荒誕無稽，不過那卻是最簡單的事實：

1 布隆貝格（Werner von Blomberg, 1878-1946）為德國將領。希特勒上台後應興登堡之請，任命此人為國防部長（1933-1938）。一九三四年，布隆貝格於興登堡屍骨未寒之際，下令全軍向「元首」個人宣誓效忠，使德軍成為希特勒的扈從。布隆貝格因「功」於一九三六年晉升元帥，兩年後即因醜聞（與退職風塵女結婚）被迫退休，一九四六年歿於紐倫堡美軍醫院。

2 羅姆（Ernst Röhm, 1887-1934）為退役陸軍上尉及納粹「突擊隊」領導人，乃希特勒唯一可稱兄道弟的朋友。一九二五年時，以武力或「合法方式」奪取政權的路線之爭使二人失和，羅姆憤而退黨。羅姆於一九三一年初復職以後，將「突擊隊」建設成強大的街頭打手部隊。納粹政權成立一年半以後，羅姆與「突擊隊」高層一起被希特勒槍斃。（參見第六章，譯注十）

3 奧伯佛恩（Dr. Ernst Oberfohren）為「德意志國家民族黨」(DNVP）黨鞭。該黨自一九三一年與納粹結盟，並於納粹上台後的國會選舉中贏得百分之八選票，協助納粹勉強獲得過半席次，成為希特勒的最後一塊墊腳石。奧伯佛恩並為一九三三年三月《授權法》的共同提案人，使國會自廢武功。同年四月二十七日，英國《曼徹斯特衛報》刊出一份名為《奧伯佛恩備忘錄》的文件，指稱國會大廈縱火案實乃自導自演。此文件雖與奧伯佛恩無關，但納粹仍以此為由，大肆攻訐奧伯佛恩「反國家社會主義」。最後他於五月七日「自殺」於基爾，德意志國家民族黨則於六月底被迫解散。

真正稱得上具有歷史意義的事件和決定，便發生在我們這些無名小卒之間、來自於每一個微不足道平民百姓的內心。

這種由群眾同時做出的決定，往往連當事人本身都對之渾然不覺，可是它們卻足以讓最強勢的獨裁者、部長和將領完全不知所措。這些決定性事件的共同特徵，就是從不以群眾集會或大規模示威遊行的面貌出現，尤其當群眾糾集一處時，反而無助其發揮威力。它們從表面上看起來，永遠只是千百萬單獨個體的私人經歷。

我在此所說的並非某種籠罩於一團迷霧之中的歷史現象，而是無人可否認的再真實也不過的事物。比方說，是什麼原因使得德國在一九一八年戰敗，讓聯軍打贏了世界大戰？是福煦[4]與海格[5]統率大軍的藝術有所精進，而魯登道夫則退步了嗎？實情並非如此，而是因為「德國兵」——也就是一千萬個不知名人物當中的絕大多數——突然變得與以往不同，不再願意於攻擊時投入自己的生命，或戰至最後一人來固守陣地。

這個決定性轉變又是如何發生的呢？德國兵並沒有私下集會密謀叛變，一切都在無法控制的情況下出現於其胸中。他們大多並不曉得該如何表達這種非常複雜、具有重大歷史意義的心理演變過程，頂多也只能藉由大聲喊出「三字經」來加以概括。如果有人對他們當中長於言詞者進行研究，只會發現一連串最偶然、最個人化（同時一定也較不有趣、較不重要）的想法、感覺及經歷。這透過與家中的書信往來、他們和班長之間的個人關係、對伙食的意見等等形式表達了出來。與這些表達方式有著密切關係的，就是他們對戰爭前景和戰爭意義的觀感，以及（因為幾乎每個德國人多少都具有哲學家氣質）他們對生命的意義及價值之看法。這個決定世界大戰結果的心理演變過程，並非本人擬在此分析的對象。不過，對那些準備複製相同狀況的人而言，這個演變過程應該會讓他們興致盎然。

我在這裡所要探討的，是另外一個可能更有趣、更重要，而且更加複雜的相似演變過程：此即群眾如何同時大規模出現相同的心靈活動、反應及變化，因而使得希特勒的「第三帝國」成為可能，並在今天構成其無形的背景。

在「第三帝國」肇始之初存在著一個難解的謎團。而且在我看來，它比「到底是誰在國會大廈放火」這個問題還要來得有趣。那個謎團就是：德國人到底跑到哪裡去了？在一九三三年三月五日那天，大多數德國人仍投票反對希特勒。可是這大多數人而今安在？難道他們死光了嗎？從地球上消失了嗎？還是要等到這麼晚才變成了納粹？否

4 福煦（Ferdinand Foch, 1851-1929）為法國將領及一戰末期的聯軍總指揮官，一九一八年晉升元帥。福煦強調彈性及攻擊精神，為一戰時的名將之一。

5 海格（Sir Douglas Haig, 1861-1928）為英國將領，自一九一五年十二月開始擔任歐陸英軍指揮官。海格其實並不適任此職務，曾多次造成英軍慘重傷亡。

則為何他們沒有做出任何值得稱道的反應？

幾乎我的每一位讀者，從前都應該認識過幾個德國人。我相信他們大多認為，自己的德國友人均相當正常、友善和文明，與別國人士並無不同之處。他們固然難免擁有若干自己的民族特質，但這也是其他民族共通的現象。可是當人們聽見今天從德國發出來的言論（並察覺到德國正準備採取的行動），禁不住都會想起在德國的熟人，並且目瞪口呆問道：他們到底怎麼了？他們果真是那個瘋人院的一分子嗎？難道他們沒有注意到，自己的身上發生了什麼事情——以及用他們的名義做出了什麼事情？莫非他們果真同意那些東西？那到底是些什麼樣的人？我們到底該對他們抱持何種看法？

這些難以解釋事項的背後，的確存在著奇特的心路歷程和個人經驗。它們來得十分波譎雲詭，可以揭露許多事實，但其對歷史發展所將產生的影響尚待進一步觀察。那些心路歷程及個人經驗就是本人在此的課題。但若不追根究柢來到它們發生的地方（即單獨德國人的私人生活、感覺及想法），便無法掌握其原委。尤其自從政治領域被納粹肅清以後，這些地方便益發成為角力的場所。而且那個四下征伐、貪得無厭的政權，更早已開始向昔日的私人領域進擊，打算在那邊也把自己的對手——也就是不願順從的人——驅趕出來並加以征服。

今天就是使用放大鏡把政治角力場徹底搜尋一遍，也看不見任何風吹草動。德國內部所進行的戰鬥，就發生在最私人化的領域之內。根據一個人的行為模式，便可以觀察出這種政治鬥爭的跡象，例如：他吃什麼喝什麼、他愛的是怎麼樣的人、他閒暇時從事何種活動、他跟什麼人交談、他看起來笑容可掬還是愁容滿面、他閱讀什麼、他的牆上掛著怎麼樣的圖畫……。世界大戰未來各次戰役的勝負，即事先決定於這個角力場上。這種說法聽起來固然光怪陸離，實情卻正是如此。

本人因此相信，透過那些看似個人色彩十足、缺乏重要性可言的故事，我不但道出了真正的歷史，或許更進而點出未來的歷史。基於這個原因，我慶幸所描述的對象就是我這個微不足道、毫不起眼的人物：倘若我具有更大的重要性，反而會因此失去代表性。職是之故，我盼望那些惜時如金、不讀閒書的高要求讀者，能夠把這本記敘個人事略的拙作，視為能夠提供真正有用資訊的書籍之一。

至於那些比較不挑剔、強調開卷有益的讀者，他們已經無條件給了我那麼多的時間，來閱讀這段怪異人生在怪異環境之下演出的故事。我想在此為上面偏離主題的表現向他們表示歉意。同時也教我感覺不好意思的，就是我情不自禁思緒大發又牽扯出許多題外話。不過在我看來，這些新出現的想法似乎正可用來進一步闡述我的故事。說來說去，最好的道歉方法莫過於趕快繼續講下去！

27與狼共嗥（一九三三年四月）

納粹革命暫時在四月一日達到了最高潮。隨後幾個星期之內的趨勢，就是各種事件再度純為報紙上面的新聞而已。恐怖固然繼續肆虐、各式集會遊行也層出不窮，但其節奏已不若三月間那般強烈。現在集中營已成法定機構，[1]人們經過誘導以後對之習以為常，並且曉得該看緊自己的舌頭。

「同步化」的工作——此即在一切官方單位、地方行政機關、大型商店、各種協會及聯盟的高層安插納粹黨員——也進行得如火如荼。只不過現在變得條理分明，幾乎採用了一種正經八百的方式。其所遵循的是法律條文和行政命令，已不再是狂野而令人捉摸不定的「個人單獨行動」。革命從此官樣十足，建立於「既成事實」之上。如此一來，德國人唯一還能做的事情，就是按照自己的老習慣來遷就現狀。

現在又可以上猶太商店購物了。雖然大家繼續受到勸阻，而且不斷有海報把不聽話的傢伙斥為「民族叛徒」，可是並沒有明文規定不准去猶太人那邊買東西。商店門口已不再有突擊隊員把關。猶太籍的官員、醫生、律師和記者雖然已遭免職，但現在是依法行事，所援引的是某某法條。更何況曾在前線作戰，或在帝國時代即已出任公職的較年長猶太人獲享例外待遇。[2]大家還能夠做出更多的要求嗎？

各級法院被凍結了整整一個星期之後，終於獲准繼續開庭宣判。縱使法官已經不再是終生職，但這個新措施也規定得有模有樣，同樣完全照章行事。法官一方面固然隨時可能流落街頭，其職權卻也被無限擴充：他們現在變成了「人民法官」，那也就是「法官陛下」的意思。他們毋須再兢兢業業拘泥於法律條文，甚至根本就不必這麼做。明白了嗎？

重返高等法院則是令人難以置信的經歷。如今我待在同一個大廳、坐在同一張凳子上，表現出若無其事的樣子。門口重新站著相同的法警，和往常一樣維護公堂的尊嚴與秩序。甚至連法官大多都還是原班人馬。我們判決委員會的那位猶太法官則已不見蹤影，這是不難想像的事情。不過那位老先生早在帝國時代即已出庭宣判，所以並未遭到免職。他被下放到某個地方法院，調入主管地目登錄或簿記的部門去了。

取而代之的，是一個滿頭金髮的年輕地方法院法官。他臉色紅潤、體型高大，很

1 最初的幾座集中營，如達豪及薩克森豪森等，成立於一九三三年三月下旬。

2 納粹政府在一九三三年四月七日立法規定，「非雅利安人」不得出任公職。但在興登堡的堅持下，其中也列出例外條款：凡一九一四年八月一日之前即已出任公職者、一戰時曾為德國及其盟邦作戰者、父親或兒子為國捐軀者暫不受此限。一九三五年九月以後，此例外條款亦遭廢除。

不搭調地坐在白髮蒼蒼的高等法院法官中間。高院法官的地位大致相當於將軍，而地院法官則只等於尉官而已。因此大家交頭接耳說道，那位年輕法官私底下是「黑衫隊」高幹。他跟別人打招呼的時候，總是伸手高呼「希特勒萬歲」。庭長和其他老先生回禮時，則猶豫不決地揮動手臂，說出含糊不清的字眼。從前這些溫文儒雅的老紳士習慣在早餐休息時間，安安穩穩地坐在議事廳，輕聲議論日常事務或司法界的人事變動。現在這已成為過去。他們在開庭前後只是默默不語，很尷尬地啃著自己的麵包。

審判程序往往也進行得十分詭異。判決委員會那位神采飛揚的新成員，以充滿自信的口氣，賣弄著令人摸不著頭緒的法學知識。當他在庭上發言的時候，我們這些正在準備國家文官考試、對教科書內容記得一清二楚的見習生，一個個都聽得面面相覷。最後庭長終於忍不住以禮貌性的口吻問道：「同事先生，您或許沒有把民法第八一六條也列入考慮吧？」那位法官大人聽了以後，表現得就像是剛被考倒的學生一樣，連忙把手邊的《民法典》拿來翻閱。接著他略露窘態，但依然趾高氣昂，完全不當一回事地承認：「哦，原來如此。那麼事情剛好顛倒了過來。」舊司法體系就在這種情況下獲得了短暫的勝利。

可是某些時候，那位新手不但死不認錯，反而還放大音量、滔滔不絕表示舊法理應該退居二線。他甚至開導那些年邁的法官同僚：大家應當讀出字裡行間的真正含義，而非光是拘泥於表面上的意思。他隨即引述希特勒的言論，更擺出舞台上的少年英雄風采，堅持必須按照其站不住腳的論點來做出判決。此時那些年邁高院法官臉上露出的表情，教人看得心酸不已。他們只是以一種說不出來的憂傷眼神低頭望著卷宗，同時不知所措地用手指撥弄迴紋針或吸墨紙。

若是從前的話，出言如此狂妄的候補文官絕對通不過他們的考試。如今囈語和謬論變成了至理名言，背後更有國家機器為之撐腰。他們只得乖乖順從，否則若被打成政治立場不可靠，免不了會遭到撤職。這將意味著麵包不保、集中營……。於是他們只得唯唯諾諾表示：「同事先生，我們的意見當然與您完全一致。正如同您所曉得的……」。然後他們只能設法拯救還救得了的東西，懇求對方多少還是要把《民法典》列入考慮。

那就是一九三三年四月時的柏林高等法院。一百五十年前，同一座法院的法官寧可被腓特烈大帝下獄，也不願屈從君主的敕命，來更改自己認為正確的判決。直到今天，每個普魯士學童都還曉得來自那個時代的一則軼事。姑且不論其真實性如何，但它至少標誌出這座法院的令譽：

依據傳說，腓特烈大帝興建「無憂宮」的時候，打算拆除附近的一座磨坊風車，於是向磨坊主人開價購買。但磨坊主人不願意放棄自己的風車，於是一口加以回絕。國王乃做出威脅，表示不惜強制徵收。磨坊主人回答道：「陛下，您當然可以這麼做——假如『柏林王室最高法院』不存在的話！」那座磨坊風車今天依然矗立於「無憂宮」的旁邊。[3]

到了一九三三年，別說是腓特烈大帝了，甚至連希特勒都不必親自施壓，即足以讓柏林高等法院的審理工作被「同步化」。這時只需要由幾個少不更事的地院法官來出面；他們只需要精力充沛就好，再加上一些半吊子的法學知識即已綽綽有餘。

我不必再浪費太多時間，見證這個具有悠久光輝傳統的偉大機構如何走向末路。我的見習期已接近尾聲。我待在「第三帝國」柏林高等法院的時間，只剩下了短短幾個月。那是告別之前令人感傷的幾個月，而此處的「告別」具有多重的含義：

我感覺自己彷彿待在一個臨終者的床邊。這棟大樓裡面早就不再有值得我追尋的東西，而且曾經主宰此處的偉大精神，早就日復一日消逝得無影無蹤。現在我只有一種「無家可歸」的感覺，而且我一思及此就會不寒而慄。我向來對法學沒有太大的興趣，並不熱衷於法律界的公職——雖然那是家父為我訂出的生涯規劃。儘管如此，這個地方依然是我所認同的對象。現在我卻只能眼睜睜看著整個司法界在恥辱之中墮落沉淪下去。我對它不能說完全沒有歸屬感，也不能說自己完全沒有積極參與，甚至我或多或少曾以身為其中的一員為榮。如今它已在我的眼前灰飛煙滅、腐爛發臭。我卻無力振衰起敝，只能聳聳肩膀很沮喪地確定：此地絕非我可以大展鴻圖之處。

不過從表面上看來，情況卻完全是另外一回事。我們這些候補文官的地位，很明顯每天都在不斷上升之中。「國家社會主義法學家聯合會」寫信給我們（也寫給我本人），用諂媚示好的言詞表示：我們這一代人，正肩負著建立德國新法律的重責大任。他們還寫道：「請加入我們的行列，讓我們拳拳服膺元首的意旨、齊心協力完成這個艱鉅的任務。」我馬上把那封信函丟入字紙簍，只可惜並非所有的人都這麼做了。

從法院見習生那邊可以感覺出來，他們的自我意識正日益高張。現在是他們而非那些高院法官，在開庭後的休息時間高談闊論司法界的高階人事變動。人們彷彿聽見一根又一根無形的「元帥權杖」，正在看不見的行囊之中沙沙做響。即使那些原本不贊同納粹的人，也發現自己的機會已經來臨。

「同事先生，現在的局面有如秋風掃落葉。」他們如此說道，並隱約帶著勝利的快感，述說某人才剛剛通過國家文官考試，就已經在法務部獲得任命。反之，某位令人

3 依據該軼聞，磨坊主人曾至「柏林王室最高法院」（柏林高等法院之前身）控告普魯士國王腓特烈二世（大帝），結果國王敗訴。

望而生畏的庭長，已經二話不說被撤職查辦——「你曉得嗎？他從前跟『國旗同盟』[4]過從甚密。現在到了算總帳的時候。」要不然他們就表示，某某庭長已經被降調到偏遠地區的地方法院去了。

這又讓人聞到一九二三年時的「輝煌氣息」：年輕小伙子驟然大權在握，於一夜之間變成了銀行總經理及轎車的擁有者。年長者和那些冥頑不靈，一味信賴人生經驗的人，最後只能在停屍間找到自己的位置。

話要說回來，現在和一九二三年時的情況畢竟有所不同。今天的「入場費」稍微高了一點。人們對自己的思想和言論必須多加留意，免得一不小心非但法務部去不成，反而被送進了集中營。大家站在高等法院的走道交談，於意氣風發和穩操勝算之餘，卻又流露出驚惶和不信任的語氣。所表達出來的觀點，聽起來反倒像是背得滾瓜爛熟的標準答案。不時有人話才說了一半就突然打住，四下張望是否有人把他話中的意思聽錯了。

這時的年輕人變得野心勃勃，可是每個人又都好像有一團東西卡在喉嚨。有一天我不曉得講出了什麼異端邪說，馬上就有另一位見習生把我從人群中拉開，以誠摯的目光私下向我表示：「同事先生，我想對您提出警告！我這麼做完全是為了您的好處。」

接著他打量我的眼睛繼續問道：「您是共和派，對不對？」這時他把手搭到我的臂膀上，心平氣和地安慰我：「別害怕，我在心裡面也是共和主義者。我很高興您的立場與我相同。可是您還是小心為妙，千萬別輕忽那些法西斯主義者！」（他竟然只稱之為「法西斯主義者」。）「在今天的情況下，發表懷疑論點是完全無濟於事的。您這麼做只不過是自掘墳墓而已。可不要以為，現在還有辦法採取任何抵制法西斯的行動，更別說是公開展現反抗態度了！請相信我的講法！我很可能比您更瞭解法西斯黨人。我們這些共和派現在只能與狼共嗥。」

這就是共和派的安身立命之道。

4 「國旗同盟」全名「黑紅金國旗同盟」，成立於一九二四年，由「社會民主黨」、「中央黨」、「德意志民主黨」及工會等中間勢力共同組成。其目的在於對抗極右派和極左派政黨，以維護威瑪共和國的議會民主政體。納粹上台後將之搗毀，其成員遭到追捕。

28 舊世界的解體

那時我必須告別的對象，並非只侷限於柏林高等法院而已。「告別」變成了一個無所不在的字眼，它來得非常徹底、激進，並且毫無例外。我曾經生活過的世界已經解體，彷彿理所當然似地，一天又一天消逝得不知去向。人們幾乎每天都可以確定，那個世界又多消失了一塊、又向下沉淪了一些。大家四下尋覓復尋覓，最後卻只能確定那個世界已經蹤跡全無。我從未經歷過如此奇特的演變過程。那就好像一個人踩在腳底下的土壤，正不斷被沖刷流失。但更佳的比喻或許是：我們呼吸的空氣，正很有規律地不斷被抽走。

公共領域內堂而皇之發生於眾人眼前的事件，看起來反倒傷害較小：各政黨已經自行解散，要不然就遭到查禁。起先是左派，接著又輪到右派——幸好我並沒有參加任何政黨。以往聲名大噪、著作流傳甚廣、言詞被拿來討論的人物，現在也都不見了。他們或已流亡海外，或已被送入集中營管束。大家不時聽說，某某名流「於面臨逮捕之際自裁」，要不然就是「於逃逸時遭到擊斃」。到了夏天，各家報紙列出了三、四十位著名科學家或文藝界人士；他們被斥為「民族叛徒」、被註銷國籍，並遭到鄙夷。

更加教人感覺不安的，卻是一些無傷大雅人物的銷聲匿跡。那些人本來已經成為我們日常生活的一部分：例如某位廣播電台的播音員，大家每天都聽見他的聲音，早就把他當成老朋友看待，可是現在他已經消失於集中營內。如果有誰還敢再提起他的名字，那就是自找苦頭。一些長年陪伴大家的電影明星和舞台劇演員，也在一夜之間銷聲匿跡。像嫵媚可愛的卡蘿拉·內爾[1]便突然被註銷國籍，變成了「民族敗類」。再以漢斯·奧圖[2]那位容光煥發的年輕演員為例，其事業自上一年的冬天開始如日中天，成為每個社交晚會談論的對象。大家都期待他成為德國引領企盼已久的舞台劇超級巨星。有一天他卻粉身碎骨躺在一座黑衫隊營房的操場上。依據官方的說法，他被逮捕以後，「趁人不備之際」從四樓窗口跳了下去。一位最知名的專欄漫畫家，曾以戲而不謔的幽默，每週為整個柏林市帶來歡樂，現在他也自殺了。名聞遐邇的「卡巴萊」演員，亦相繼步其後塵。

1 卡蘿拉·內爾（Carola Neher, 1900-1942）為德國舞台劇的傳奇人物。戲劇大師布萊希特（Bertold Brecht）曾多次為之量身打造角色。她在希特勒上台後舉家移居莫斯科。史達林「大整肅」期間，卡羅拉與丈夫雙雙入獄。其夫於一九三七年遭到槍決，其子為官方奪走，卡蘿拉則被打成「托洛茨基的間諜」，判處勞改十年，一九四二年六月病歿於哈薩克的蘇聯勞改營。

2 漢斯·奧圖（Hans Otto, 1900-1933）為著名舞台劇演員及反納粹運動的成員。一九三三年十一月遭黑衫隊殺害。

還有更多人不知去向。沒有人曉得他們究竟是死了呢、被拘禁了呢，還是早已亡命海外？反正他們都無聲無臭地消失了。

發生於五月的象徵性焚燒禁書行動，[3]那只不過是報紙上面出現的新聞而已。真正令人不寒而慄的事件，卻是書店和圖書館內的許多書籍也失去了蹤影。當代的德國文學撰著，姑不論其好壞如何，已經全部下架。去年冬天新出版的作品，如果在四月以前還沒有弄到的話，現在就再也讀不著了。基於某些特定的原因，還有少數幾位作家受到容忍，他們的書籍就像尚未被擊倒的保齡球瓶，兀立於空蕩蕩的書架上。除此之外只剩下了古典文學名著，以及有如雨後春筍一般，突然大量冒出來的「種族文學」和「本土文學」作品。後二者的水準極其窳劣，讀了只會讓人引以為羞。

真正的愛書人在德國本來已屬少數，現在他們的處境更加堪憐，只能眼睜睜望著自己的世界在一夕之間遭到剝奪。尤其人們很快就體會到，每一本被迫下架的書籍都可能給持有者帶來麻煩。於是他們除了沮喪之外，現在又心生畏懼，連忙把海因利希·曼和福伊希特萬格[4]等人的作品塞進書櫃第二排。如果有誰還敢討論約瑟夫·羅特[5]或瓦瑟爾曼[6]等人新近的作品，也只能交頭接耳悄悄講話，彷彿正在圖謀不軌。

許多報紙和雜誌也從書報攤消失了，可是剩餘的報刊那邊所發生的事情，卻更加令人毛骨悚然——它們原有的風格已經難以辨認。閱讀報刊就像是跟熟人打交道，大家早已習慣於它們針對特定狀況所做的反應，也曉得它們會說出什麼樣的話來。現在它們寫出來的東西，卻跟以往的意見格格不入，不但完全否定自我，而且早已面目全非。這教讀者只能懷疑自己是否來到了瘋人院。諸如《柏林日報》或《福斯日報》[7]之類具有悠久民主傳統、立論公允的報紙，已於一瞬間變成了納粹宣傳喉舌。其一貫以深思熟慮、博學多聞的筆調表達出來的內容，現在與《攻擊報》或《人民觀察家報》[8]咆哮謾罵出來的東西沒有兩樣。後來大家養成了習慣，有辦法從兩報的文藝版讀出弦外之音。當我們正為此而竊喜的時候，報紙的正刊卻不斷以嚴正口吻出面滅火消音。

3 一九三三年五月十日，納粹在柏林歌劇院廣場大肆焚燒「違反德意志精神」的書籍。

4 福伊希特萬格（Lion Feuchtwanger, 1884-1958）為德國作家，以歷史小說著稱，經常以猶太人為寫作主題。納粹上台以後，福伊希特萬格先後流亡法國和美國，一九五八年卒於洛杉磯。

5 約瑟夫·羅特（Joseph Roth, 1894-1939）為猶太裔奧地利記者及作家，一九二〇年移居柏林，一九三三年流亡法國，六年後於窮困潦倒之下病逝於巴黎。羅特的作品洋溢對奧匈帝國之懷思，於其身後重獲世人重視。

6 瓦瑟爾曼（Jakob Wassermann, 1873-1934）為猶太裔德國小說家，於一九二〇年代及三〇年代初期廣受歡迎。納粹上台後其作品遭查禁，瓦瑟爾曼則於一九三四年病逝於奧地利。

7 《福斯日報》乃普魯士最知名的自由派報紙，發刊於一七二一年，包括萊辛（Gotthold Ephraim Lessing）在內的許多知名作家均曾為其編緝。《福斯日報》於納粹上台後深受打擊，一年之內遭勒令退職的記者多達二千人（含一千三百位猶太人）！最後該報因許多編輯人員被禁止工作，而在一九三四年三月底停刊。

8 《人民觀察家報》為納粹的黨報（1920-1945）。

固然許多編輯小組已遭撤換，可是這往往並非真正的理由。比方說，有一本名叫《真相》的雜誌，立論向來與其標題同樣嚴謹。一九三三之前的幾個年頭，它幾乎是人手一本的刊物。有一群才智過人的激進青年為該雜誌撰稿。他們於世界末日和千禧年觀點的氛圍下，仍保有某種優雅的氣質。那些人自視甚高、具有豐富的學養和內涵，自然不會是任何政黨的黨員，更不可能成為納粹。他們的編輯群甚至在二月還公開宣稱，納粹運動將只不過是一段短暫的插曲而已。他們的總編輯因為做得太過火，已經被炒了魷魚，幾乎連性命都難保（不過現在他終於獲准寫言情小說）。其他的編輯人員繼續留了下來，而且彷彿理所當然似的，在倏忽之間都變成了納粹。他們維持原有的優雅文體和千禧年觀點，卻表現得好像自己始終就是納粹一般，而且黨性比納粹本身還要來得堅強。

這份雜誌現在教人讀得目瞪口呆：同樣的版面編排方式、同樣言之鑿鑿的偉大論調、同樣的作者——可是他們連眼睛都不眨一下，就把它變成了一份既老到又血統純正的納粹刊物。這是信念上的轉變？是玩世不恭？還是說那些名叫弗利德、埃許曼、維爾辛等等的先生們，在內心深處本來就是很好的納粹黨員？或許連他們自己都未必對此完全清楚。反正我們很快就停止了猜測，而且在倒盡胃口之後，又多出一份可以揮手告別的刊物。

話要說回來，諸如此類的告別還算不上是最令人傷感的事情，因為那只是跟一些難以描述、不完全與私人有關的現象和事物說再見。儘管如此，它們曾經共同構成了一個時代的氛圍，而且我們絕不可看輕與之告別所造成的影響：這足以使生命之中瀰漫著一片灰暗。現在籠罩著整個國家的空氣——也就是充斥於公共領域內的氣氛——已經失去了芬芳及生趣，變得烏煙瘴氣和毒性十足，教人混身上下都很不自在。不過在某種程度內，我們還可以設法把來自公共領域的空氣阻隔在外。我們可以把窗戶關緊，躲在自家的四壁之間過著「私底下」的生活。我們可以想辦法不去過問世事，還在屋內擺出鮮花，走在街上的時候就把耳朵和鼻子都堵起來。

這種做法頗具誘惑力，所以許多人都試著這麼做，我也不例外。可是我所做的嘗試從來就沒有成功過。窗戶已經再也無法關上，而且即使在最「私底下」的生活之中，也出現了一次又一次的告別。

29 三種「置身事外」的誘惑

無論如何：「置身事外」的做法，就是當時在誘惑之下所形成的普遍現象，值得我們進一步探討。

自從一九三三年以來，德國已經重覆出現了千百萬個精神病理學案例，而「置身事外」的現象，即為此發展過程當中重要的一環。就正常人的眼光觀之，大多數德國人今天若非罹患了精神疾病，至少也處於嚴重的歇斯底里狀態。如果人們想瞭解為何會演變成這種局面，就必須設身處地，想像一下不贊同納粹的人——也就是居於多數的德國人——於一九三三年夏天所面臨的奇特狀況，以及其令人詫異的反常矛盾心理。

不贊同納粹的德國人在一九三三年所處的境地，可說是任何人所能夠碰上的最艱困遭遇。人們已經找不到出路，受到完全的箝制，各種出人意料之外的衝擊，更帶來了極度的震撼。納粹已將吾人緊緊抓在手中，可以姿意妄為。所有的陣地均告陷落，任何集體抗拒行動都變得毫無可能，個人的抵抗更只不過形同自殺而已。即使在私人生活中的避難所，我們也不斷受到窮追猛打。各個生活領域均已崩解，出現了漫無止境的潰散逃竄。同時每天都有人向我們提出要求：並非勸我們投降，而是要我們變節。

只要與魔鬼締結一個小小的盟約，我們就不再是囚徒及被追趕的對象，反而可以搖身一變，成為勝利者與加害者。

這是最簡單粗淺的誘惑，許多人就此陷入其彀中。隨後的發展卻往往顯現出來，他們未免過於低估了自己必須為此付出的代價，而且根本就無法成為真正的納粹。這成千上萬人今天就在德國來回奔波，成為良心不安的納粹。他們配戴著黨徽，正如同當初身披君王紫袍的馬克白[1]，陷入兩難而無法自拔，必須一再接受良心的譴責。他們四下張望，尋覓脫身的機會而不可得，結果只能喝喝悶酒、服用安眠藥，不敢再繼續想下去。他們已經不再清楚，究竟應該盼望納粹時代——也就是他們自己的時代！——趕快結束呢，還是擔心那個時代終將成為過去。不管怎麼樣，等到那一天來臨的時候，他們一定會悔不當初。可是在當前的環境下，這些人已經成為全世界的夢魘，再加上其道德觀點及精神狀態均已錯亂，沒有人曉得他們在倒下去以前還會做出什麼樣的事情來——他們的故事其實還沒有真正被寫出來。

除了這個最粗淺的誘惑之外，一九三三年還出現了許多種其他的誘惑形式。其中

1 馬克白為弒君自立的蘇格蘭國王（1040-1057），以及莎士比亞一齣同名悲劇的主角。馬克白及其妻均野心勃勃，但同時也因為自己所造成的殺戮及破壞而厭棄自我，生活於幻覺與瘋狂之中。

的任何一種皆足以使身陷其中的人變得瘋狂，或者罹患精神疾病。這是因為魔鬼擁有許多不同的網子：網目粗的拿來捕撈大而化之者，網目小的則用來對付心思細密的人。

誰要是拒絕當納粹，就必須準備面對淒苦的前景：他將山窮水盡，只能坐以待斃；他必須每天忍氣吞聲，承受各式各樣的奇恥大辱；他只能眼睜睜看著令人髮指的事物不斷上演；他將流離失所，受盡漫無邊際的折磨。可是這種可怖的狀況居然也能夠產生誘惑力——在自我安慰與自我麻醉的外衣之下，已經暗藏了魔鬼的各式圈套。

較年長的人比較容易落入第一種圈套，那就是逃避到幻想世界。他們喜歡自命不凡，把自己幻想成高人一等。凡是落入這個圈套的人，眼中只見納粹於掌權之初所呈現的半吊子和不專業作風。他們每天藉此向自己和別人提出證明，表示一切都不可能照著這個樣子長久進行下去。他們擺出一副比別人更有概念、等著看好戲的姿態。他們對納粹妖魔般的行為視而不見，只是把目光集中在兒戲和瞎胡鬧的部分。他們自我欺騙，刻意表現得趾高氣昂、袖手旁觀，藉此來掩飾自己的全然束手無策。每當他們有新的鬧劇或《泰晤士報》上面的報導可供引述時，便覺得信心十足，更加沾沾自喜。

這一種人起初心平氣和、志得意滿，接著就極力自我陶醉，月復一月預言納粹政權不可避免的覆亡。可是等到那個政府顯然已經站穩腳步，而且開始獲得成功以後，這才發現情況的確不妙——他們可沒有對此做好準備。這群人正是納粹在隨後幾年內運用巧妙的心理策略，以各種自我吹噓的統計數字來主攻猛打的對象。一九三五至一九三八年之間許許多多的歸順者，主要也就來自他們那邊。自從被視為不可能的成就一再出現以後，他們再也無法擺出洋洋得意的姿態，只得承認失敗而集體投降。此後他們即力不從心，無法再認清納粹的那些成就實為最可怖之處。像我在一九三八年便聽過如此的對話：「他[2]就是有辦法解決別人束手無策的問題。」「可是這才是最糟糕的事情！」「像你這種人反正只會吹毛求疵。」

其中某些人至今仍然高舉戰旗，並沒有因為各種失敗挫折而放棄希望，月復一月，或至少也是年復一年，預言該政權必將出現的崩潰。我們不得不承認，他們的確表現出某種大義凜然的氣概，可是這種態度也有一點稀奇古怪。最奇特的地方就是，有朝一日或許會證明他們是對的，可是他們在此之前必須先經歷不少令人沮喪的殘酷現實。我可以想像出來，他們會在納粹垮台以後到處告訴別人，自己打從一開始就不斷預言此事。可是在那一天來臨之前，他們只會是一場悲劇裡面的唐吉訶德角色。「理直氣壯」可以有不同的表現方式，其中的一種相當不光彩，只會幫助敵人爭取到得之有愧的榮耀。我們只需要看看路易十八[3]便不難明瞭此點。

2 即指希特勒。

第二個危險是變得憤世嫉俗——像被虐待狂一般陷入了仇恨、憂傷和無止境的悲觀主義。這幾乎稱得上是德國人失敗以後的自然反應。而每個德國人處於逆境時——無論是在個人或國家的生活領域之內——都逃不出這個誘惑的折磨：此即完全放棄一切，以一種意氣消沉的無所謂態度，把自己和世界拱手交予魔鬼。同時他們更以執迷不悟的乖戾態度來進行道德上的自殺：

我開始對陽光感覺厭煩。
啊，寰宇即將全面崩坍！

這看起來頗具悲劇英雄色彩：他們拒絕一切的安慰，可是沒有注意到，這種拒絕態度的本身卻隱含著毒性最強、危險最深和最令人墮落的安慰劑。人們於是對自暴自棄產生了莫名其妙的快感，演成華格納式對死亡與毀滅的熱愛。這正是那些缺乏勇氣面對自己失敗的人，廣泛出現的最令人匪夷所思的自我安慰形式。

我可以在此做一個大膽的預測：這也將是德國人在納粹戰敗之後的基本態度——就像一個倔強的小孩在自己的洋娃娃被奪走之後，好像整個世界已經毀滅一樣而號啕大哭（德國人在一九一八年以後的態度大致也就如此）。在一九三三年的時候，雖然大多數德國人遭到擊敗，但他們心中的這種念頭並未充分展現於所謂的「公眾」態度。因為按照官方的講法，並沒有任何人被擊敗。表面上只有歡呼、興盛、「解放」、「拯救」、萬歲和令人痴狂的團結一致，以致苦難毫無置喙的餘地。儘管如此，我在一九三三年以後已親眼看見許多個案，可以充分展現出這種典型德國失敗者的態度。我相信其總人數應多達數百萬人之譜。

我們很難以概括的方式，說出這種潛藏於內心的態度，對外在的現實造成了何種影響。在某些情況下，其結局就是自殺。不過有更多人選擇遷就現實來苟全性命，也就是說他們扭曲了自己的臉孔。只可惜他們當中的大多數人，正是今天在德國還看得見的「反對勢力」之代表性人物。無怪乎這種「反對勢力」從來就沒有目標、方法與計劃，自然不可能會有前途。這些「反對勢力」的代表人物到處發表「煽動性的言論」。每天出現的恐怖事件，逐漸成為其不可或缺的精神食糧。他們沉迷於對各種惡形惡狀

3 路易十八為路易十六之弟及法國國王（1814-15, 1815-24）。法國大革命爆發後，他必須以公爵之尊逃亡國外，雖然在一七九五年已自稱「路易十八」，卻只能眼睜睜看著革命及拿破崙獲得成功。一八一四年拿破崙下台後，他終於正式即位，過了幾個月又因拿破崙重返巴黎而流亡國外。拿破崙慘遭滑鐵盧後，路易十八再度登基，成為開明君主，但於一八二〇年又走回專制。路易十八駕崩六年以後，法國即爆發一八三〇年的「七月革命」。

的描繪，因為這是唯一能夠讓他們苦中做樂的方法。與他們交談的時候，便很難不繞著這些話題打轉。假如那些恐怖現象不復存在的話，他們當中的許多人反而會嗒然若有所失。對其中某些人來說，這種悲觀下的絕望甚至可以教人樂此不疲。

但在一般情況下，這也意味著「過日子是很危險的事情」，會教人肝火上升，甚至會讓人進了療養院，到頭來有些人就真的精神分裂。除此之外，這裡面還有一條小徑，又殊途同歸將人導入納粹的懷抱：既然凡事都已經無關緊要、一切均已淪喪殆盡、萬物皆已妖魔化，何不乾脆奉行最可悲和最猖狂的犬儒主義，讓自己與魔鬼同行？何不一面在心中自我解嘲，一面跟著幹出同樣的勾當？這也是不時可見的現象。

我也不能不談一談第三種誘惑的形式。這就是我自己採取的方式，而且我同樣並非唯一這麼做的人。其出發點正來自於對上一點的認知：絕不可讓自己被仇恨與苦難所腐化，而且務必要保持品行端正、心平氣和、和藹可親及「不拘形式」。可是令人激憤與受折磨的事件日復一日迎面襲來，該怎麼做才有辦法避開仇恨與苦難呢？唯一的辦法就是淡然置之、把目光移開、把耳朵摀住，並設法避世絕俗。但這只會使人柔弱到麻木不仁的地步，最後也產生一種類似精神疾病的症狀：完全與現實脫節。

為了簡單起見，就以我自己為例來做說明。但我們絕不可忘記，在我這個單一案例的後面必須加上六至七個零。

我不是容易記恨的人。而且我一向認為，如果過分涉入與不聽規勸者的論戰及爭吵，只會造成對醜惡行為的仇恨，結果反而摧毀了自己心中難以重建的有價值事物。於是我表示拒絕的姿態就是退避，而非攻擊。

在我看來，當人們恨透了一個對手的時候，同時就很清楚地表達出某種敬意。可是納粹顯然並不配得到這種敬意。我避免與納粹分子密切往來，因為光是他們的樣子即足以令人心生恨意。他們雖然一味糾纏，硬是要逼人跟他們狼狽為奸，但我並不認為那是他們對我做出的最大侮辱。真正的奇恥大辱來自始料未及之處——他們每天藉著讓自己令人無法視而不見，強迫我對他們產生仇恨與厭惡，以致從我這邊獲得原本不配享有的待遇！

當人們立場夠堅定的時候，是無法被強迫做出任何表現來的。仇恨心與厭惡感不也包括在內嗎？縱使外在的生活已被斲喪殆盡，甚至完全遭到破壞，本來不也可以安之若素，以視若無睹的方式來輕忽一切嗎？

我剛好在那個時候，讀到斯湯達爾[4]一個既危險誘人，同時又具有雙重意義的說

4「斯湯達爾」原名貝勒（Marie-Henri Beyle, 1783-1842）為法國小說家及文學評論家，在作品中反映出一個動盪的時代及其本人強烈的個人主義。「斯湯達爾」年輕時曾在拿破崙麾下擔任龍騎兵軍官，戰後成為外交官並同時進行寫作。其成名作為《紅與黑》（*Le rouge et le noir*, 1830）及《巴馬修道院》（*La chartreuse de Parme*, 1839）。

法。他藉此提綱挈領表達出自己對時局的觀感，認為一八一四年以後展開的復辟時代教人「一頭跌進污穢」（這正是我對一九三三年初以來各種發展趨勢的觀感）。斯湯達爾寫道：現在唯一值得努力一試的做法，就是要「讓自我維持神聖與純淨。」

神聖與純淨！這也就是說，除了不讓自己成為共犯之外，也要避免痛苦所帶來的傷害，以及仇恨所造成的性格扭曲。簡而言之，必須躲開外來的影響，以免出現任何反應。縱使自己並不喜歡，也要規避一切的接觸，如果必要的話，甚至掉頭就走，不惜退居彈丸之地。這麼做的先決條件，是要讓毒性十足的空氣無法侵襲過來。而其真正的目的，就是要拯救一樣東西，使之不受損害並維護其自古以來即神學意味十足的美名——不可磨滅的心靈。

我直到今天都還認為這個出發點有其正確之處，而且不會加以否認。但是，當初我自以為可行的做法——視而不見並躲入象牙塔——卻完全行不通。我感謝上帝讓這個嘗試立刻徹底失敗，因為我所認得的其他人往往並沒有馬上受到挫折，以致誤以為有時為了挽救心靈上的寧靜，就必須犧牲這種寧靜。最後他們必須為此付出極為慘痛的代價。

這種置身事外的方法與前二種不同，於隨後幾年內在德國公開表現了出來，其表達形式即為汗牛充棟的田園文藝作品。不過就連文藝界人士也沒有真正注意到這個現象。德國在一九三四至一九三八年之間，大量出版了兒時回憶、以家庭為背景的小說、風景圖冊、大自然抒情作品，以及許多柔情萬種的小玩意兒。這是前所未見的現象。除了刻板的納粹宣傳文學之外，德國能夠獲准發行的書籍幾乎完全來自那些範疇。

大約從兩年前開始，這個趨勢就已經不斷退潮。其中的原因顯然是因為不管再怎麼挖空心思，也越來越無法營造出那種不痛不癢的氛圍。不過在此之前的狀況只能令人搖頭嘆息：所有的文學作品都在描繪雪片蓮和雛菊花、稚子放長假時的歡樂、初戀時光、童話情景、烤蘋果和聖誕樹。這種文學充滿了赤子之心和缺乏時代背景的色彩，彷彿有約在先一般，在遊行隊伍、集中營、軍火工廠和「突擊隊」募捐鐵罐的環繞之下紛紛出爐。如果有誰曾經像本書作者一樣，於偶然之下必須大量閱讀此類書籍的話，便會逐漸發現，它們在乖巧、平靜和溫柔的敘述背後，正在字裡行間不斷發出吶喊：「你難道沒注意到，我們不受時間影響，回歸於內心世界了嗎？你難道沒注意到，並沒有任何事情對我們造成傷害嗎？你難道沒注意到，我們什麼事情都沒有注意到嗎？請記住這一點，請務必記住這一點，我們向你提出懇求！」

我認識那些作家當中的某些人。對他們每一個人，或至少大多數人而言，現在已經到了山窮水盡的地步。所發生的許多事件已經令他們無法再視而不見、聽而不聞。比方說，他們的親朋好友已經有人被逮捕，要不然就發生了類似的事件。童年時代的回憶已無法再提供保護傘。不少人因之而崩潰，演出了一幕又一幕的悲劇。將來我會找時間述敘其中的一些故事。

以上就是德國人在一九三三年夏天所面對的矛盾。那看起來彷彿就像是：必須從幾種讓心靈死亡的不同方式之中做出選擇。我們可以說，於正常環境下過慣日子的人，在這裡會感覺自己若非進了瘋人院，就是待在一所精神病研究所裡面。可是又能怎麼辦呢？事情就是這個樣子，而且我無力可回天。此外，那個時候還算是比較無害的階段。接著還會出現完全不一樣的情況。

30 一群朋友的分崩離析與「科佩尼克大屠殺」

我想躲在私人領域裡面，在一個有遮蔽的小角落安身立命之嘗試，很快便一敗塗地。其中的原因是：這種地方根本就不存在。狂風暴雨從四面八方侵襲我「私底下」的生活，馬上把它吹得四分五裂。比方說，一個可稱得上是我「朋友圈子」的小團體，就在一九三三年秋天消失得不知去向。

曾經有過那麼一個「學習小組」，其成員包括連我在內的六個知識青年。大家都是即將參加文官考試的法院見習生，而且來自同一個社會階層。起初我們是因為共同準備考試而聚在一起，後來大家關係越來越親密，進而變成一個小型的辯論俱樂部。雖然我們的政治立場迥異，這並不足以成為彼此憎惡的理由。我們相互之間都頗有好感，沒有出現涇渭分明的局面。各種截然不同的看法，於是在那個小圈子內並行不悖——這正是一九三二年時，德國年輕知識分子的典型作風。

我們當中最「左」的人名叫黑瑟爾，他來自醫學世家，對共黨抱持同情的態度。最「右」的則是霍爾茲，他是軍官之子，充滿了軍事色彩與民族主義思想。二人卻不時採取聯合立場來抗衡我們其他的人。這是因為他們都參加過「青年運動」，具有「聯盟」[1]思想的緣故。

這兩個人同樣反對資產社會和個人主義，所追求的都是「團體生活」與「團隊精神」。爵士音樂、時裝雜誌以及「選侯大道」[2]皆為其眼中釘。簡而言之，他們厭惡錢來得快也去得快的燈紅酒綠生活，而且心中對恐怖行動均略有好感——只不過前者主要是以「人道主義」，而後者是用「民族主義」做為掩飾。相似的觀點可以塑造出差不多的面部表情，無怪乎二人皆略嫌僵硬，經常抿著嘴唇擺出缺乏幽默感的模樣。二人彼此之間懷有極大的敬意。而紳士風度似乎又是我們全體都覺得理所當然的事情。

另外一組相知甚深的對手，就是布洛克與本人。我們兩個時而結盟，時而又針鋒相對，而且雙方的政治立場比黑瑟爾及霍爾茲更難加以定義。布洛克充滿了激進的民族主義革命觀點；我卻相當保守，具有突出的個人主義風格。我們於是分別從「右派」和「左派」兩個互不相容的陣營，汲取自己的論點。儘管如此，某些事物卻能夠將我們二人緊密結合在一起：就本質而言，我們都是唯美主義者，皆崇拜非政治性的神祇。

布洛克的神祇就是「冒險」，例如一九一四至一九一八年之間，或者一九二三年時的集體冒險行動。若能將二者合而為一，那就再理想也不過了。我的神祇，則是歌德與莫札特的神明——但非常抱歉的是，我一時之間不曉得該怎麼稱呼祂。大致說來，我們在各方面皆勢同水火。可是這種敵對關係，有時反而能夠產生相互吸引的作用。

我們甚至可以坐在一起好好喝上幾杯。就此而言，黑瑟爾完全不喝酒，並基於原則反對一切含酒精飲料。霍爾茲喝起酒來則極度自制，已經到了不堪的地步。

此外還有兩個天生的調停者。他們分別是希爾胥和馮・哈根。前者是一位猶太教授的兒子，後者的父親則是一位高級政府官員。馮・哈根是我們幾個成員當中，唯一參加政黨活動的人。他加入了「德意志民主黨」和「國旗同盟」，這反而使他可以到處排難解紛，採納各種不同的觀點。他接受過良好的教育，不但處事圓融而且彬彬有禮。只要有他在場的時候，歧見就不會演成爭端。

希爾胥在旁為之提供助力，其特點就是溫和的懷疑主義，以及對反猶太主義所進行的試驗。他本身雖然是猶太人，卻對反猶太主義者頗有好感，不斷給他們發揮的機會。我還記得有一次與他單獨進行對話時的情形：他很認真地站在反猶太主義那一方，而我為了取得平衡，卻發表出反條頓主義的意見。

我們之間就這麼紳士精神十足。希爾胥與馮・哈根並竭盡全力，讓黑瑟爾及霍爾茲偶爾露出寬容的微笑。二人也迫使布洛克和我不時對自己的政治立場公開表態。同

1 此處的「青年運動」及「聯盟思想」，指的是二十世紀初期的「青年聯盟」(Bündische Jugend)。此德國自由青年運動組織於一九三三年遭納粹政權查禁。

2 「選侯大道」為柏林西部的主要街道之一，全長三點五公里，以各式商店和娛樂場所著稱。

時他們又避免霍爾茲與我，或黑瑟爾與布洛克相互攻訐對方眼中最神聖的事物（唯有在這兩個組合當中，才可能出現如此的衝突）。

那是一個由前途無量的年輕人所組成的可愛團體。當別人在一九三二年看見我們的時候，大家正圍繞圓桌而坐，一面吞雲吐霧一面熱烈辯論。任何人都料想不到，這個緊密團體的成員過了幾年以後，竟然會散居不同的國際陣營，隨時準備向對方開火。

簡而言之，如今希爾胥、黑瑟爾和我都流亡海外。布洛克和霍爾茲已經變成了納粹高幹。馮·哈根則在柏林擔任律師，不過他也是「國家社會主義法學家聯合會」和「國家社會主義機動車駕駛人協會」的會員，而且很可能也已成為納粹黨員（可惜的是，會員都必須入黨）。儘管如此，他仍然繼續忠實扮演自己的調停者角色。

從三月初開始，我們之間的氣氛逐漸陷入僵局。此後便無法再像從前那般心平氣和，針對納粹進行理性的討論。在那個戲劇化的四月一日之前不久，有一天當我們在希爾胥家中碰面的時候，就出現了令人難堪的緊張場面。

布洛克毫不隱瞞地表現出來，他正興致勃勃觀察即將來臨的抵制猶太人行動。同時他擺出高高在上的姿態，幸災樂禍地確定，他的猶太朋友「免不了都會忐忑不安」。他更以同樣的語氣表示，就目前看來，那個行動固然組織得非常差勁，不過這種群眾試驗仍然是相當有趣的事情，而且可以為將來的發展指出耐人尋味的方向。

布洛克就變成了這副德行，而且不論跟他講什麼話，他都只是露出放肆的微笑。霍爾茲則慢條斯理地表示，不分青紅皂白的突發行動固然會造成令人遺憾的單獨事件，但我們絕不可忘記，猶太人曾經幹過某些勾當。我們的東道主希爾胥反倒設法置身事外，仍然抿著嘴唇、默不做聲繼續支持反猶太主義。馮．哈根卻很有技巧地指出，換個角度來看，猶太人到底也曾做過好事。

這種針對猶太人的「精彩」談話內容，就沒完沒了地繼續進行下去。希爾胥只是坐在那邊不發一語，還不時把香菸拿出來遞給大家。黑瑟爾試著就學術觀點來抨擊納粹的「人種學」。霍爾茲卻用同樣學術性的論點來加以捍衛。其說法十分迂腐，而且寸步不讓。

「好吧，黑瑟爾，」霍爾茲緩緩吸了一口煙，吞下去以後又吐出來，目光越過繚繞的雲霧說道：「在你假定出來的人性化國度裡面，這一切問題可能都不會存在。但是你也必須承認，目前我們正在建構一個民族國家——這個過程當中的唯一課題，就是民族的同質性……」

我聽得越來越不是味道，忍不住開口表示：「在我看來，這裡所討論的內容，似乎與建立『民族國家』完全無關。那只不過是我們每一個人私底下的態度，對不對？況且現在並沒有真正需要我們做決定的事情。霍爾茲先生，你的態度讓我覺得非常有趣。

你怎麼有辦法一方面在這裡做客，同時卻又發表出那種言論來？」

這時希爾胥打斷了我的話，強調他邀請我們過來的時候，可從來就沒有限定大家的觀點必須如何。

現在我也對希爾胥動了肝火，繼續說道：「這固然很好，但我所批評的並不是你，而是霍爾茲先生的態度。我只不過很想知道，當某某人一方面接受別人的善意邀請，同時卻又打算把主人的整個族群都殺掉的時候，他的心裡面到底在想些什麼東西？」

「誰說要殺人了！」霍爾茲怒吼道。

這時幾乎所有的人都向我提出抗議，只有布洛克除外。他認為這裡頭並沒有無法消除的矛盾，同時開口說道：「我想你也應該曉得，在打仗的時候，軍官們前一天還在某些房子裡面做客，第二天早晨卻得把它們全部都炸掉。」

霍爾茲還信誓旦旦向我表示，既然猶太商店將受到有紀律的抵制，那就不可稱之為「殺人」。

「這怎麼不是殺人呢？」現在換我怒氣沖沖吼了回去：「如果某人遭受有系統的迫害而破產，並被剝奪了一切謀生的機會，最後他豈不就會餓死嗎？在我看來，如果有誰存心讓別人餓死，那就是殺人的行為。難道你會有不同的看法嗎？」

「夠了，夠了！」霍爾茲說道：「在德國可沒有人餓死。即使那些猶太店東果真破產的話，他們還會有慈善救濟可以領取。」

最可怕的事情就是，他把那些話完全當真，一點也沒有玩世不恭的意思。我們因而鬧得不歡而散。

在四月裡面，也就是我們的小組解散之前不久，布洛克與霍爾茲都加入了納粹黨。話要說回來，他們並非見風轉舵的人。但毫無疑問的是，二人的觀點向來與納粹有不謀而合之處，只不過那還不足以使他們成為黨員罷了。無論如何，納粹的勝利產生了最後的招徠作用。

從此就很難再把「學習小組」維繫下去了。馮・哈根和希爾胥必須費盡九牛二虎之力，才使它多延續了五、六個星期。五月底的時候，我們又舉辦了一次聚會。「學習小組」也就在那次聚會中正式解散。

「科佩尼克大屠殺」[3]才一結束，布洛克與霍爾茲就宛如剛離開做案現場的殺人犯，過來參加我們的聚會。他們雖然沒有親自參與那場大屠殺，可是在他們黨內的新朋友之間，那個事件顯然是眼前的中心話題。那些人於是在高談闊論之際，讓自己多少也

3 作者似乎記憶有誤，「科佩尼克大屠殺」發生在六月下旬：數百名反納粹人士或遭殺害，或在家中遭到綁架，被帶至柏林市科佩尼克區的「突擊隊」分部嚴刑拷打，以收殺雞儆猴之效。罹難者之中有二十一人被縫入麻袋投進河中淹死！此暴行從一九三三年六月二十一日進行至二十六日，史稱「科佩尼克血腥週」。

淪為集體罪行的共犯。當布洛克與霍爾茲與我們一起抽煙、喝咖啡的時候，就為文明而悠閒的氣氛，帶來一股血淋淋的愁雲慘霧。

他們迫不及待講述那個事件，把來龍去脈描繪得一清二楚。我們這才曉得事情的全貌，不像在報紙上面只能看見一些暗示。

布洛克表示：「昨天科佩尼克發生的事情實在是太精彩了，對不對？」他的報導從頭到尾就充斥著這種語氣。他巨細靡遺說出，那一票人如何先把婦女和小孩驅趕到隔壁房間，然後拔出手槍把那些男的打死，要不然就是一陣亂棒朝其頭上打去，或者用「突擊隊」的匕首將之刺殺。很奇怪的是，遇害者大多完全沒有反抗的意思，只是穿著睡衣，給人一種可悲的感覺。他們的屍體隨即被投入河中，直到今天還不斷漂流到附近的河岸。他講著講著，臉上不斷恣意露出微笑。那也就是他新近養成的制式化僵硬動作。他並沒有為那個暴行做出辯護，但也不覺得有什麼不對勁，主要只是把它當成一個很聳動的事件來看待。

我們每個人都聽得不斷搖頭，覺得那實在太駭人聽聞了。可是我們的表情，反而讓他看得沾沾自喜。

我終於開口說道：「這些事情似乎並不會讓你覺得，加入貴黨有任何不妥之處。」

他露出有如墨索里尼那般桀驁不馴的眼神，立刻反駁道：「不會啊，一點也不會！

難道你真的同情那些傢伙嗎？這根本就完全沒有必要。前天先開槍的那個人當然曉得，這麼做反而會要了自己的命。更何況假如我們不把他吊死的話，那就沒有天理可言了。但不管怎麼樣，他至少還會讓人產生敬意。至於其他人呢，去他的！他們為什麼不反抗？他們都是社會民主黨員或『鋼鐵陣線』[4]的成員。既然如此，為什麼還穿著睡衣躺在床上？他們應該挺身自衛，至少要死也要死得像像樣樣才對。然而那些傢伙只是一群膽小鬼，我對他們可一點也不同情。」

「我並不曉得是否該對他們深表同情，」我緩緩回應道：「但是我對那些全副武裝，到處殘殺無抵抗能力者的傢伙，只有一種說不出來的噁心感覺。」

布洛克繼續執拗地表示：「那些人可不是無抵抗能力者。他們只不過在運用馬克思主義者令人作嘔的伎倆，等到事態嚴重的時候，就裝出一副沒有抵抗能力的樣子罷了。」

這時霍爾茲插嘴進來：「按照我對整個事件的看法，那只是革命過程中令人遺憾的單一脫軌行為。我私底下固然覺得，應對此事負責的那位『旗隊長』[5]少不了會被罵得

4「鋼鐵陣線」成立於一九三一年十二月，由「黑紅金國旗同盟」與德國總工會（ADGB）共同組成。以反對三大敵人——納粹黨、共產黨、保守反動的「貴族宮廷派」——為宗旨，其目的在於捍衛共和及民主。可惜該陣線在社會民主黨的領導下，並未做出英勇的表現。

5「旗隊長」乃「突擊隊」（SA）與「黑衫隊」（SS）獨樹一幟的職稱之一，階級相當於上校。

狗血淋頭。但是我也認為，大家絕不可忽略一個事實：最先開槍的是一個社會民主黨員。因此突擊隊在某種程度內，有權採取這種過度的，嗳……有力的報復措施。」

說也奇怪，我或多或少還可以忍受布洛克。可是霍爾茲近來卻一直讓我火冒三丈。我實在按捺不住，必須要給他點臉色看看。

「您把那些行動合理化的新理論，讓我聽了覺得非常有趣。」我開口表示：「假如我沒有搞錯的話，您好像也曾經在大學修習過法律？」

他以有如鋼鐵般冷冰冰的目光看著我，然後拐彎抹角回應了我的挑戰。他不疾不徐說道：「沒錯，我學過法律。而且我還記得曾經聽過有關國家緊急防衛的說法。或許您剛好沒去上那堂課吧？」

「『國家緊急防衛』？這倒很新鮮！」我回應道：「只因為有幾百個參加了社會民主黨的公民穿著睡衣躺在床上，您就覺得國家受到攻擊，所以有了抵抗權？」

「那可不然。」他回答說：「您怎麼老是忘記了？起先是一個社民黨的傢伙開槍打死兩位突擊隊員！」

「他們打算硬行闖入那個人的家中。」

「不對，他們只不過是執行公務，想過去登門拜訪一下罷了。」

「這就足以構成國家隨意對國民進行『緊急防衛』的理由？例如針對你我二人？」

「那不可能是衝著我來的，」他說道：「但您說不定就是其中的對象之一。」

這回他用真正冷峻的眼神看著我，此時我的膝蓋出現了一種相當奇怪的感覺。

他繼續表示：「您只是在那邊雞蛋裡挑骨頭，對當前『德意志民族成形過程』出現的偉大事件始終避而不談。（即使在今天，我耳邊還不斷響起他所謂的「民族成形過程」！）只要出現了任何雞毛蒜皮的小事，您就死咬著不放，並且在法律上大鑽牛角尖，想藉此來吹毛求疵。我只怕您還不怎麼清楚，像您這種人今天已經對國家構成了潛在危險。國家有權，也有責任來採取強而有力的措施，至少也要在你們當中有人做得太過分的時候，公開進行反制行動。」

他就這麼有條不紊地說著，好像在對《民法典》做出詮釋一般，還一直冷酷無情地盯著我的眼睛。

「您既然想對我做出威脅，何不乾脆把話講明？」我問他：「您是不是打算去『蓋世太保』[6]那邊告發我，說我是國家公敵？」

大約就在這個時候，馮．哈根和希爾胥發出笑聲來打圓場，設法讓一切都變得好像只是在說笑而已。可是霍爾茲卻繼續開口讓他們的努力落空。我這才注意到他已經

6「蓋世太保」（Gestapo）乃納粹「國家祕密警察」（Geheime Staatspolizei）之簡稱，成立於一九三三年四月下旬。

相當氣急敗壞，這不禁教我心中出現了一絲滿足的感覺。

他輕聲但意有所指地說道：「我必須承認，最近我一直在考慮，是否應該盡自己的義務來那麼做。」

我說了一聲「噢」以後，必須先把心頭浮現的各種感覺稍稍整理一下。其中交織了些許畏懼，並訝異他怎麼會那麼偏執。而且我除了對那種「責任心」產生反感以外，也對自己把他弄得圖窮匕見而有些得意。但是我同時更有了一個冷冰冰的新認知：現在的人生居然已經變成了這個樣子！這固然令人心生不安，但我也想快速估量一下，假若他不是虛張聲勢的話，到底會想說出什麼關於我的事情。

於是我開口表示：「如果您幾經考慮之後的結果，就是向我說出您打算做這件事的話，那麼在我看來，您的意圖似乎並沒有當真的必要。」

他很平靜地回應道：「您可別這麼講。」現在攤明已經底牌出盡，如果我們再針鋒相對下去的話，勢必會暴力相向。好在我們都只是坐在那邊，一面吸煙一面你來我往。而其他人也不時介入，時而安撫，時而指責雙方。

說也奇怪，接著我們又坐在一起好幾個小時，於憤憤不平之下繼續討論政治。儘管如此，我們的「學習小組」還是一去不返。此後的聚會都彼此心照不宣自動取消了。

希爾胥在九月與我告別，因為他即將移居巴黎。布洛克與霍爾茲當時則已經消失於我的視線之外。後來我才不時聽說有關他們鴻圖大展的消息。黑瑟爾要等到第二年才永遠離開，搬到美國去了。可是我們那個圈子早已消失得不知去向。

順便提一下，自從那天的事件以後，我納悶了好幾天，不知道霍爾茲是不是真的會去「蓋世太保」那邊打小報告。過了一陣子以後，我才終於確定他顯然並沒有這麼做。就此點而言，他還算得上是相當正派！

31 自己祖國之內的流亡者

不問世事的做法，到頭來只是徒勞無功而已。不論退隱至何處，都躲不開自己原本避之惟恐不及的東西。我終於明白，政治事件與私人生活之間的分野，已被納粹革命連根鏟除。此後即無法再將那場革命視為單純的「政治事件」。它不但發生於政治領域之內，也出現於每個人私底下的生活當中。其作用能力就像毒氣，可穿透任何牆壁。而若想徹底擺脫這種毒氣，唯一的解決辦法就是溜之大吉。這意味著移民國外：告別自己的出生地、自己的語言和所接受的教育，尤其必須切斷與祖國的聯繫。

一九三三年夏天，我也開始在這方面做好告別的準備。我早已習慣了大大小小的別離，不但失去了自己的朋友，還看見原本跟我和睦交往的人，現在或已形同謀殺者，或已與我為敵，不惜把我交給「蓋世太保」宰割。我可以感覺出來，構成日常生活氛圍的元素已散逸無蹤。普魯士司法界聲名卓著的機構，早就在我眼前向下沉淪。書本中的世界與自由討論的天地，現在已成過眼雲煙。以往的觀點、意見和思想架構有如槁木死灰，變得完全不合時宜。我幾個月以前還合情合理的生涯規劃及燦爛前景，它們而今安在？

一切都變得險象環生，連我對人生最基本的觀感也出現了變化。各方面的告別帶來痛苦之後，又產生令人暈頭轉向的麻醉作用。我失去了腳踏實地的感覺，就彷彿在一個空空如也的房間裡面懸浮晃蕩——輕飄飄、慢吞吞，而且不再有法律的保障。新出現的各種損失與告別幾乎不再造成痛苦，反而帶來一種事不關己的感覺，或者讓人心生一念：「好吧，即使少了它也沒什麼大不了。」我覺得自己雖然變得更加貧乏，但也少了許多牽掛。儘管如此，這種告別——心中對自己國家的告別——實在令人難以消受，而且痛苦萬分。它來得斷斷續續、時進時退。有時我根本難以想像，自己終究會鼓起勇氣拂袖而去。

我在此講述自己的心路歷程時，這種情形同樣並非我個人的偶發事件，而是成千上萬人的共同遭遇。

三月和四月的時候，我的眼前已經持續上演「一頭跌進污穢」的情景——其中伴隨著愛國主義的激情，以及「民族主義」的勝利吶喊——這早就令我憎惡不已，有時憤怒得表示打算移民出去，不想再跟「這個國家」有任何瓜葛。我寧可在芝加哥開一間賣香菸的小鋪子，也不願意在德國擔任國務祕書……。當時那還只不過是意氣用事而已，並不能夠完全當真。可是現在的情形已經迥然不同。在這幾個六合蕭條、嚴風凜烈的月分，我已經認真考慮，是否的確應該離開自己的國家了。

現在的我已非德意志民族主義者。上次世界大戰前後盛極一時的「體育俱樂部民族主義」，早就令我深感噁心。可是今天它卻對納粹黨徒產生精神上的推動力，使他們養成既貪婪又幼稚的樂趣。他們希望看見自己的國家，在世界地圖上成為一個巨大的彩色斑塊，而且還會變得越來越大。各式各樣的「勝利」，為他們帶來了獲勝者的快感。別人低聲下氣所承受的屈辱，使他們樂在其中；別人心頭出現的恐懼，成為其津津有味的享受對象。

他們以「紐倫堡名歌手」的方式，極力自賣自誇其民族特質。他們更彷彿自慰一般，大肆宣揚「德意志」之心（deutsches Denken）、「德意志」之情（deutsches Fühlen）、「德意志」之忠誠，還鼓吹人人當「德意志」好漢，而且「要德意志本土化」。這一切早就令我大起反感、深深作嘔，不願為之做出任何犧牲與奉獻。

但這種立場並未阻止我繼續成為相當不錯的德國人。我對自己身為「好德國人」一事心知肚明——這往往也來自於德意志民族主義的越軌舉動為我帶來的恥辱感。我與任何民族的大多數成員並無二致，如果自己的同胞，甚至整個國家做出了有損形象的行為，我會羞愧得無地自容。反之，倘若別國的民族主義者以言論或行為來侮辱德國之際，我會感同身受。可是當別人出乎意料之外，讚譽我的國家、談及德國歷史上美好的一面、稱道德國人某些優良民族特質的時候，我又引以為榮。

一言以蔽之，我是自己民族的成員，這就好像我是自己家庭的一分子。不過我比旁人更有辦法承受外人所做的任何批評，而且我並非一直與所有的家庭成員和睦相處。更何況我並不打算為之投入我全部的生命，不願意高喊：「我的家庭超越一切。」[1]但我畢竟仍為其中的一員，而且我不會否認此點。想要放棄這種歸屬感、完全棄之於不顧，並學會把自己的祖國當成敵國看待，這絕非雞毛蒜皮的小事。

我並不「愛」德國，那就好像我並不怎麼「愛」我自己一樣。如果真有教我喜愛的國家，那就是法國。但無論如何，即使沒有納粹存在，我對其他國家的好感，仍可能勝過我對自己國家的愛意。然而自己的祖國具有獨特的地位，這並非我所喜愛的任何外國能夠取代的，因為它正是我自己的國家。如果失去了它，就等於失去了喜愛其他國家的資格，就會失去一切攸關國與國友好互動的先決條件——民族交流、異國間的情誼、彼此瞭解與學習、相互向對方展現自己的國度。

失去國家的人只會成為「無祖國者」，變得沒有影子、完全喪失了出身的背景，最後頂多只是受到容忍而已。但在另一方面，若有人心甘情願或在逼不得已之下，沒有

1 在威瑪共和國及納粹時代，德國國歌《德意志之歌》歌詞的開頭及結尾均為：「德國，德國，超越一切，超越世上的一切！」

把移民國外的念頭付諸行動，他就會在自己的家鄉顛沛流離，成為自己祖國之內的流亡者！

可是假如一個人出於自願，而把心中對祖國的疏離感貫徹到底，終於避居國外的話，這樣的行動就需要採取類似《聖經》的激進做法：「倘若你一隻眼叫你跌倒，就把它剜出來丟掉。」[2]許多人的情況和我一樣，只差一步就要移民出去了，卻始終無法痛下決心來這麼做。從此以後，他們的思想和心靈充滿著無力感，只能在恐懼之中，眼睜睜看著人家以他們的名義犯下累累罪行，卻無法公開為自己洗脫罪責。他們陷入了治絲益棼的困境，面對一重又一重難解的矛盾：到底應不應該為自己的祖國做出犧牲，也就是犧牲掉自己的理性判斷、道德規範、人性尊嚴及良知良能呢？

現在不是已經出現了別人口口聲聲所說的「德國令人難以置信之崛起」，值得他們為此奉獻心力嗎？只不過他們忽略了一點：即使他們不惜斲喪自己的心靈，而且有辦法讓全世界都見怪不怪，這也不會為國家或個人帶來任何好處。他們同樣沒有注意到，其所謂的愛國主義（或者其眼中的愛國主義）不但會使他們犧牲自己，甚至連整個祖國都會淪為犧牲品。

正是這種愛國主義，終於讓「告別」變得幾乎無法避免——德國已經不再是德國。而摧毀德國的人不是別人，正是德意志民族主義者自己。曠日持久下來，「是否為了忠於自我，所以才必須離脫自己的國家」這個問題，變得顯然只是矛盾的表相而已。表相背後的真正矛盾，卻已經為各種五花八門的口號和陳腔濫調所遮掩。那個矛盾就是：所要的到底是「民族主義」呢，還是要「忠於自己的國家」？

我與志同道合者眼中的德國，不僅僅是歐洲地圖上的一個彩色斑塊而已。「我們的國家」，是一個由某些特質所共同組成的架構：其中包括了人道主義、全方位的開闊心胸、探索問題時的苦思冥想及深入徹底、對世界和對自己永不滿意的態度，並且有勇氣不斷改弦更張進行嘗試。它同時具有自我批判、熱愛真理、就事論事、精益求精、追根究柢等精神，於多樣化的面貌之下略嫌笨拙沉悶，不過對即興自由創作興緻勃勃。其行動遲緩而嚴肅，卻又能夠像玩遊戲般富於創造精神，不斷為自己塑造出新的形式，然後又覺得此路不通而另起爐灶。它除此之外的特質，還包括對於擇善固執和特立獨行作風的尊重、樂於助人、慷慨大方、多愁善感、具音樂才能。尤其重要的是，它享有很大的自由揮灑空間：缺乏既定的路線與方向，甚至說得上是漫無節制，但它也沒有既定的窠臼，而且從不聽天由命。

2 「倘若你一隻眼叫你跌倒，就把它剜出來丟掉」見基督教版《聖經》〈馬太福音〉18:9。（天主教版《聖經》為〈瑪竇福音〉18:9：「倘若你的眼使你跌倒，剜出它來，從你身上扔掉。」）

我們私底下引以為榮之處，就是自己的國家在精神層面具有無窮的可塑性。無論如何，那就是我們的國家，它與我們合而為一，讓我們產生歸屬感。但那個德國現在已經遭到德意志民族主義者的摧毀與踐踏，從此一去不返。如今早就擺明到底誰才是它的死對頭，那就是德意志民族主義和「第三帝國」。想要繼續對它效忠、繼續歸屬於它的人，必須鼓足勇氣才有辦法做出這個認知，並為此承擔一切後果。

民族主義——此即民族的自我吹噓和自我崇拜——無論何時何地都絕對是一種危險的精神疾病，足以扭曲和醜化一個民族的面貌。其情況就類似虛榮心和利己主義對個人特質所產生的作用，能夠顛倒是非、使一個人醜態畢露。不過跟其他國家比較起來，這種疾病恰好在德國具有最強烈的毒性和毀滅性。那是因為「德國的」內在本質就是包容、開放和多元，並且就某種程度而言，還蘊涵了無私忘我的特性。

在其他受到民族主義侵襲的國家，那種精神疾病只不過是個小弱點，其原有的民族本質仍可並行不悖。然而當德國染上這種惡疾之後，民族主義卻將其民族性的最基本價值連根拔起。這也就說明了，為什麼德國人在承平的時代，毫無疑問可以是一個既傑出又感觸靈敏，而且非常人性化的民族。可是現在當它罹患民族主義精神病以後，卻演變出人性全無、獸性大發的醜惡面目。這不是其他民族有辦法做到的。因為德國人，而且唯有德國人，才會因為民族主義而失去一切使之所以為人的核心價值，以致喪失了存在的意義、喪失了自我。

就其他民族而言，這種疾病只會侵襲外在的行為；對德國人來說，它卻腐蝕了心靈。一個法國人縱使再強調民族主義，他往往仍有辦法繼續當一個標準（而且令人喜歡）的法國人。陷入民族主義的德國人，卻不但已經不再是德國人，而且簡直就失去了人樣。其所創造出來的，就是一個「德意志」，甚至「大德意志」或「泛德意志」的國度。這正意味著德國的毀滅。

當然，我們絕不可因此而認為，德國和德國文化在一九三三年的時候仍然非常繁盛華美，直到納粹一舉將之搗毀為止。病態民族主義在德國進行的自我毀滅，其實有著相當久遠的歷史，這似乎有加以描述的必要。而其間最大的矛盾就是，自我毀滅的行動每一次都出現於擊敗外敵，在戰爭中獲得勝利之後。

一百五十年前的「德國」正在快速興起之中，接著一八一三至一八一五年之間的「自由戰爭」[3]首度帶來了嚴重的倒退。一八六四至一八七〇年之間的戰爭，[4]為它帶來

3「自由戰爭」亦稱「解放戰爭」，乃德境反抗拿破崙異族統治的戰爭。德意志民族主義基本上即從此時開始成形。

4 一八六四至一八七〇年之間的三場戰爭，使德國走上統一之路：一八六四年，普魯士與奧地利聯手擊敗丹麥，奪回北方失土。一八六六年，普魯士擊敗奧地利，將之逐出德境。一八七〇／七一年，普魯士聯合德境各邦擊敗法國，旋即以「小德意志」的方式建立德意志帝國。

了第二次的大挫敗。尼采宛如先知一般首先洞察出來，當時德意志文化已經在與德意志「帝國」之間的戰鬥中，成為失敗的一方。也就從那個時候開始，德國在很長的一段時間內，失去了找到適當政治形體的機會。在俾斯麥建立的普魯士—德意志帝國之內，它等於被套上了束縛行動的緊身衣，從此不再擁有足以代表它的政治力量（只有天主教的團體才是例外）。

「那個德國」遭到右派民族主義者的痛恨，左派的馬克思主義者則對之漠不關心。它卻繼續默默耕耘，堅韌不拔地存活下去，直到一九三三年來臨為止。然而它並沒有就此銷聲匿跡：它存在於成千上萬的家庭和私人團體之內，以及某些編輯室、劇院、音樂廳和出版社之中，甚至從教堂直到內閣等公眾的生活領域，仍可不時發現其蹤影。要等到納粹黨徒那些激進而能幹的組織者出現以後，才「引蛇出洞」，把它從四面八方「用煙薰了出來」。

因此，首先被納粹占領的國家是德國，而非奧地利與捷克斯洛伐克。納粹打出「德國」的名號，藉此來占領和踐踏德國，這是其終於逐漸被看穿的種種伎倆之一，但這也是其毀滅性工作當中的一環。

凡是感覺自己隸屬於「那個德國」（而非盤踞某個特定地理位置的國家體制）的人，除了告別之外已經別無選擇。從表面上看來，這種告別令人驚慌失措，因為它意味著失去自己的國家。可是德國民族特性原有的包容及多方面的開放，使得德國人可以比其他國家的人更容易承受這種損失。而且不可避免的是，大家漸漸感覺出來，任何外國都可以比希特勒的「帝國」更像是我們自己的國家。有時人們的心中甚至存有一線希望，於是忍不住問道：說不定到了「外面」以後，反而可以在某些方面把德國部分重建起來？

32 異族統治是否勝過納粹統治？

當時德國人對移民國外存有若干虛無縹緲的希望。儘管那些希望並沒有太多事實根據，可是在「第三帝國」裡面，顯然除此之外已經別無指望，而人生又需要靠希望來支撐下去，於是大家就把「外面」視為希望的寄託。

其中的希望之一，就是「外國」本身。若是在幾個月以前，那個「希望」恐怕會普遍讓人聞之而心驚肉跳。甚至一直到了今天，仍有許多人並不十分清楚，那到底是「希望」還是「恐懼」——德國人眼中的「外國」，指的就是法國與英國。

法英兩國還有辦法對眼前發生於德國的事件，繼續袖手旁觀下去嗎？兩國左派的人道主義者目睹近鄰正在建立野蠻暴政，難道不會驚駭萬分？其右派的民族主義者對迅速滋長中的戰爭意圖，也不會憂心忡忡嗎？更何況這種戰爭意圖自始即未遭掩飾，同時納粹幾乎一上台就開始公然擴充軍備。

兩國不論是由左派或右派來執政，豈不都會在近期內失去耐心，於是動用當時仍遙遙領先的武力，在一星期之內撲滅那個妖魔鬼怪？他們的政治人物只要眼睛還沒有瞎掉的話，就根本不可能出現其他的可能性。而且即使再樂觀的人也無法想像，兩國將對此地的發展坐視不顧：我們這邊擺明正在磨刀霍霍，準備向他們大開殺戒，同時卻又拋出幾篇「和平演說」來加以安撫——可是連每個德國學童都曉得其背後的真正含義為何。

在另一方面，目前流亡法英兩國的德國政界精英，應該已在當地受到明智政治人物的照顧及獎掖。他們或可從上一個共和時代所犯的錯誤汲取教訓，成為有效治理未來德意志共和國的中堅力量。然後過去的一切只會像是一場惡夢，而所採取的行動就宛如一陣掃平群魔的狂風驟雨，或彷彿採取果斷行動切除毒瘤一般。接著人人會變得聰明一點，擺脫一些過去的包袱，以著手從事一九一九年時未能展開的事業。

以上便是我們所希望的。只可惜我們看起來合情合理的願景，實際上卻找不到什麼支撐點。除了希望以外，我的心中更漸漸出現一個日益強烈的感覺：既然現在一切都反覆無常，所以倒不如先管好眼前的事情還比較要緊。那些希望與這個感覺結合在一起以後，使我在針對移民國外做出妥善規劃以前，就覺得自己無論如何都非走不可。可是要去哪裡呢？當然是去巴黎！在那裡能待多久就待多久，每個月請家裡寄兩百馬克過來，然後靜觀其變。反正天無絕人之路。難道在那邊還怕找不到事情做嗎？

這個計劃非常天真幼稚，它同時也顯示出我個人的生活背景：我是一個少不更事小伙子，到目前為止都還一直是家中的乖子弟，現在應該是「出去見見世面」的時候了。

這種「見世面」的方式固然意味著流亡海外、進行一場充滿各種未知數的冒險，但它並不會使我覺得惴惴不安。一種麻醉性十足的絕望態度（「反正不可能比這裡的情況更糟糕」），以罕見的方式與年輕人喜愛冒險的精神合而為一，使我不費吹灰之力就做出了決定。況且我和同輩的德國人都有過獨特的親身歷史體驗，以致深深覺得凡事皆不確定，都很難加以捉摸。因此我們每個人都認為，小心翼翼者所須承擔的風險，其實與暴虎馮河的人並沒有兩樣。唯一不同之處只在於前者缺乏後者的莽撞作風而已。值得順便一提的是，我迄今的各種所見所聞都只能證明這種說法。

柏林高等法院見習期滿以後，有一天我開口向家父表示：現在我打算「出遠門」了。我已經看不出留在這裡還會有什麼意義，尤其在當前的情況下，我根本不想，也不可能在德國擔任法官或行政官員。我想要出去，到巴黎待一陣子。希望他能夠樂見其成，而且假如可能的話，每個月並資助我兩百馬克。

今我覺得不可思議的是，家父竟然沒有做出強烈反應。在三月的時候，他還會面露微笑，對這類低聲下氣的請求一概嗤之以鼻。然而現在的他已經老態龍鍾，而且在夜裡難以成眠：我家附近一座「黑衫隊」營房傳來的喧天鼓號聲，讓他翻來覆去就是睡不著。但更加使他輾轉反側的，卻是心頭的種種思緒。

如今他所珍惜及為之而活的一切事物均已淪喪殆盡。他沒有辦法像年輕人那樣，輕而易舉就可以接受這個事實。就我來講，即使最驚心動魄的告別也無異於新生活的開端。可是對他而言，告別就形同永別。他一心一意只是想著：「我這一輩子都白活了。」

他曾經在自己的業務範圍內，協力完成某些舉足輕重的立法工作。那是絞盡腦汁之後所得出的智慧結晶，結合了數十年的實務經驗，以及長年下來有如進行藝術創作般的不斷推敲琢磨。可是現在別人大筆一揮就將之悉數廢除，彷彿那根本無關緊要。而更過分的是，建立及修改那些條文的法理基礎已被沖刷一空。幾個世代以來，由包括家父在內的人士所共同建立及維護的法治國家傳統，於轉眼之間已成明日黃花。

這不僅是父親度過了嚴謹自制、從不鬆懈，而且功成名就的生涯之後，於人生將盡之際所須承受的敗績。這更只能說是一場災難。假使獲勝者是與他旗鼓相當的對手，他還會有辦法以理性的態度來接受。可是那些傢伙是野蠻人，根本就不被他當成對手看待。我不時看見家父坐在書桌前面久久不起身。桌上並沒有紙張，他光是用空虛絕望的目光凝視遠方，彷彿眼前只有一大片殘破的土地。

他開口問我：「你到了外面以後打算做什麼？」其語氣中仍蘊含著一貫的懷疑態度，並以老成持重的法學家目光，想找出問題的癥結所在。可是他的聲音疲憊萬分，使我一聽就覺得那個問題只是在虛應故事。無論我做出怎麼樣的答覆，他應該都不會提出異議。我信口說了幾句話，並運用我想得到的各種冠冕堂皇理由，來掩飾自己的漫無章法。

他露出哀傷與諒解兼具的淡淡微笑，繼續問道：「這麼說來，你其實並沒有辦法看出光明的前景，對不對？」

「是的。」我回答說：「不過難道我還能夠有別的指望嗎？」

「我擔心你只是在做白日夢而已。外邊的人未必真的就希望我們過去。不論對任何國家而言，移民進來的人其實都是一種負擔。而一個人如果發現自己成為別國的累贅，心裡面是絕對不會舒坦的。如果你是以交流者的身分前往某個國家，那是一回事，因為你可以為他們做出若干貢獻。可是如果你是以喪家之犬的身分過去，那又完全是另外一回事，因為你只不過在尋找避難所。這兩種情況是截然不同的。」

「難道我們真的沒有東西可以貢獻出去嗎？」我問道：「假如德國的知識分子，管他是文學家也好科學家也罷，果真傾巢而出移居海外，那些國家豈不都會為了這個從天上掉下來的禮物而額手稱慶嗎？」

他舉起一隻手臂，然後又很吃力地把它放下，接著繼續表示：「那是倒店大賤賣！流亡者只會失去自己的身價，你只需要看看那些俄國人就不難明白其中的道理了。他們逃往國外以前，本來也都是自己國家的精英。可是今天無論是在我們這裡還是在巴黎，如果有人願意請他們來當跑堂或司機的話，那些從前的軍事將領、政府官員和作家們都會雀躍不已。」

我答腔表示：「說不定他們現在寧願在巴黎當侍者，也不願意待在莫斯科當人民委員。」

「也許吧，」家父回答說：「但或許並非如此。在你真正那麼做以前，這種話講起來都很容易，可惜事後的發展往往大不相同。其實只要你還有東西可以吃，飢寒交迫與受苦受難的糟糕程度就會減輕一半。」

「難道我應該為了擔心自己會飢寒交迫和受苦受難，乾脆就留在這裡當納粹嗎？」我又問了。

「那當然不可以。」他嚴正地表示：「你不能這麼做，你絕對不可以這麼做！」

「那麼你難道認為，我即使不加入納粹黨，也會有辦法出任地方法院的法官嗎？」父親表示：「地方法院的法官？那恐怕不可能。至少一時之間是行不通的事情。可是誰又有辦法預料將來會出現怎麼樣的發展？總而言之，你何不去當律師，同時開始藉著寫作來維生呢？」

這個主意倒不錯。我曾經在一家知名報紙的不同版面發表過一些短文。[1]有一天那家報社寫信給我，邀請我主動與他們建立更密切的關係。從前的民主派大報，當時一度為年輕人提供了獨特的揮灑空間——這些年輕人不是納粹，但也沒有過「左派」的不良紀錄。他們必須是雅利安人，而且最好像一張沒有經過污染的白紙。

我接受了他們的邀請並過去實地拜訪。我很驚喜地發現，那邊的編輯小組完全與納粹無關，而且他們的想法及觀點更與我如出一轍。坐在編輯室與他們交換資訊、針砭時局，為我帶來了很大的快樂。在那邊口述文章，然後看著自己的文稿被拿到收發人員的桌上，然後送入排字間，這種感覺實在教人渾身舒暢。有時我們甚至覺得自己好像置身於謀反者的巢穴之中，要等到報紙第二天居然順利出刊了，大家才又鬆一口氣。我們在字裡行間玩盡各種文字遊戲，使它表面上看起來像是一份黨性堅強的納粹刊物，可是文章裡面的微言大義早就讓編輯小組笑得人仰馬翻。

我向父親表示：「我說不定就可以透過報社，獲得在國外工作的機會。」

「這聽起來像樣多了。」父親滿意地表示：「你已經跟編輯們談此事了嗎？」

我只能告訴他，我還沒有這麼做。

父親接著表示：「我覺得今天倒不如先把事情擱置下來，讓我們兩個人再一起好好考慮幾天。還有，你千萬不要以為媽媽和我會很希望看見你離開，更何況你打算要投向不可知的未來。對了，無論如何我都希望你能夠通過國家中級文官考試，這是原則的問題。」

他對這一點非常堅持。幾天以後，他更提出了一份親手為我擬訂的計劃：

「現在你必須依照原定的計劃，乖乖參加文官考試，絕不可在接受二十年的教育以後，就在大功即將告成的時刻一走了之，把一切都擱下不管。你大約還有五個月的時間可以用來準備考試。等到通過考試以後，如果你還是沒有打消出去的念頭，那麼你只需要再花半年多的時間就可以獲得法學博士學位。這時不管你是在巴黎還是在國內都可以撰寫自己的博士論文。你不妨出國度假半年，想去哪裡就去哪裡，即使是去巴黎也無所謂。你就待在那裡寫論文，同時順便看看是否找得到機會。假如你發現有辦法在那邊落地生根，這固然很好。但即使你待不下去，這裡仍然會有退路等著你。這總共需要花上一年左右的光陰，今天誰又能夠曉得，一年以後會演變成什麼樣的局面呢？」

經過幾番討價還價以後，計劃還是如此定案下來。我雖然覺得參加文官考試多此一舉，但也不得不承認這是自己虧欠父親的地方。但我唯一的顧慮就是，我繼續停留

1 那家報社就是《福斯日報》。《一個德國人的故事》在德國造成「哈夫納熱」以後，作者三〇年代發表於《福斯日報》的短文已於二〇〇四年集結成冊發行。

於此地的五個月裡面，戰爭隨時都可能爆發。那將是西方國家對希特勒進行的先發制人之戰，而我很可能會被迫參軍，為錯誤的一方作戰。

「為錯誤的一方作戰？」父親問道：「難道你覺得法國是正確的一方？」

我非常堅定地表示：「是的，這一回我相信事實的確如此。照目前的情況看來，只有外國才有辦法拯救德國。」

「天哪！」父親咬牙切齒地說著：「讓外國來拯救我們？恐怕連你自己都未必真正相信這種講法。更何況沒有人能夠在違背自己意願的情況下獲得拯救。這根本是不可能的事情！如果德國人想要獲得自由的話，就應該自食其力來找出解決的辦法。」

「可是我們現在等於已經被五花大綁起來，你難道還找得到任何解決的辦法嗎？」

「我找不到。」

「這麼說來，唯一的辦法還是……」

「你的『這麼說來』不合邏輯。」父親回答道：「此路雖然不通，但這並不表示就一定會有別的路可走。我們不應該用幻想來安慰自己。德國在一九一八年以後也曾經有過幻想，結果卻出現了納粹。假如今天的德國自由主義者再度耽於幻想的話，所造成的結果將是受到異族統治。」

「異族統治說不定會比納粹統治要好很多。」

「我可不曉得。」父親不以為然地說道：「未來的災難看起來總是輕於眼前的禍害，可是它不見得就會比較好。我可不想主動招手把異族請過來統治我們。」

「那麼你豈不是既找不到目標，又看不見任何希望？」

「差不多就是這樣，」父親說道：「至少目前的確如此。」

這時他又露出了空虛呆滯的絕望眼神，好像望見了一大片被徹底摧毀的土地。

家父從前的同事經常會過來探望。他已經在幾年以前退休，但老同事之間仍然維繫著密切的私人關係。家父很喜歡跟他們繼續來往，不時聽聽公務上出現了何種後續發展，並詢問某某中級候補文官或新進的行政官員是否更上了一層樓。他並沒有跟過去的工作脫節，還可以私下為別人提出意見和建議。即使在目前的情況下，那些客人仍然繼續上門，只不過他們談話的內容變得相當單調乏味，而且愁思茫茫。譬如當家父問起某某官員現在怎麼樣了的時候，他才一講出那些人的名字，訪客就簡明扼要地說出：「第四條」或「第六條」。

那些都是新近公布的一項法規裡面的條文，它名為《專業公務人員制度重建法》。[2]其中的條文規定，較低階的官員可任意被調職或勒令提前退休。退休以後也許

2《專業公務人員制度重建法》頒布於一九三三年四月七日，計有十八項條款。其目的在於將德國行政體系「同

領得到資遣費，有時甚至連一毛錢也拿不到。每項不同的條文都點出了不同的命運。像「第四條」會教人頓足捶胸，[3]而「第六條」則讓人失去身分地位。[4]這些條文的編號，當時就成為全國各地公職人員的主要話題。

有一天，父親從前服務單位的負責人也登門拜訪。他的年紀比家父小很多，而且二人曾經在辦公室裡面不時因為意見不同而起衝突。那位負責人曾經是社會民主黨員，而父親的政治立場比較「偏右」。他們之間的爭端不只一次一發不可收拾，即使那個年紀較輕的人職位較高也無濟於事。儘管如此，他們仍然相互敬重，私下的關係從未完全決裂。

那位負責人這回卻讓人看得心酸。他的年紀應該在四十至五十歲之間，可是看起來卻與我年屆七十的父親同樣老邁，而且頭髮已經全白。家父後來告訴我，那個人談話的時候已經不知所云，向他提出問題的時候也得不到答覆。他只是心不在焉地低頭向下張望，有時沒頭沒腦地冒出一句：「太可怕了，同事先生，那真是太可怕了！」他過來是為了要向家父道別。他正準備離開柏林，以便「到鄉下找個地方來苟延殘喘」——他剛從集中營裡面出來。

順便提一下，他是「第四條」。

剛才已經提過，家父早已退休。他已經不再握有公職，即便他想要的話，也無法在公務上對納粹造成任何傷害。如此看來，他應該可以置身火線之外了吧？可是有一天他也接獲一份官方寄來的函件，裡面還附上一份長長的問卷。函件的內容是：「茲遵照《專業公務人員制度重建法》第x條之規定，要求閣下依據事實對附上之問題做出詳盡陳述……。同法第y條並明文規定，凡未加答覆或所述有違實情者，將導致退休金之喪失……。」

那裡面提出來的問題可還真不少。家父必須回答，他曾經參加過哪些政黨、社團及組織，而且要列舉自己曾經對國家民族做出的貢獻。他需要做出種種解釋，在某些地方更須表示歉意。問卷的最後是一份事先印好的書面聲明，他必須在上面簽字，表示自己將「毫無保留地效忠於『民族奮起政府』」。一言以蔽之，他為國服務長達四十五年以後，現在還要卑躬屈膝才有辦法保住自己的退休金。

家父的目光凝視那份問卷，久久不發一語。

第二天我看見他坐在書桌旁邊，問卷就放在面前，然而他只是把呆滯的眼神投向

步化」（納粹化），並剝奪猶太人及異議人士出任公職的權利。此法規更首度列出「雅利安人條款」（即「第三條」），明文規定各級公職人員須為「雅利安人」。

3 「第四條」使納粹政府得以任意解雇政治立場不同的公職人員。

4 「第六條」使納粹政府得以假「精簡人事」之名，勒令公職人員提前退休。

遠方。

我問他：「你打算填寫這份問卷嗎？」

父親瞧了問卷一眼，臉上露出痛苦的神情。他沉默了很久以後，才反問道：「難道你認為我不該填寫嗎？」

現在換我默不做聲。

父親接著說道：「如果不填的話，我不曉得你和你的母親又該如何活下去。」「我實在不曉得。」過了一會兒他又重覆一遍：「我根本就不曉得。」這時他強露出微笑，繼續表示：「如果不這麼的話，你又怎麼會有辦法去巴黎並撰寫博士論文呢？」

這教我聽得心情沉重，默默不語。父親乾脆用手把問卷推到一旁，可是他並沒有將之束諸高閣。

未加填寫的問卷就在桌上躺了好幾天。當我有一天下午走進父親的房間時，卻看見他坐在書桌前面，就像小學生寫作文一樣，一筆一畫工工整整地填寫問卷。過了半個小時以後他就親自出門，趁著自己改變主意以前趕緊把回函投入郵筒。從此他雖然表面上並沒有出現任何改變，講話的語氣也不比過去激動，可是這一切都已經讓他心力交瘁。

對那些不習慣於壓抑自己的動作和語言的人來說，如果壓力實在太大，遲早會有某個身體器官把心靈的痛苦承接過來，而導致疾病發生。有些人會心臟病發作，而家父則是胃部出了毛病，讓他痛得難以消受，而且會痙攣嘔吐。此後他幾乎就未曾再坐回書桌前面。他往往接連兩、三天吃不下任何東西，要不然就是吃下去以後馬上又吐了出來。他的身體開始進行飢餓罷工，兩年以後他就在極端痛苦的狀況下離開了人間。

33 不真實的夏天

一九三三年夏天持續得越久，一切就顯得益發不真實，而且越來越輕飄飄，變成了光怪陸離的夢境。我好像體溫升高了幾度一般，懵懵懂懂過著頭暈目眩、心力俱疲的生活，而且完全不再有責任感。

那時我已經報了名，正準備參加國家中級文官考試。這是德國法律系學生的最高結業考試，通過之後即可取得擔任法官、中級行政官員、律師等等的資格。報名的時候，我早就打定主意不靠這個資格來過活。所以對我來說，天下沒有比是否能夠通過這場考試更加無足輕重的事情了。通常考試是一個會讓人感覺緊張刺激的事件，不是嗎？甚至有人因此創造出「考試熱」這個名詞。可是我完全沒有這種感覺。我的「考試熱」已被一個來自他方的更高熱度所麻痺。

我正坐在一間「法律檔案室」裡面。那是一座位於辦公大樓頂層的圖書館，其結構非常有趣，各工作室的牆壁都是用玻璃製成的。我就在夏日的薰風與晴天之伴隨下，悠哉悠哉寫著筆試作業，簡直跟寫信沒有兩樣。反正現在再也無法把那些功課和試題當真，因為它們是用一個已不存在的世界做為先決條件——除了民法以外，甚至連威瑪憲法都還是考試科目。為了查閱相關的法律條文，我不時翻開那些不久以前還被持續引述，但現在已經老掉牙的案例論述集。可是我不但沒有挑出回答問題所需的句子，反而繼續閱讀下去，接著做起白日夢來。

這時樓下傳來聒噪刺耳的軍樂聲。當我們俯身越過窗戶向下張望的時候，只見身著褐色制服的漫長隊伍，正浩浩蕩蕩遊行於街頭，並有許多萬字旗把隊伍分割成不同的單位。那些旗幟所經之處，兩側人行道上的百姓紛紛伸手敬禮（我們曾經聽說過，膽敢不舉手的人會被痛毆一頓）。這回到底又發生了什麼事？原來他們正朝著「盧斯特花園」[1]的方向行進。賴伊[2]在日內瓦與「國際勞工事務局」鬧得不歡而散，憤而提前返國。柏林的「突擊隊」於是組成一條高歌叫囂的長龍，前往「盧斯特花園」集會聲援。

其實每天都會出現遊行隊伍和高亢歌聲，因此人人都必須多加小心。凡是不想伸手向那些旗子敬禮的人，就得趕緊躲進屋子裡面。我們彷彿生活在戰爭狀態下，不過那場戰爭非常滑稽——它的各種勝利都是用歌聲和行軍隊伍換來的。「突擊隊」、「黑衫

1 「盧斯特花園」位於柏林市中心皇宮前側，原為普魯士的練兵場，於十九世紀初改建成供人遊憩的大型花園廣場。

2 賴伊（Robert Ley，1890-1945），化學博士，為納粹「德意志勞動陣線」（DAF）之負責人，並曾擔任納粹組織部長。賴伊於戰後遭美軍逮捕，一九四五年十月自縊於紐倫堡獄中。

隊」、「希特勒青年團」、「德意志勞動陣線」[3]以及其他五花八門組織的成員不斷在街頭列隊行進，高聲合唱「君可見東方的朝霞？」或「布蘭登堡邊區的原野」等歌曲。他們抵達目的地以後便肅立聆聽演說，接著數千人異口同聲高呼「萬歲」，以這種方式又多打垮了一個敵人。對某種類型的德國人而言，此情此景無異於天堂，同時其心頭又充滿了一九一四年八月時的激情。我還看見一些手持購物袋的老太太停下腳步、眼中淚光閃閃，目送歌聲嘹亮的褐衣隊伍從旁行軍通過，並彼此交頭接耳說道：「從他們身上散發的朝氣便不難看出，現在各方面終於又欣欣向榮了，可不是嗎？」

有時他們也獲得了較具體的勝利。比方說，某一天早晨，位於柏林—威爾瑪斯多夫的「藝術家聚落」被強大警力包圍攻占——當地曾經住過許多左翼文人，現在還有不少人待在那裡。「勝利！虜獲的戰利品不計其數，並有幾十面敵營的旗幟落入我軍手中。此外另有成千上萬本反政府的書籍（含馬克思、海因利希·曼等人之著作）被裝上卡車載走，俘虜的人數也極為可觀。」這的確就是各家報紙描繪那些事件的方式，讀起來簡直像是在敘述坦能堡[4]戰役一樣。

在另一天中午十二點整，他們又採取「果決」行動，把全國各地的火車和汽車都攔下來檢查。[5]勝利！所搜獲的物品從珠寶、外幣直到「反政府文宣資料」無所不包！這同樣值得在「盧斯特花園」舉辦「自發性的大規模群眾集會」來大肆慶祝一番。

六月底的時候，各報又口徑一致刊出斗大的頭版標題：「敵機飛臨柏林上空」。沒有人相信那種說法，就連納粹自己也不例外。可是每個人都已經見怪不怪，反正那就是當時的行事風格。隨即又出現大型群眾集會，振臂高呼：「德國需要自由的領空」，依例上演同一套戲碼：遊行、旗幟、《霍斯特．威瑟爾之歌》、萬歲。

大約就在這個時候，文化部長撤換了宗教界的領導階層，並任命一位姓米勒的親納粹軍方牧師出任「帝國主教」。接著在「體育宮」舉行「群眾宣示大會」，盛大慶祝新出現的「德意志本土基督教義」之勝利。德國的救世主當然就是希特勒：旗幟、《霍斯特．威瑟爾之歌》、「希特勒萬歲」！這回在慶典結束時——顯然是為了向已被埋葬的教會致哀，或出於某種用來粉飾太平的巧妙理由——在場者齊聲高唱巴哈的《上主是堅固的堡壘》。然後便舉行「教會選舉」。納粹黨有效動員了名為「基督徒」的投票部隊，於是第二天的報紙又可宣布勝利：「德意志本土基督教會」[6]已於選舉中獲得大勝！當

3 納粹政府一九三三年五月二日查禁各獨立工會以後，於翌日成立「德意志勞動陣線」取而代之。「德意志勞動陣線」為納粹德國最龐大的群眾組織，一九三八年時共有成員二千三百萬人。

4 俄軍在一戰爆發之初頗有斬獲，東普魯士幾乎不保。時年六十七歲的興登堡臨危受命，於一九一四年八月底在坦能堡擊潰兩個俄國軍團，化解了東戰場危機，並成為當時的德國民族英雄。

5 攔檢全國汽車和火車的時間是一九三三年七月二十五日中午十二點至十二點四十分。

我傍晚坐車穿越市區的時候，所有教堂的塔頂都飄揚著萬字旗。

當時在教會的圈子之外，還嗅不出納粹即將為此而遭遇的激烈反抗。我以一種奇特的感覺，首度參加地方教會選舉，鄭重其事投了「虔信教派」[7]一票。我並不怎麼覺得自己是虔誠的教徒。多少年來，我始終對教會抱持「尊重而不渴慕」的態度。無論如何，我的立場非常堅定：即使不渴慕教會，仍必須加以尊重，更何況「德意志本土基督教會」褻瀆神明、有如化裝舞會一般的作為，只會令我噁心不已。雖然我事先已不指望教會的反抗行動會產生任何結果，但我的想法還是：為了忠於原則，現在必須向一敗塗地、慘遭踐踏的基督教會「承認」自己的信仰。當時一位和藹可親、態度保守的老先生啜飲紅葡萄酒時所發的牢騷，更教我心有戚戚焉：「真是天曉得，現在大家居然被搞到這種地步，必須挺身捍衛自己原本沒有的信仰！」

不過也就在同一個夏天，此種情緒已逐漸消褪，緊張的氣氛也弛緩下來。甚至連噁心感也在一團麻醉性迷霧的浸潤下，變得不再那麼強烈。必須繼續在德國留下來的人，大多已習慣於所面臨的各種危難。就我自己而言，我的心思早已不在此地。只要再過幾個月我就走了。只要再過幾個月，我就會前往巴黎，而且根本不打算再回來。待在這裡的日子即將告一段落，對我早就不痛不癢。

我在這邊的生活反正只剩下沒有多少東西。我的朋友差不多都走光了，要不然就不再是我的朋友。我經常收到貼著外國郵票的明信片。法朗克・蘭道也不時寄信過來，但信中的內容變得越來越悲觀。起初他還信心堅定、滿懷希望，接著字數變少，文義模稜兩可。八月中的時候，有一天我突然接獲蘭道寄來的厚厚一疊東西。那是一封長達十二頁或十四頁的信函。他只是在裡面自說自話，不但充滿了疲憊與氣餒的語調，而且已經不知所措。各方面都已經山窮水盡：他與愛倫之間的關係已經走不下去，看來二人只能分手。在瑞士也見不著任何前景，等他拿到博士學位以後只會一籌莫展。他忘不了漢妮，也忘不了我們之間的談話內容。沒有任何東西可以取代他留在德國的一切，他已經與過去脫節，但現在的生活讓他味同嚼蠟，而且找不到實質的意義。「我這麼寫的目的，並不是為了想聽取你的建議，因為我曉得，根本沒有人能夠幫得了我……」

不久以後，愛倫突然回來了。看來二人之間的關係已告結束，她已經放棄了希望。

6「德意志本土基督教會」成立於一九二七年，旨在將基督教義與納粹「世界觀」融於一爐（即同時信奉上帝與希特勒）。一九三二年出現一個更激進的主流派別，堅決反對猶太人、馬克思主義、和平主義及國際主義。此教會具有先天致命傷，因而注定失敗——耶穌基督本人即為猶太人。

7「虔信教派」乃德國基督教會（路德派）為抗拒「德意志本土基督教會」而組成的團體，逐漸成為德國反納粹人士匯集之處。許多「虔信教派」的領導人後來或被送入集中營，或遭納粹殺害。二戰結束後，「虔信教派」成為重建德國基督教會的核心團體。

她寫了一封信給我，而我曾經去萬湖拜訪她兩、三次。我以一種說不出來的心情，坐在四月一日那天待過的屋外花園，向她解釋一切、加以安慰和提供建議。她的境遇堪憐，她覺得無所適從而且完全失去了平衡：她仍然深愛著法朗克，但已不再相信有辦法與他生活在一起。當初他們在倉皇之下匆匆採取行動，現在似乎一切皆成過去，而且難以彌補。假如能夠有時間讓事情慢慢自動發展下去，那可該有多好！然而最可怕的事情是，現在動不動就必須立刻做決定。我們徬徨於一個又一個十字路口之前，必須在顛沛造次的情況下做出決定。人生的道路於是不斷叉開，通向不可知的未來。

愛倫的家人現在正準備移民美國，她是否該跟著一起過去呢？如果這麼做的話，那就表示與法朗克永別。或者她應該重返蘇黎世？可是這又意味著必須與法朗克終老一生，但他們二人之間的關係在夏天已經鬧得很僵。不過她依然愛著法朗克，只能反覆問我：「你和他是好朋友。請告訴我，他到底是怎麼樣的人？請告訴我，我到底該怎麼辦？」

四月初的時候，我也跟漢妮見了面。她已經連續好幾天拉下窗簾，躺在黑漆漆的房間裡面，連飯也不吃，光是整天獨自流淚。於是我陪伴她來回奔波於不同的領事館之間、寫信給不同的捷克官方單位，並前往警察機關進行詢問。可惜一切都徒勞無功，她的國籍問題始終無法解決。漢妮因而卡在德國動彈不得。

我過著奇奇怪怪的日子，好像正在為已經破產的另一段人生收拾殘局。同時我還必須為一個與我無關的考試撰寫作業，而那個考試看起來多少也屬於另一段人生——我前一世的生命。有時我也為報社寫一些短文，並彷彿遵令行事一般，盡己所能在裡面加入尖酸的幽默反諷。過了幾天以後，我便以驚訝的心情，看著文章刊登在那家令人略感精神錯亂的報紙上面。幾個月以前，它還是名聞國際的報社，可是現在已被迫成為納粹的傳聲筒。當初我曾以自己身為其中之一員為傲！可是現在它也跟我不再有太多關聯，早就失去了在我心目中的地位。

說也奇怪，與我關係密切的人現在只剩下了查莉那個女孩子——那段源自嘉年華舞會的愛情。只有她還留在我的身旁。在那個不真實的夏天只有她還具有真實性。這個愛情故事有些折磨人、略嫌先天不足，而且不甚美滿，可是它到底多少還是讓人甜在心頭的愛情故事。

她是一位善良單純的嬌小柏林少女。若是在幸福的年代，我們可以發展出一段簡單平凡的小小甜蜜愛情故事。當前的災禍卻將我們更緊密結合在一起，使我們向對方付出更多心血。也就是說，那其實是為了補償一切：為了彌補一個失去的世界，也為了忘卻每天都帶來折磨、令人窒息的苦難。可是對我們兩個人來說，這是不夠的。像我就幾乎無法向她描述自己所面對的困境，因為降臨到她身上的不幸更加真實明確、緊迫萬分，而且更具有說服力。

她是猶太人，正不斷受到迫害，她必須每天為自己，也為父母及眾多家庭成員的生命擔憂不已。他們已經歷盡千險萬難，所以她必須全心全意為之付出。而她的家庭成員多得出奇，教我始終無法完全弄清楚究竟誰是誰。她和許多年輕猶太人一樣，把發生在自己身上的事情，視為所有猶太人的共同遭遇，這是不難理解的事情。於是她出現了強烈的不自覺反應，在一夜之間成為錫安主義者，也就是猶太民族主義者。那在當時是很普遍的趨勢。我雖然十分體諒，但多少也對此憂傷不已。這其中暗藏著納粹的蓄意操弄，也存在著猶太人於氣餒之下對敵人伎倆的屈服。可是假如我跟查莉討論這個問題，只會剝奪她最後的一點安慰。

有一次我小心翼翼表達出自己的懷疑觀點以後，只見她睜大眼睛，以哀傷的目光問我：「彼得，除此之外我又能怎麼樣呢？」她開始學希伯萊文，而且心中念念不忘巴勒斯坦。可是她還不在那邊。她繼續去店裡面上班——現在她又可以那麼做了，可是誰又曉得這還能維持多久呢？她維繫家中的生計，以令人感佩的方式照顧自己的父親和親戚，一面工作，一面受盡折磨。她的體態日形消瘦，經常以淚洗面，但也不時接受我的安慰，在某些傍晚破涕為笑，向我撒嬌和耍一下大小姐脾氣。可是這也無濟於事。她在八月的時候病得非常嚴重，必須開刀切除盲腸。我就以奇特的方式，於一年之內年再度看見有人顯然是因為心理因素而罹患盲腸炎。

在這種大環境下，我們竭盡全力來維繫這個小小的愛情故事。我們一起看電影、共飲葡萄酒，設法營造出有趣的氣氛，讓自己陷入愛河。我們於夜深人靜時互道晚安，然後我從她位於另一端的市區，搭乘最後一班地鐵回家。我筋疲力竭、腦中空無一物，坐在了無生氣的地鐵站候車，那裡似乎惟獨電動手扶梯還有生命。

週日的時候，我們經常出城在樹林漫步，要不然就躺在水邊或林間的空地。柏林市的郊外非常清靜幽雅，具有一種未遭破壞的原始之美。只要離開了熙來攘往的步道之後，就可以在郊區車站附近，走到似乎從未有人來過的地方。那裡孤寂得十分曼妙、哀愁得令人神往。我們四下探訪，沿著濃綠松樹之間的防火道緩緩漫步，否則就頂著藍意懾人的晴空，在林中草地踏青。至少天空還美麗萬分，未遭塵世間的紛擾波及。我們身旁高聳濃密的空間亦然，其間並遍布著芳草、青苔、螞蟻及嗡嗡做響的各種昆蟲。這一切看似亙古長存，可為人帶來極大的慰藉。只不過我們二人與之格格不入。假如少了我們的話，這個畫面只會更加優美，我們不過是在這裡殺風景而已。

那年夏天的天氣好得出奇，陽光不斷普照大地。上帝於是以做弄人的方式，使一九三三年成為極佳的德國葡萄酒年份，讓品酒專家對之讚不絕口。

34 泰蒂重返柏林

泰蒂突然從巴黎寄來一封信。她在信中寫道，自己很快就會回來，而且時間是下個星期。這實在令人難以置信，我的心臟不禁猛烈抽動起來。她還表示要把母親也接去巴黎，同時想過來實地觀察這裡的一切。她固然有些害怕，但也為許多事情感到高興，而且她希望能夠經常與我見面。

當我把信塞進胸前口袋的時候，心中浮現一種感覺，彷彿已經結束了像螞蟻一般到處亂爬的可怕日子，重新生龍活虎起來。我這才驀然驚覺，前一陣子始終渾渾噩噩，與行屍走肉沒有兩樣。現在我吹著口哨在屋內來回走動，香菸一支接著一支吸個不停，不曉得自己究竟是在天上還是在人間。但依我目前所處的狀況，想一下子就歡欣鼓舞起來，那簡直是令人匪夷所思的事情。

第二天早上，報紙刊出了一個大標題：「候補文官團體生活營已正式成立」[1]——凡已報名參加國家中級文官考試之見習生，須於繳交筆試作業後前往報到。彼等將於營區內接受軍事化訓練，體驗健康的團體生活，並接受正確的世界觀教育，為自己所須肩負的重責大任預做準備，以便成為德意志人民法官。首批學員即將於近日內接獲召集令。

接著就是歌功頌德、萬歲連篇的社論：「每一位德國青年法學家均將衷心感激普魯士法務部長……」

如果我沒記錯的話，那是我有生以來第一次變得暴跳如雷。那整個事件或許看起來稀鬆平常，可是我們這些意志薄弱的小老百姓所做出的反應，在強烈的程度上卻往往與誘因本身不成比例。我就好像囚犯一般，以雙拳捶打牆壁。還不斷大吼大叫，怒罵上帝、世界、父親、我自己、「第三帝國」、報紙以及所有的一切。當時我正準備繳交最後一份筆試作業，這表示我極可能就是首批徵召的對象之一。我雙眼布滿血絲，模樣及動作無異於精神病患。等到好不容易平靜下來以後，我便垂頭喪氣提筆寫了一封簡函給泰蒂，請她盡早趕過來，這樣我們至少仍可以有一、兩天見面的時間。

隨後一、兩天之內，我還是像鬥敗的公雞一樣，乖乖交出了自己的最後一篇筆試作業。

結果居然什麼事情也沒有發生，這不得不歸功於普魯士行政機構的繁文縟節。我的筆試作業大概先在某些單位擺了很長一段時間，等到通過審核以後，我的姓名才被

1 候補文官「工作營」在一九三三年七月八日成立於普魯士的裕特堡。

登錄到某個名單上面。接著那個名單又被匯整至另外一份名冊，直到受訓學員名錄造冊完畢為止。然後就是印刷召集令和發函郵遞。其中每個工作程序都多給了我幾天寶貴的時間。

幾天以後依然不見動靜，我終於搞清楚普魯士衙門的官樣文章，心裡變得篤定多了。現在幾乎可以確定，我有希望在二週、三週，甚至四週的時間內維持自由之身。自由的時刻當然隨時都可能結束，但未必就一定如此。於是我每天盯著信箱瞧來瞧去：起初是心驚膽跳倒抽一口冷氣，隨即逐漸變得神色自若和越來越信心十足。最後離關鍵日期不遠的時候，我已經篤篤定定，以近乎放肆的方式確認還是沒有官方的函件寄來。召集令原本每天都可能在信箱內出現，可是在它寄達以前，泰蒂已經先出現了。

她來了，突然站在我的面前，不但好像從未離開一般，還把巴黎也一起帶了過來：巴黎的香菸、巴黎的雜誌、巴黎的新消息，還有一種令人無法察覺，但宛如香水般令人難以抗拒的氣息——巴黎的空氣。那是可以好好呼吸的空氣，教我貪婪地吸個不停。

那年夏天，制服在德國成為令人作嘔，不得不認真看待的流行時尚。巴黎卻以此為靈感，為女性創造出「制服風」的時髦款式——於是泰蒂身著一件藍色的槍騎兵短夾克，上面還有墊肩和亮晶晶的鈕扣。實在令人無法想像：在她過來的那個世界，女性純粹為了好玩而穿著這種服裝，連一點惡意也沒有！

她的故事多得說不完。她剛剛花了六個星期時間遊遍法國各地。同行者是巴黎來自各國的留學生，裡面有瑞典人、匈牙利人、波蘭人、奧地利人、德國人、義大利人、捷克人和西班牙人。他們身穿本國服飾，跳著民族舞蹈並高歌自己的民謠，在各地皆受到盛大歡迎，喝采聲與安可聲不絕於耳。他們在里昂的時候，埃里歐[2]甚至親自致詞，幾乎令他們每一個人都熱淚盈眶。然後市政府設宴款待，結果他們的肚子鬧了兩天革命……

我只是默默坐著傾聽她講述各種經歷，還迫不及待詢問更多訊息。天下竟然還會有這等事，而且發生在離此不到一日之遙的地方！泰蒂就坐在我的身旁，坐在我旁邊的椅子上。一切都那麼真實，縱使我們周遭的環境已是如此虛幻。

這回我沒有東西可以向她介紹了。以往她過來的時候，就連柏林都還存在著若干值得一看的事物，可以拿出來「炫耀」。例如一部傳頌一時的有趣電影、一些好的音樂會、一場卡巴萊或者一家「氣氛十足」的小劇院。現在已經沒有了這樣的東西。當泰蒂想出去散心的時候，這一切就變得益發明顯。她順口問起某家小酒館或某某卡巴萊

2 埃里歐（Édouard Herriot, 1872-1957）為法國政治人物及作家，曾三度短暫出任法國總理，擔任里昂市長前後長達五十年（1905-1942, 1945-1957）！

劇場，可是它們早已被迫歇業。她想知道某些演員的近況，那些人卻已經不知去向。她當然曾經在報紙上面讀過許多相關報導，可是現在實地體驗以後，卻發現凡事都和她的想像迥然不同——或許沒有那麼聳動，卻更難理解，更加令人無法消受。

萬字旗與褐色制服無所不在，而且想躲都躲不開。它們就像占領軍一樣，無論是在公共汽車上面、在咖啡屋、在馬路還是在「提爾花園」，處處都看得見它們的蹤影。不分晝夜響個不停的鼓號聲和進行曲，這倒很新鮮。泰蒂起初還仔細地聽著，忍不住問我到底發生了什麼事。她當然還不曉得我們早就見怪不怪，假如哪一天聽不見那些東西了，反而才教人心生疑竇。

街頭的廣告柱上面，幾乎每天早晨都會在電影海報和餐館廣告旁邊，張貼出鮮紅色的告示：被處決者名單。我早就懶得去理會那些東西，可是每當泰蒂不經意讀到那些公告，都會驚懼得無法自已。有一天共同外出散步的時候，我突然一把將她拉進一棟房子的門廊裡面。她大吃一驚，心有餘悸地問我：「到底發生了什麼事？」

「有一面『突擊隊』的旗子正打算過來。」我彷彿說出了世上最尋常也不過的事情。

「那又怎麼樣？」

「難道妳想對它行禮？」

「不想。你怎麼會這麼問呢？」

「大家在街上看見了旗子，就必須向它行禮。」

「你的『必須』是什麼意思。為什麼非要向它行禮不可？」

可憐的泰蒂，她的確來自另外一個世界！我沒有再回答她的問題，只是無可奈何地做了一個鬼臉。

「我是外國人，」泰蒂說道：「他們總不能強迫我敬禮吧？」她的錯覺再度讓我露出苦澀的微笑——她是奧地利人。

正因為她是奧地利人，我那一整天都為她擔憂不已。就在不久以前，奧地利駐德新聞參事某天晚上被從床上拖出來逮捕，然後慘遭遞解回國——「我們」對奧地利非常惱火，因為他們不打算跟我們合併。多爾富斯[3]旋即在維也納進行報復，也將幾個納粹趕出國境。我已經想不起事件的來龍去脈，不過我還記得各報刊曾一致發出怒吼，共同聲討奧地利政府的挑釁行為，表示「我們不會對此坐視不顧」。依據納粹的一貫作風，其反擊行動豈不就是要把所有的奧地利人都驅逐出境？幸好這一次的情況對我們比較

3 多爾富斯（Engelbert Dollfuß, 1892-1934）為親義大利法西斯黨的奧國農經專家，一九三二年出任總理，極力抗拒當時奧地利國內要求與德國合併的呼聲。多爾富斯行事專斷，除解散國會、禁止各政黨外，並廢除言論、集會及組黨的自由，使奧地利一度爆發內戰。最後奧地利納粹發動政變，於一九三四年七月下旬將之射殺於總理府。

有利，希特勒並沒有這麼做，也不打算進一步反制。泰蒂總算可以繼續留下來了。

「以後我絕對再也不回來了。」泰蒂如此表示。我則告訴她，自己也打算在不久以後前往巴黎。說著說著，我們開始擬訂一個空中樓閣般的計劃，打算在巴黎共同經營一家小型劇院，讓學生或流亡的演員登台表演。我還興致勃勃地問她：「德國移民在那邊表現得怎麼樣？」她只是輕描淡寫一語帶過：「那些可憐人現在的情況當然並不怎麼樣。」

過了幾天之後，突然出現一個晴天霹靂。泰蒂告訴我——其實是她讓我自己猜出來的——回去以後馬上就要結婚了。我靈機一動問道：「是跟安德魯斯先生嗎？」（她在談話中難得提起此人）。她點了點頭。我開口表示：「很好。」那時我們正一起坐在「德皇威廉紀念教堂」對面的「羅曼咖啡屋」門口（它原為柏林放蕩不羈的文化界人士出入之處，現在已經了無生意）。聽到那個壞消息以後，我感覺教堂塔頂的雄偉羅馬式並列石柱突然向我襲來，將我團團圍住，彷彿把我關進了城堡裡面的地牢。

「我可憐的老朋友。」泰蒂用法語問道：「這會很糟糕嗎？」

我搖了搖頭。

接著她說出了一些話語，使我的腦海同時泛出一陣陣甜蜜與痛苦的思緒。我們從未討論過關於結婚的事情，而且每當快走到那一步的時候，兩人之間的戀愛故事即告中斷。我一直無法確定，自己在她心中的地位是否與其他的男性友人沒有兩樣。同時我也從未向泰蒂透露，她對我具有何等重大的意義——那聽起來未免過於熱情洋溢，所以我一直說不出口。如此一來，我們即使在最親密的時候，一切仍然充滿了半開玩笑的味道。

「看來我們再也沒有結婚的可能了。」她說完以後繼續問道：「現在你想在這裡和我建立什麼樣的關係呢？」

「妳曾經考慮要嫁給我？」

她聽了我這個愚蠢的問題，微笑說道：「噢，倒真的那麼想過。」接著她擺出充滿善意的姿勢：「別難過，反正我還在這裡。」

這將是另一場告別，而且是完全的別離，此前的各種告別都無法如此撥動我的心弦。好在眼前一帆風順，我們還有三個星期的時間來準備惜別，更何況各種雜事都已經自動安排就緒，使我可以自由發揮。現在我連一個朋友也沒有了，而且又沒有任何需要立即履行的義務，於是得以不受干擾地從早到晚和泰蒂在一起，完全歸屬於她。反之，她也好像特地為我過來一樣，縱使那只是為了道別。在當下的時刻，一切似乎都刻意退居二線，讓我得以盡情享受那三個星期的快樂時光：「第三帝國」這回非常寬宏大量，沒有像往常那樣把手伸到我這邊來，打算把我拉走的召集令也遲遲不曾寄到。

再加上我的雙親出遠門去了，而可憐的查莉又病懨懨躺在醫院裡面，簡直像是存心給我一個既嚇人又讓我覺得消受不起的恩惠。我實在不應該有這種想法，我曉得！

那三個星期短得就跟一天沒有兩樣，很快就過去了。這段期間可一點也不寧靜，我們在整整三週裡面幾乎沒有時間扮演情侶的角色，也難得有機會來傾訴衷情，因為泰蒂還必須安排母親移居法國的相關事宜。她的母親是一位體型嬌小的老婦人，整天只是不發一語坐在屋內的家具旁邊，對外面奇形怪狀的世界已經完全無法理解。

於是我們奔波於不同的官方機構和貨運公司之間，還得花上好幾個小時待在外匯兌換處癡癡等候。我們需要每天擬定計劃，把當日的事項安排妥當。接近大功告成的時候，泰蒂和我還必須監督搬家的工作，指揮工人如何打包。告別過去、重新出發，這是我早已耳熟能詳的情況。但是這三週的告別與再出發卻將令人永難忘懷，因為它們涵蓋了多年以來既羞澀又熱烈的偉大戀情，以及其所帶來的五味雜陳感覺。我們在那幾個星期裡面，就像是一對如膠似漆、剛訂婚不久的年輕伴侶。二人相互知心與關懷的程度，又彷彿共同生活了幾十年的老夫老妻。那時凡事都不乏味，即使當我們一起枯坐於外匯兌換處，或共同編造說辭來敷衍官員的時候，一切依然顯得甜甜蜜蜜。

最後我們突然發現，把那麼多錢弄到國外是不行的。「現在沒有別的辦法了，」泰蒂表示：「我不得不把錢走私出去，免得他們把我們的錢偷走。」

「萬一他們查到了怎麼辦？」

她容光煥發，信心十足地表示：「他們根本不可能查到，這絕對難不倒我，更何況我曉得如何自行裝訂書籍。」

於是我們花費了好幾天的功夫，坐在泰蒂久未使用的閨房裡面，技巧十足地積極裝訂「書籍」，並大量使用厚紙板、漿糊和美術紙，把一疊疊一百馬克大鈔藏在裡面。有一次我們做了一半突然抬起頭來，在鏡子裡面看見自己驚慌的臉孔。泰蒂說道：「好一副標準的罪犯嘴臉。」她說完以後，我們倒真的把工作擱置了好幾分鐘。還有一次，當我們正裝訂得如火如荼之際，門鈴突然響了起來。與當初在蘭道家的情形一樣，門外站著兩名「突擊隊員」。這回他們只不過手上搖晃著鏗鏘做響的鐵罐，想為某個活動募款。我很粗魯地說了一聲「抱歉」，就讓他們嚐到吃閉門羹的滋味。有泰蒂待在我的背後，我感覺一種說不出來、會教人目空一切的安全感。

可是當夜闌人靜之際，有時我會驀然驚醒，整個世界一下子便顯得和刑場一樣灰暗。在那些時刻，而且惟獨在那些時刻，我才明白凡事遲早都會結束。安德魯斯先生正在巴黎等候泰蒂。等我抵達巴黎的時候，泰蒂已經是安德魯斯太太了，而安德魯斯先生人很好，所以泰蒂不可能對他不忠。他們或許還會有自己的小孩……

一想到這裡，我就哀痛欲絕，不能自已。我的眼前浮現出安德魯斯的身影，那是我兩年以前偶爾與他見面時的模樣。當時的情況非常奇特，泰蒂違逆家人的意願在巴黎留了下來。她無家可歸、阮囊羞澀，卻有著許多朋友。他們圍繞在她身邊爭風吃醋，都想博得青睞，可是皆枉費心機（我也不比那些人好多少）。後來泰蒂狹小雜亂的旅舍房間，出現了一位沉默寡言的安德魯斯先生。他把雙腿架在壁爐上，跟著泰蒂上語言課。那不但完全多餘，而且他根本就學不會。可是他卻想出了既聰明又收效宏大的好點子，不費吹灰之力即脫穎而出，隨後卻又無聲無息地消失了。

那位仁兄可真有耐心；現在他要跟泰蒂結婚了。他是英國人。世上既美好又有價值的事物，似乎總是被英國人拿走——印度、埃及、直布羅陀、塞浦路斯、澳大利亞、南非、加拿大和傳說中的黃金國度。現在連泰蒂也將落入其手中！像我這樣的可憐德國人卻只配得到納粹。

當我在夜間醒來的時候，這些令人意氣消沉的念頭便一直在我的腦海裡面打轉。可是到了白天，一切都已經消失於無形，而且我很幸福。現在時至初秋，金色的陽光日日映照大地。召集令始終沒有寄來，我們兩個人便繼續一起奔走於財政機關、警察局和領事館之間。運氣好的時候，我們更可在午後前往「提爾花園」漫步。說不定泰蒂和我還可以覓得一葉扁舟，整天就坐在上面：

我們既不想前瞻也不願後望，
宛如置身於海上的小舟，
讓自己隨波搖盪。[4]

4 本書初版時在此戛然而止，即《後記》中所說的：「書中收筆部分引用賀德齡（Friedrich Hölderlin）的文字，描繪出尚未發生的災難及一時的歡樂。」以下第三十五至四十章為增訂版新收錄的文字。

35 你怕我，我怕你——「第三帝國」的精髓

四個星期以後，我穿上長統馬靴和制服、紮著萬字臂章，每天有好幾個鐘頭跟隨一個人人裝束相同的隊伍，在裕特堡[1]周圍地區四處行軍。我們一面齊步前進一面高聲合唱「君可見東方的朝霞？」、「布蘭登堡邊區的原野」以及其他的軍歌。

我們還有一面旗子，那免不了就是萬字旗，有時它更在隊伍前面領頭。當我們行軍穿越村莊的時候，左右兩側的居民立即伸手向旗子敬禮，要不然就一溜煙似地趕緊閃進屋內。他們為什麼會有這種表現呢？那是因為他們曾經聽說，要是不這麼做的話就會被我們——也就是「我」——打得鼻青臉腫。

其實假如我不是走在旗子後面的話，也會因為不想敬禮而連忙鑽進屋子裡面，而且隊伍當中不少人的想法與我相同。現在我們卻都跟著旗子行進，理所當然成為令路人心生畏懼的打手部隊。他們每個人若不行禮就只好逃跑，因為他們怕我們，因為他們怕我。

今天回憶起那些情景的時候，我仍然會有一種頭重腳輕的感覺。從這些小地方即可見微知著，看出整個「第三帝國」的精髓所在。

1 裕特堡（Jüterbog）乃軍事色彩最濃厚的普魯士城鎮之一，並為候補文官「工作營」所在地。一八九〇至一九四五年之間，德軍的砲兵學校亦位於此地。

36 抵達裕特堡候補文官營區

裕特堡是位於「布蘭登堡邊區」[1]南部的軍隊駐防地。在一個秋意盎然的美麗早晨，我們抵達了當地的火車站。五十至一百名年輕人就從全德各地匯集於此。每個人手臂搭著大衣、手持行李箱，臉上或多或少露出緊張的神情。沒有人真正曉得，此地葫蘆裡面究竟賣的是什麼藥。大家只是默默想著：我們到底來這裡做什麼？我們原本只不過想參加國家中級文官考試，結果卻心不甘情不願，被差遣到這個看來不甚友善的鄉下車站月台。

至於我們即將接受的「世界觀教育」，某些人或許已在心存抗拒和嘲諷的情況下，預先對之做好了準備。可是他們大概怎麼樣也無法事先想像出來，情況會變得如此滑稽透頂，令人慌亂得手足所措。大家茫茫然拿著小箱子站在這個窮鄉僻壤，唯一的任務就是要前往一個名叫「新營區」的地點。可是誰都不曉得它的確切位置，而且不完全明白去那邊的目的何在。

顯然沒有人打算過來接應我們，大家只得包一輛汽車來載運行李。司機好心指點我們應如何前往目的地：只要沿著馬路再走幾公里就到了。有幾位同行者建議不妨多打幾通電話，再叫一些車子過來載人。可是其他人卻斷然加以否決：假如我們像大少爺那般神氣活現乘著轎車出現，營區人員是決不會給我們好日子過的！我們當中有幾人身穿「突擊隊」制服，其中一個顯然頗具領袖氣質的傢伙於是發號施令：「隊伍排成三行，齊步走！」每個人都想不出更好的辦法來，只得乖乖遵從。經過一番混亂推擠以後，我們終於列隊沿著馬路行進。情況便在剎那間展現德國風味十足的面貌——我們成為一批行軍前往新兵訓練中心的役男。

那些「突擊隊員」——他們大約有六至八人——穿著制服在前領軍，其他人則無精打采跟在後面試著齊步行進：好一個象徵意義十足的畫面。走在前頭的人開始唱起歌來。起初是「突擊隊」的歌曲，接著是軍歌，最後還唱出了民謠。只可惜絕大多數人都不曉得歌詞，頂多也只記得住第一段而已。唱到最後只好不了了之。我們便默不做聲沿著馬路前進，左右兩側都是秋日斜陽映照下的光禿禿田野。我在行軍時百感交集，覺得通往巴黎的道路可真是繞了一個極不尋常的大圈子。

1「布蘭登堡邊區」（Mark Brandenburg）即柏林周圍的廣大地區，乃普魯士的核心所在，原為「神聖羅馬帝國」之邊陲地帶。

抵達營區之後並沒有人過來理我們。大家只得維持「稍息」姿勢，忐忑不安站立枯候，同時望著那些已經來此受訓的候補文官，如何拿著大掃帚在營房之間的空地來回清掃（一個星期以後，我們終於曉得，那是每週六理所當然該進行的「營區大掃除」）。

那些人一面打掃，一面以納粹特有的激昂亢奮方式唱著詭異的歌曲。我挖空心思想聽懂歌詞的內容，逐漸辨認出那是譏笑「三月陣亡者」的打油詩——「三月陣亡者」指的就是那些在納粹黨獲勝以後，見風轉舵也變成納粹的人。起初我滿懷希望，沉浸於毫無道理可言的幻想之中。幾分鐘以後我就發現自己未免幼稚得可笑，原來譏諷竟然來自我想像不到的陣營。他們唱道：

就在一九三三年，
戰鬥已告結束……
就在一九三三年，
高尚紳士前往
工作服裁縫那邊
購買最美麗服裝，
如混球般藉此炫耀……

這顯然是「突擊隊」的核心成員，也就是那些所謂的「老戰士」自己編出的歌曲。而令人啞然失笑的地方就是，當時雄糾糾氣昂昂唱出這首歌的人，本身大多即為「三月陣亡者」，甚至較之更加不堪。只不過現在已經無從辨識其身分。他們每個人穿著同樣的灰色制服、紮著同樣的萬字臂章、歌聲同樣的激昂嘹亮。我禁不住以不確定的目光打量身旁的人，他們仍然穿著便服，還沒有開口唱歌。他們大概正在用同樣的方式觀察我，心中暗暗想著：「那個傢伙也是納粹嗎？管他是什麼東西，還是小心為妙……」

我們總共連續等候了三、四個小時，其間不時被一些小插曲打斷。偶爾會有人把靴子、飯盒、萬字臂章拿給我們，還舀給每人一份馬鈴薯湯。每被打斷一次以後，大家又必須等上約莫半個小時。這給人的感覺是，我們好像待在一架笨重的機器裡面，它要每隔半小時才會嘰哩嘎啦轉動一次。最後我們終於被帶到醫生那邊，接受既簡略又羞辱人的軍中集體健康檢查：舌頭伸出去、褲子脫下來，然後回答諸如「你得過花柳病嗎？」之類的問題。醫生時而把耳朵湊到胸前、時而持手電筒往兩腿中間一照，接著又拿一把小鎚子敲敲膝蓋，體檢就此大功告成。

接著便分配寢室。那是容納得下四、五十個人的大房間。裡面除了雙層床以外，還有一些小櫃子和兩張狹長的飯桌，旁邊擺著板凳。一切看起來都是軍營的模樣，但說來荒謬的是，我們根本就不打算當兵，只不過想參加國家文官考試而已。從來就沒有人告訴過我們，來這邊的目的是為了要當兵，即使現在也沒有人那麼講。儘管如此，我們還是立即列隊聆聽精神講話。

我們的室長把大家集合起來聽訓。他是一個「突擊隊員」，但並非普通的「突擊隊員」，而是「突擊隊中隊長」。他的領口掛著三顆小星星，而我在那天才曉得，這標明他是「突擊隊中隊長」，階級相當於上尉。但在另一方面，他和我們一樣也是候補文官。其長相倒不見得會讓人起反感，他是一個身材矮小瘦弱的棕髮青年，有著一雙靈活的眼睛，完全沒有打手的樣子。他的面部表情卻讓我覺得礙眼，雖然那未必看了討厭，可是始終給我一種似曾相識的感覺，重新勾起不愉快的回憶。我突然想了起來：那正是布洛克自從皈依納粹主義以後，一直掛在臉上的飛揚跋扈表情。

室長先是命令我們「立正」，然後讓我們「稍息」。但嚴格說來，他並非真正在命令我們，只是以一種講道理的方式發出了弦外之音，彷彿他想說的話就是：「現在我們不得不在這裡合演一齣戲，而我扮演的就是發號施令者的角色，所以請不要坍我的台，請聽我的話。」我們則很有默契地都幫了他那個忙。接著他宣布了三件事：

首先，有件事情大家似乎都還不清楚，所以必須特別強調：在這個營區裡面，彼此之間只有一種稱呼——那就是「你」[2]——用來表達同志之間的情誼。

其次，本寢室必須成為全營區的模範寢室。

第三：「我希望有香港腳的人每天早晚各洗腳一次。這是同志情誼的最起碼要求。」

講完以後，他告訴我們今明兩天的工作已經全部結束（那時是星期六下午），說道：「大家雖然還不能離營度週末，但是每個人都可以在營區內自由活動。解散。」

那天經歷了各種令人困惑的詭異狀況以後，現在我們又接獲一個艱鉅的任務，必須在後隨的一天半之內藉著無所事事來打發時間。

大家開始猶豫不決地認識新朋友。猶豫不決，那是因為沒有人知道對方的底細，更不清楚人家究竟是不是納粹，於是不得不特別小心。有幾個人在大庭廣眾之下，試圖向那些穿「突擊隊」制服的傢伙靠攏。可是後者卻擺出高姿態，不怎麼把穿便服的學員看在眼裡。他們顯然認為自己就是這裡的「貴族」。而我則設法尋覓長得不像納粹的人。可是人真的可以貌相嗎？所以我覺得渾身不自在，一直拿不定主意。

忽然有一個人主動和我攀談起來。我匆匆打量了一下，覺得他有一張非常正常、坦率的金髮面龐。不過話要說回來，有時在「突擊隊」的帽子底下也看得見這樣的臉孔。

2 講德語的時候，只有跟小孩子或很熟的人才說「你」（du），否則一概以「您」（Sie）相稱，以免失禮。二十世紀中葉以前對此尤其講究。

「我好像在哪邊和您見過面——噯，和你見過面。」他接著問道：「有這種可能嗎？」

「我不曉得。」我回答說：「我對臉孔的記性很差。您是——噯，你是柏林人嗎？」

「是的。」他說完便很文明地輕輕躬了一下身子自我介紹：「我是布爾卡特。」

我也說出了自己的名字，二人就共同回想是否果真在什麼地方碰過頭。交談了十分鐘以後還說不出個所以然來，我們只能確定彼此根本就不可能邂逅過——尷尬中的沉寂。兩個人都只能乾咳一下清清喉嚨。

我開口打破僵局：「不管怎麼樣，我們至少現在已經見面了。」

「沒錯。」他回答道。

話題又接不下去了。

於是我信口問道：「這附近說不定有個食堂？」

「我們一起過去喝杯咖啡怎麼樣？」

我回答說：「有何不可？」現在我們兩個人都盡量規避「您」或「你」的稱呼。

「大家總得想辦法找點事情來做。」我說完以後，又試探性地問了一下：「這裡的情況有點奇怪，不是嗎？」

他從側面瞄了我一眼，以更加戒慎恐懼的口吻回答道：「我還沒有得出明確的印象。但整體看來，這裡相當軍事化，對不對？」

我們找到了食堂，便坐下來一起喝咖啡，還不時掏出香菸請對方抽一根。不過我們只是泛泛而談，繼續規避「您」或「你」的稱呼，而且絕不掀開自己的底牌。這樣的對話方式實在非常吃力。

「您會下西洋棋嗎？」他終於問了一個比較具體的問題：「對不起，我是說你會下西洋棋嗎？」

「會一點，我們要不要對弈一局？」

「我已經好久沒下棋了。」他回答說：「不過這裡好像有棋盤，我們不妨試試看。」

我們從櫃檯借來棋盤以後就開始下棋。我必須努力回憶各種關於起手棋的理論，因為我也好久沒有下棋，已經生疏了許多年。現在我眼前的棋子和棋局的鋪陳方式，驀然喚回一個消逝已久的年代——當時我非常熱衷於下棋，那是一九二六、二七年之交，我剛開始上大學的時候。同時被喚醒的，還有那個時代的氛圍：青年人令人難以置信的激進主義、自由任性、熱烈的公開討論、玩世不恭和狂放驕縱……

一時之間，我彷彿把自己看成是一個坐在這裡的陌生人。年齒虛長了七歲以後，我又下起棋來，而且是侷促不安地跟另一個陌生人對弈，同時我必須用「你」來稱呼他。我被徵召來到一個與世隔絕的詭異地點，卻不知究竟所為何來。當我集中心思，移動一個卒子準備讓國王入堡的時候，心頭卻襲來這個環境帶給我的一陣陣羞辱感。牆頭掛著一張巨大的希特勒相片，他正噘著嘴巴，怒氣沖沖向下盯著我瞧個不停。

擺在牆角的收音機一直聒噪不休，依照慣例不斷傳出軍樂聲。室內另有幾個人七零八落坐在不同的桌子旁邊吸煙、喝咖啡。其他人大概還在營區內四處走動吧？這裡的窗子大大敞開，秋日午後的陽光斜斜灑落進來。

此時收音機突然沒有了聲音。換句話說，那些庸俗不堪的進行曲就好像抬起了一條腿，卡在空中動彈不得一般。屋內一片死寂，每個人都還在等待那隻懸空的腳掌重新落回地面。可是收音機卻傳出了播音員油腔滑調的聲音：「請注意，請注意！無線電廣播服務中心即將做出特別報導。」

我們都把目光從棋盤移開，可是避免與對方四目相接。那天是一九三三年十月十三日（星期六），[3]報導的內容為：德國已經退出裁軍會議及「國際聯盟」。播音員使用了戈培爾硬性規定的講話方式，那種油滑的腔調，聽起來就像是戲劇系學生正在舞台上扮演陰謀家的角色。

隨即又出現了其他的特別報導，例如國會已遭解散。那個搖尾乞憐的國會曾經拱手讓希特勒集大權於一身，為什麼還要把它解散掉呢？在即將進行的選舉中只會出現一個政黨，那就是納粹黨。縱使我早已習慣各種千奇百怪的現象，這個動作仍然令我深感訝異。很快就要舉行的將是一場沒有選擇的選舉。這可真是膽大妄為！我向坐在對面的仁兄臉上匆匆望了一眼。他並沒有露出可讓人看出端倪的面部表情。

各地的邦議會也和國會一樣遭到解散，而且此後將不再舉行地方選舉。與前一則報導相形之下，這個消息就顯得遜色多了，似乎讓人覺得索然乏味。可是就國家法而言，這意味著諸如普魯士和巴伐利亞等具有悠久歷史傳統的地方政權，自此已被終結。播音員還宣布，希特勒將於當晚對德國百姓發表演說。老天爺！這豈不表示我們晚上還得集合起來恭聽聖訓？收音機最後傳出的話語是：「特別報導結束以後，無線電廣播服務中心將繼續播放進行曲。」接著又是一陣陣敲鑼打鼓……

這下子沒有人突然跳起來高喊萬歲或熱烈歡呼，但也沒有做出任何反應。布爾卡特只是俯首望著棋盤，彷彿世上沒有比我們這局棋更有意思的東西。其他各桌的人同樣擺出撲克臉，光是默不做聲在那邊吞雲吐霧。雖然此時大家的確應該好好討論一番！

許多相互矛盾的感覺令我心亂如麻。我一則高興這回納粹終於做出了顯然過於冒進的行動，同時卻也為自己被關在這裡進退兩難而陷入憤怒中的絕望。我感覺傷心，因為有一件事嚴格說來並非無理取鬧，可是納粹恰恰將因之而一敗塗地：「國際地位平等」及「具有自衛能力」，這不也是當初共和派人士所極力爭取的目標，算得上是無可

3 此處記載有誤，當天的日期應為一九三三年十月十四日（星期六），而非十月十三日。

厚非的要求嗎？此外，他們企圖藉由讓人無法說「不」的方式，來進行一場公民投票，這種奸猾的作風讓我在無助之下怒火中燒。而當他們宣布要進行「選舉」的時候，卻只允許單一政黨參選，這更只能令我瞠目結舌，怎麼樣也找不到貼切用語來形容他們厚顏無恥的挑釁行為。

以上的一切都教人迫不及待想發抒己見、進行討論。可是我卻只是不痛不癢地開口問道：

「一下子就發生了一大堆事情，不是嗎？」

「是啊。」布爾卡特低頭對著棋盤順口說道：「這不是那些納粹能夠同時應付得了的。」

哈！被我逮著了！我終於揭穿了他的真面目！凡是說「那些納粹」的人，自己就不可能是納粹。現在我可以放膽跟他講話了。

我開門見山表示：「我認為這一次他們會失敗得很難看。」然而他只是揚起頭來，以不解的眼神望著我。那時他已經注意到，剛才自己不小心說溜了嘴。

「那很難講。」他開口表示：「我想您的『主教』即將不保。」（他甚至已經忘記說「你」了。）

「您真的那麼想嗎？」說完以後，我又把注意力轉回棋盤上面；我已經忘記自己在做什麼了。

我們終於把那局棋下完。中間除了偶爾說出「將軍」或「我要吃你的『皇后』了」之外，兩個人再也沒有開口講話。

到了晚上，我們全體在同一間食堂集合。當我們恭聽收音機內傳來的希特勒演說時，他正從那張巨大相片上面，噘起嘴唇，怒氣沖沖向下盯著我們。「突擊隊員」現在成為會場的主導者，他們選擇適當的時機，時而大笑、時而點頭，表現得幾乎跟那些國會議員同樣稱職。我們或坐或立團團簇擁在一起，那個狹窄的空間給人一種無處可逃的恐怖感覺。我們前後左右被人緊緊夾住，而且不曉得旁人心中做何感想。在這種情況下，大家更只能任由收音機內傳出的聲音隨意擺布我們。某些人顯然非常興奮，其他人則看不出到底立場如何。反正只有一個人有資格講話：收音機裡面那個看不見影子的傢伙。

等到他終於把話講完以後，又出現更糟糕的情況：收音機奏出了《德國超越一切》[4]，每個人都向前伸出右手。有幾個人或許與我相同，也遲疑了一下，因為那是多

4 《德國超越一切》(*Deutschland über alles*)即當時的德國國歌歌詞：「德國，德國，超越一切，超越世上的一切。時時保護及捍衛之，兄弟般心手並用。從馬斯河到默美爾，從艾區到貝爾特——德國，德國，超越一切，超越世上的一切。」(馬斯、默美爾、艾區及貝爾特乃四條河流，凡爾賽和約簽訂以後分別位於法國、立陶宛、

麼醜惡可憎和自貶身價的動作。可是，我們還想不想通過國家文官考試呢？突然，我首度出現了一種感覺，而它強烈的程度就跟嘴巴裡面的味道沒有差別：「這沒什麼大不了。反正那根本不是我，所以一點也不要緊。」就在那種感覺的伴隨下，我也把手臂舉了起來，還把它直直伸在空中，為時長達大約三分鐘之久！《德意志之歌》[5]跟《霍斯特．威瑟爾之歌》加在一起的時間就是那麼長。大多數人都跟著唱了起來，歌聲嘹亮、響徹雲霄。我只是微微動著嘴唇，裝出唱歌的模樣，彷彿在教堂裡面與眾人合唱讚美詩。

我們人人面向收音機站立，手臂斜舉在空中。收音機雖然沒長眼睛，卻有辦法像玩傀儡戲的人一般，操縱每一個木偶的手臂。於是大家都在唱歌或假裝唱歌，相互發揮了「蓋世太保」的功能。

義大利及丹麥境內）。一唱完《德國超越一切》，接著立刻唱納粹黨歌《霍斯特．威瑟爾之歌》。（參見第二十章，譯注四）

5 《德意志之歌》（*Das Deutschlandlied*）乃德意志帝國解體之後的德國國歌，旋律摘自海頓的《皇帝四重奏》（亦曾為奧匈帝國國歌——《天佑吾皇法朗茲》）。其歌詞共分三段（完成於一八四一年），第一段即《德國超越一切》，威瑪共和及納粹時代只唱這一段。今天的德國國歌則只准唱第三段歌詞：「統一與法治和自由，為了德意志祖國！……」

37 裕特堡的「世界觀教育」

希特勒退出「國際聯盟」之後，立即明目張膽擴充軍備（僅僅在口頭上繼續加以否認），但列強並未對此做出反應。而我更於隨後數日首度實地體驗到一種複雜的情緒，其中交織著怯懦的自我麻醉與深切的失望之意。那也將是未來幾年內不斷重覆出現的經歷，令我和周遭的人產生厭世感。

我們的「世界觀教育」也在那幾天開始了。值得注意的是，它進行得非常間接，而且可謂經過精心策劃。本來我們以為那就是聽演講、做報告以及假借「討論」之名所進行的偵訊。可是這一切均未出現。

我們在星期一領到了正式的制服——灰色套頭裝（外觀接近一戰時的俄軍制服）、軍帽和軍用腰帶。我們雖然一付軍人打扮，還套上長統靴邁著厚重步伐在營區內走動，起初卻除了繼續寫考試作業以外，不必做其他事情。於是我們成為帶筆從戎、身穿灰色野戰服的考生。

這個階段過去以後，我們即進入正式的「役期」。表面上看來，這與服兵役非常相似。尤其我們的帶隊官——「突擊隊中隊長」等等——講話時更動不動就使用標準的教育班長口吻。不過我們並沒有學習如何操作武器，只是每天稍稍進行操練，並學習如何列隊行進、唱歌及敬禮。以「敬禮」為例，某天我們就花了一整個上午，以下面的方式來練習：

我們每三個人排成一列，而且始終是三人並排站立，一聽到口令就齊步走出去。「排長」(那是我們帶隊官的正式頭銜)則從左前方幾步路以外的地方逆向行來，監督我們前進的方向和姿勢。然後他突然像炸彈爆炸似地大聲吼道：「希特勒萬歲！」那三個邁著整齊步伐的學員於是立即把左手大姆指貼到腰帶上面，其餘四指打直，並將右手臂和右手掌用力向前甩出去——右手指尖必須與瞳孔保持同樣高度。他們同時將頭部猛然向左轉，於默數一、二、三以後，也宛如炸彈爆炸一般齊聲喊出：「希特勒萬歲，排長同志！」

如果動作不確實，「排長」就不耐煩地喊道：「走回去，趕快，趕快！」他們只得退回去重新來過一遍。等到合格以後，便輪到下一批的三個人。大家輪流操作好幾遍，重覆練習了兩、三個小時之久。

要不然就是行軍，連續走上一個、兩個、三個，甚至四個鐘頭。沒有特定的目的地，也沒有具體的目標，光是在營區外面邁步前進。我們一面行軍，一面唱歌。那些歌曲可以歸納成三大類，是我們每天下午練習的對象，然後第二天早上行軍的時候就把它們高聲唱出來。

第一類是「突擊隊」的歌曲。其文學素養大致相當於商店學徒無事可做時，信手塗鴉寄給地方小報副刊發表的短文。它們主要是用來威脅恫嚇猶太人，不過有時候也可以像是這個樣子：

金黃色的夕陽
於西沉時散發末道光芒。

第二類是上次世界大戰時的軍中歌謠。它們泰半為柔和而多愁善感的窮極無聊之作，並且幾乎每一首後來都出現了俚俗不堪的改編歌詞。不過它們的性質類似街頭藝人吟唱的敘事曲，多少能夠產生某種吸引力。

最後還有荒誕不經的「中世紀雇傭兵歌謠」。比方說，其中有一首激勵我們：我們是「蓋耶爾的黑色雜牌軍」[1]，正準備把教堂屋頂「燒得火紅」（弗洛里安・蓋耶爾[2]乃

1 「蓋耶爾的黑色雜牌軍」（des Geyers schwarzer Haufen）聽起來與「禿鷹的黑色雜牌軍」無異！

2 弗洛里安・蓋耶爾（Florian Geyer, 1490-1525）原為支持馬丁・路德的南德帝國騎士，於「農民戰爭」爆發後統率民兵作戰，意圖擺脫貴族及教會統治，建立由農民及城市居民當家做主的帝國，最後被擊斃於一五二五年。

一五二五年「農民戰爭」時期的主要民兵領袖之一）。此類的歌曲最受大家歡迎，唱起來特別慷慨激昂，比其他歌曲要帶勁多了。我十分確定，當我們這些德國候補文官及未來的法官，行軍於信奉基督教的裕特堡地區之鄉間道路時，至少有一半人果真把自己當成了「蓋耶爾的黑色雜牌軍」，正準備把教堂屋頂「燒得火紅」。他們既像是盡情嬉鬧的野孩子，又好像扛著狼牙棒出征的古代日耳曼蠻族，以破鑼般的沙啞嗓音放聲唱道：

我們想向天父提出控訴，
嘿呀呵呵！
我們打算把牧師打死，
嘿呀呵呵！
正準備
齊動手
把教堂屋頂燒得火紅！

我也跟著唱了，而且我們每個人都跟著唱了。

這就是我們「世界觀教育」的本質，因為我們配合了納粹正在跟我們玩的把戲。如此一來，縱使我們並沒有真的當了納粹，也自然而然成為可供納粹運用的工具。可是我們到底為什麼會跟著玩那場遊戲呢？

許多大大小小的不同原因在此產生了交互作用，其中有些原因可以為我們減輕責任，有些卻成為確鑿的罪證。但最具體的表面理由就是，我們每個人都想通過國家考試，更何況那個遊戲現在突然成為考試項目之一。他們曾私下暗示我們，營地的「結業成績單」將對國家考試產生舉足輕重的影響。也就是說，即使法律科目的成績不佳，亦可藉由雄壯威武的行軍和響徹雲霄的歌聲彌補回來。這自然成為相當重要的誘因，激發出不少人的幹勁。

不過，更具有決定性的因素卻是，我們完全受到突襲，對他們準備跟我們玩的把戲毫無概念，不曉得應如何採取對策。難道要我們集體叛變，然後離開營區逃跑回家嗎？可是這種行動必須事先約定妥當，然而在營區硬生生假裝出來的「同志情誼」背後，只存在著我們相互之間的極度不信任感。況且我們都過於好奇，想知道他們到底打算拿我們怎麼樣。

農民戰爭（1524/25）乃德境中、南部農民為爭取舊有權益、改善經濟地位而進行的集體武裝行動。因協調不佳、訓練不良以致被貴族各個擊破，遭殺害的農民約有十萬人。馬丁·路德認為農民「曲解福音」而極力反對農民戰爭，乃成為民兵不滿的對象（「我們打算把牧師打死」）。

除此之外，就在我們不自覺的情況下，德國人特殊的表現慾也突然發揮了作用——那是一種想讓自己顯得非常能幹的表現慾。當我們接獲一項任務以後，縱使它毫無意義、不講道理，而且令人臉上無光，表現慾也會督促我們使出全力，以最專業、最徹底的方式把事情做得盡善盡美。舉例來說：現在我們該擦櫃子了？要行軍？必須唱歌？它們固然都很愚蠢，不過我們硬是要讓別人看見，我們擦櫃子的工夫令專業清潔工相形見絀；我們行軍時就跟老兵沒有兩樣；我們嘹亮的歌聲更足以撼動大樹。

這種不分青紅皂白、只要「能幹」就好的作風，實乃德國式的壞毛病，然而德國人卻將之視為美德。無論如何，這正是最深厚的德國特質之一，我們即使想改也改不過來。我們是全世界最差勁的怠工者。不論我們做什麼事情，都必須做出第一流的結果，就連良知良能和自尊心的呼喚也無法將我們攔阻下來。「不論做什麼都要做得最好」的態度——管它是規規矩矩有意義的工作，還是鋌而走險或犯罪的行為——便成為把我們麻醉得飄飄欲仙的毒品。它麻痺了我們的思想，使我們不再追問自己手頭的工作是否有意義、是否真的重要。所以當竊賊闖了空門之後，德國警察一看見被有條不紊偷得精光的犯罪現場，只會以讚嘆的口氣表示：「做得可真漂亮！」

這就是我們的最大弱點——不論我們是否已經變成了納粹。於是他們利用巧妙的心理策略，在這裡抓住了我們的小辮子。

不過真正的突破，卻要過了一至兩個星期，等到營區帶隊官人事大搬風以後才真正出現。迄今指揮我們的那些「突擊隊中隊長」有一天突然都不見了——他們被調派至其他「營區」接受進一步的「深造教育」。取而代之的是一位國防軍中尉及十二名士官。

那位中尉軍官頗具個人魅力。某天早晨，當我們冒著傾盆大雨集合，正準備出外行軍的時候，他突然現身問道：「今天天氣這麼好，而且活動又這麼有趣，您們[3]何必把臉拉得那麼長呢？」他的語氣非常親切，連資產社會使用的「您們」這個字眼也冒出來了！他毫不掩飾自己對「突擊隊」和以往營區管理人員的意見，而那些士官的說法甚至比他還要露骨。

一位姓施密特的士官（他是我們的新排長）當天下午宣布：「這裡從現在開始只做正經的事情。」我們每個人很快都分到步槍，學會了槍枝的七大部件以後就開始射擊。大家都變成了入伍新兵，這對我們而言不啻為一大解脫，甚至可說是一種進步。至少大家總算摸清楚這邊的狀況，而且曉得我們為什麼來這裡！在剛開始的時候，我們必須默默承受不斷的羞辱，整天重覆做著毫無意義、看不出道理何在的事情。那種苦日子終於過去了，我們心中有著說不出來的歡喜！

3 德語第二人稱複數有「你們」（Ihr）和「您們」（Sie）兩種形式。「你們」只適用於小孩和熟人。

其實我們已經接受了相當良好的「世界觀教育」。

據悉希特勒曾經表示：「本來巴不得與我們一決雌雄的人，現在都乖乖待在國防軍服役。」與希特勒其他的言論比較起來，這個陳述包含了更多事實。的確，「國防軍」幾乎已經成為收容整個非納粹德國的龐大機構：它專門為一般德國大眾而設，供其繼續發揮難以遏制的表現慾、苦幹實幹的精神，以及理智上和道德上的怯懦表現。

在這個領域內，大家毋須一直向前伸手行禮，甚至不必冒太大風險，即可放膽用粗魯的言辭來批評希特勒和納粹。在這裡，大家可以用效率最高和最徹底的方法來做事。在這裡，一切都「圓滿成功」，工作都「做得很漂亮」。而再美妙也不過的就是，在這裡只需要「默默盡自己的義務」就夠了，再也不必動腦筋思考，也毋須扛起道義上的責任。如果有朝一日必須開槍的話，也毋須詢問到底要向誰開槍或為誰開槍。如果有誰需要更多麻醉劑的話，還可以連續多年藉由一個虛幻的念頭來安慰自己：「有朝一日國防軍會挺身而出，把整個騙局都終結掉。」

可惜每個人都在有意無意之間忽略了一個事實，此即「國防軍」恰好就是把他們的力量導引過來為希特勒服務的疏洪道。這是一個具有決定性意義的重大事件。當時我在裕特堡的經歷，只不過像是取得了其中的一小塊切片，把它放在顯微鏡底下而已。但正因為那彷彿是在顯微鏡底下，所以我得以把它拉近放大觀察，揭露其精神上的各種細節。

我們變成了意氣風發的新兵。幾個星期以後，大家幾乎已經忘記了一個其實荒謬透頂的事情：我們在這裡學習射擊，以便通過國家中級文官考試！

軍事化生活有其獨特的法則。我們一旦身陷其中便失去自由發問的權利，不再探究自己如何、為何會落入這種局面，以及來此的目的何在。人人只是忙於擦槍和擦靴子、學會如何正確瞄準和尋找掩護、注意讓隊形保持密集並齊步行進。更何況每個人都已經體力不濟，無法再做任何思考。除此之外，他們找來的士官都非常和藹可親，完全沒有傳統軍曹的粗魯作風。這麼一來，我們都因為免掉了納粹黨義課程而高興得心花怒放，以為自己逃過一劫。

不過他們還是挑了一天（而且是星期六下午），試探性地舉辦演講會，讓一個負責中級黨務的受訓學員擔任主講人。結果卻出現了一場騷動。演說進行的時候，眾人以腳跺地表達不滿。主講人更在當天晚上幾乎慘遭毒打。我們做出了與國會截然不同的表現，堂而皇之嚴詞進行批判。當然，大家倒還不至於批評納粹的「世界觀」，所攻訐的只是竟然有人敢讓我們聽那種「水準」的東西。我們變成了軍人以後，居然會鼓起勇氣來發牢騷！可是在最初幾天，當我們還只是候補文官的時候，每個人是無論如何也不敢那麼做的。

於是我們自以為躲過了「世界觀教育」，卻沒有料到自己其實正深陷其中。有一天又舉辦了一場演講會，那才是登峰造極之作。這回再也不提納粹主義、不罵猶太人、不詆毀「威瑪體系」、不吹捧元首的天縱英明、不攻訐「可恥的凡爾賽和約」。儘管完全沒有那些話題，反而收到了更宏大的宣傳效果——那位擔任我們最高指揮官的中尉，發表了一篇關於「馬恩河會戰」[4]的演說。

即使是職業宣傳家，也無法做出更能誘人入彀的表現。不過他很可能只是憑著直覺挑選了這個講題，而且真心相信自己所欲傳達的訊息。

德國人對「馬恩河會戰」之見解，與世人的看法大相逕庭。別國人士仍然爭論不休，加里耶尼[5]、霞飛[6]、福煦[7]三人當中，究竟誰才是獲勝的主要功臣。德國人卻不認為有這個問題存在，因為他們根本不承認協約國在那裡打了勝仗。深深烙印在所有德國人腦海中的印象，就是一場德國已經勝券在握的會戰，卻因為一連串不幸的溝通失誤，而在獲勝的前一刻鳴金收兵。若無溝通上的不良，那麼不但是這場會戰，就連整場仗都已經打贏了。正是那些溝通上的失誤，才造成了此後出現的毀滅戰和陣地戰。縱使如此，德國本來照樣可以打贏那場戰爭——假如沒有……的話。這裡又出現了更多神話。

這個自己想像出來的畫面深深折磨著德國人，讓他們產生了有如芒刺在背的感覺。他們並不怎麼在乎戰爭罪責的問題，這也是有異於別國的地方。他們私底下甚至不反對發動另一場戰爭，但表面上還是說盡好話來全盤否認。令他們始終憤恨不平的，就是輸掉了那場戰爭。甚至連大戰末期真正出現的軍事崩潰，他們也找得出各種藉口來搪塞。他們時而使用有人「在德軍背後捅了一刀」的迷思，[8]時而又使用另外一個神

4 「第一次馬恩河會戰」發生於一九一四年九月上旬，當時德軍距巴黎僅四十公里。惟德軍因一連串的溝通不良而陷入混亂，最後自行撤退。德國快速獲勝的希望從此幻滅。德方對此戰役的失利始終耿耿於懷，法方則將之稱作「馬恩河的奇蹟」。

英國兵學大師李德・哈特（Liddell Hart）曾表示：「馬恩河會戰乃史上最具爭議性的戰役，留給後人無限的遐想和傳說。」巴黎衛戍司令加里耶尼以及當時轉進至前線附近的英國海格將軍甚至表示：「根本就沒有馬恩河會戰！」（參見注十二）

5 加里耶尼（Joseph Simon Gallieni, 1849-1916）為巴黎衛戍司令及一戰最傑出的法軍將領之一，曾催促霞飛允許他攻擊德國第一軍團暴露於巴黎前方的側翼，間接促成德軍全線後撤八十公里。加里耶尼被譽為「巴黎的拯救者」，一九二一年追贈元帥。

6 霞飛（Joseph Jacques Césaire Joffre, 1852-1931）為一戰前兩年的法軍參謀總長，為人剛愎自用、專斷獨行，讓法國瀕臨戰敗邊緣。加里耶尼的催促，使之意外成為「馬恩河會戰的勝利者」及民族英雄。惟霞飛因表現不佳，一九一六年即遭撤換，但兩年後仍晉升元帥。

7 福煦（Ferdinand Foch, 1851-1929）為一戰末期協約國總指揮官，一九一八年晉升元帥。馬恩河會戰時，福煦為法國第九軍團司令。德法雙方均有許多關於馬恩河的神話，法方關於福煦的神話是「他把德軍逐入沼澤區，對馬恩河的勝利功不可沒」。事實上當時他已被德軍第三軍團擊退。

8 興登堡曾於一九一九年十一月，向威瑪共和國「國民議會」的調查委員會做出不實陳述：德軍之失利乃因政治人物「在背後捅了一刀」（革命）的緣故。此種推卸責任的說辭曾盛極一時，並被納粹用為攻擊其他政黨及

話：德國乃因為相信美國總統威爾遜的十四點方案而自動放下武器，結果卻受到厚顏無恥的欺騙。無論如何，戰敗所帶來的恥辱與憤懣卻怎麼樣都比不上馬恩河會戰。因為依據德國的歷史神話，光榮的最後勝利當時其實已經到手，只可惜錯失於緊要關頭的一連串誤會、局勢的混沌不清以及組織上可笑的小小失誤。這才是令他們完全無法忍受的。

幾乎每個德國人的腦海當中，依然存有一九一四年九月五日和六日時的德軍位置圖。幾乎每個人都曾在知其不可為的情況下，想把戰線再往前挪移一點：假如第二軍團改變運動方向，假使預備部隊再向前移動一點，那麼整場仗就已經打贏了！可是為什麼沒有那麼做呢？他們直到今天依然討論得沒完沒了，到底誰才應該為那個毫無道理可言的撤退命令負起最大責任，是毛奇[9]、亨區[10]中校，還是比羅[11]上將……？如此探討下來以後，自然而然就閃現另外一個念頭：這些錯誤必須糾正過來……。整個陣勢必須重新擺過一遍，而且這一回我們會做得非常正確……。

他們渴望補救那個丟臉的技術失誤並採取復仇行動，其程度連「可恥的凡爾賽和約」亦難以望其項背——那場會戰「其實」已經打贏了，卻因為一時的不慎而白白從手中溜走。[12]

那位中尉軍官便按照德國的歷史神話，讓整個會戰在我們眼前重新上演一遍：第

猶太人的利器。

9 毛奇（Helmut von Moltke, 1848-1916）亦稱「小毛奇」，為德軍參謀總長（1906-1914），乃名將毛奇元帥（1800-1891）之姪，但二人只有姓名相同而已。老毛奇的作風是擬訂妥善計劃之後，放手讓指揮官分進合擊。小毛奇卻反覆無常，讓指揮官各自為政，以致德軍於馬恩河進退失據、陷入混亂。小毛奇才具不足，會戰結束五日後即遭撤職。霞飛曾譏之為「被找來開火車的馬車夫」。

10 亨區（Richard Hentsch, 1869-1918）時為德軍參謀本部派往前線的代表，擅自下令進攻巴黎的德軍後撤。亨區曾被德國軍方譏為「馬恩河奇蹟的顯聖者」。

11 比羅（Karl von Bülow, 1846-1921）為一戰爆發時的德國第二軍團司令，乃馬恩河會戰時德軍右翼三個軍團之主帥，負責進攻巴黎。比羅過於患得患失，並在亨區的影響下逕自率領第二軍團撤退，牽動馬恩河的德軍全面後撤八十公里。比羅於一九一五年晉升元帥並退役。

12 馬恩河會戰實為一場糊塗仗，始於英法聯軍的一路敗退。當時英軍已無心戀戰，並對法軍至為不滿。法軍則準備後撤至塞納河西岸，法國政府更已出奔國境西南的波爾多。德軍的情況因攸關本章的敘述，現略加說明如下：

第一軍團負責自西北包抄巴黎後方，第二軍團居中主攻巴黎，第三軍團在南接應。德方因軍令解碼錯誤，以致第一軍團在巴黎東方即轉向東南，前往增援比羅，將右翼暴露於巴黎正前方。加里耶尼見機不可失，於是揮兵攻擊其側翼。該軍團乃急行軍回頭迎擊，一、二軍團之間因而出現四十公里的缺口。此時參謀本部從後方派來亨區中校，亨區先至第二軍團散播悲觀思想，然後前往第一軍團。此時第一軍團已將加里耶尼擊退，第三軍團也將福煦擊敗，但德軍通訊一度中斷，相互不知友軍動向。剛好英軍意外撤退至缺口附近，比羅誤以為側翼不保而倉皇後撤。亨區亦擅自以參謀本部之名，於同日（一九一四年九月九日）下令第一軍團撤退。巴黎因而解圍。

李德．哈特評道：「德軍是在未受干擾，甚至在敵軍全然無知的情形下悄然撤走。」（毛奇曾於兩個軍團自行撤退以後向德皇報告：「我們已經打輸了整場戰爭。」）

一軍團採取了一個著名的轉彎動作，在巴黎前方突然朝東南側向行進；加里耶尼於是從巴黎出兵攻擊其暴露的右翼；第一軍團旋即急行軍折返西北方，以化解側翼承受的威脅；第一軍團和第二軍團之間因而出現了那個影響深遠的著名缺口。倘若第二軍團此時投入預備隊來填補的話……。只可惜那位體弱多病的最高指揮官[13]深處後方，完全不清楚前線的狀況，而那位神經衰弱的亨區中校又陷入危機……。最後局勢完全被扭曲，造成了令人無法接受的錯誤後果。

那場演講便在對戰果無法接受、憤恨難消的情況下結束了。我們之間馬上像雨後春筍一般冒出軍事上的討論：「假如比羅……、假如亨區……、假如克魯克[14]如何如何……，第二軍團和第三軍團早已採取鉗形攻勢將福煦團團包圍起來……。」

戰役結束十九年以後，我們每個人都打算把馬恩河會戰的結局矯正回來。大家也就在幾乎無法避免的情況下，談到了下一場戰爭的前景，以及如何把這場仗打得更好。

有人說道：「現在只等整軍經武的工作大功告成！」

另一人表示：「但是他們不可能坐視我們準備就緒，而不採取任何行動。」

此時有人提出異議：「他們是決不敢干預的。因為他們曉得，雖然我方現在軍隊人數很少，但已經有了足夠的飛行員。我們在被擺平以前，會先找一個晚上飛去巴黎，把它炸得稀爛！」

我們還在那邊痴人說夢話，以為自己躲掉了「世界觀教育」，而且沒有變成納粹！

13 即指毛奇。

14 克魯克（Alexander von Kluck, 1846-1934）為德軍上將，曾於一戰初期率領第一軍團快速挺進，渡過馬恩河攻抵巴黎近郊。但克魯克過於冒進，與第二軍團司令比羅的慢郎中作風完全相反。右軍與中軍配合不良，以致影響了馬恩河戰役的結局。克魯克最後於一九一五年因傷退役。

38「我」而今安在？

而我呢？我開始注意到，在故事裡面已經有好一陣子沒使用「我」這個字了。我敘述的時候交互使用第三人稱或第一人稱複數，卻苦無機會使用第一人稱單數。這並非出於偶然。營區要弄我們的把戲之一（此或許即為整個戲碼的關鍵所在），就是要讓我們當中的每一個人連跑龍套的資格也沒有，完全任人擺布、唯命是從。這表示個人根本就不算數。在此情況下，每個人的自我打從一開始便完全失去了存在的空間。

不管大家「私底下」或「實際上」是何許人、有何種想法，那都無關宏旨，都被一腳踢開，也就是說被冷凍起來。可是當我們終於有時間重新想起「我」的時候——例如夜間在寢室此起彼落的鼾聲中驚醒時——才驀然發現周遭所發生的一切以及自己機械化的配合動作是多麼虛幻不實。惟有在那些時刻，人們才會有如替自己辯解一般，為自我找到最後的庇護所。比方說：

好吧，反正只剩下四個、六個或八個星期。我只需要不動聲色苦撐下去，一等到通過考試便前往巴黎，接著可以把一切都忘得精光，好像根本就沒有發生過一樣。在眼前的時刻，凡事只不過意味著冒險犯難和人生歷練。有些東西當然是我絕對不能做的：不主動說出將來會引以為羞的話、只打靶而不開槍傷人、不讓自己被套牢、不出賣自我⋯⋯。再來還能剩下多少事情可做呢？其他的一切早已拱手讓人或拋棄得蹤跡難尋。我已經穿上了紮著萬字臂章的制服，我立正站著，而且我還擦槍。不過這些都不能當作一回事，因為在那麼做以前，可沒有人徵詢過我的意見。真正那麼做的人並不是我；那只是一場遊戲，我只不過在裡面扮演小角色而已。

可是天曉得，說不定有朝一日會開庭審判，而且那個法庭不接受這種藉口，只是鐵面無私記下發生過的任何事情。開庭時不會直視我的內心，反而只是盯著我的萬字臂章仔細端詳。面對這種審判時，證據是對我非常不利的。老天！我到底犯了什麼錯？我該如何回答法官的質疑？他會向我問道：「你套上了萬字臂章。你表示根本就不想要這個臂章？好吧，那麼你為什麼還是那麼做了？」

難道非要我在抵達營區的第一天，當他們把臂章發給我的時候，馬上公開表態：「不行，我絕不配戴這種東西。」然後把它踩在腳底下？可是，這只會顯得既瘋狂又可笑，同時也將意味著：我會被送入集中營，沒辦法前往巴黎。我將再也無法通過考試，以致違背了當初對父親做出的承諾。甚至我就此一命嗚呼，不但死得輕如鴻毛，而且是為了唐吉訶德式的行動而亡，連觀眾也沒有。那未免太離譜了！

這裡每個人都紮著萬字臂章。同時我十分清楚，縱使許多人「私底下」的想法與我完全相同，可是假如我做出那個戲劇化的動作，他們只會聳聳肩膀而已。所以最好的做法還是：我也把臂章套上去，這樣我可以保持自由之身，而且將來還能夠樂享真正的自由。更何況學會射擊未必就是壞事，說不定有朝一日我甚至可以把它實地運用於有益的行動。

然而我的心頭又冒出一個令人不寒而慄的聲音：這一切都無濟於事，因為你已經套上了萬字臂章！

同伴們繼續打鼾、不時轉動身子並發出其他聲響，只有我孤零零一個人醒著。這裡的空氣非常污濁，實在應該把窗子打開。我瞧了一眼，發現月亮依然高掛在窗頭，還是再睡一會兒吧。

然而想重新入睡可沒那麼容易。形單影隻在這裡保持清醒，更教人覺得彆扭。我把身體轉向另一側，可是睡在旁邊的人發出難聞的氣味，我又把身體扭了回來。

我的腦海閃現更多念頭，那些都是入夜後的消極思想。不久以前才有人表示，要「把巴黎炸得稀爛」，這不正像是一把直直插入你心中的刀子嗎？為什麼你連一句話也沒有說？

可是我又能說什麼呢？難道要我表示：巴黎若被炸爛就實在太可惜了！或許我真的會講出這句話。我會嗎？我再也不那麼確定了。其實當初我可以四平八穩應聲說道：

「是該這麼做，不過好像有一點可惜。」再來呢？那種粉飾太平的講法未免過於怯懦和矯飾，不開口也罷。然而我到底該說什麼呢？還是要我當面糾正人家：「你的言論太冷酷無情，太沒有人性了。你根本就不曉得自己在講什麼……」？這無法收到任何效果，完全是對牛彈琴。他們甚至不會生氣，只是聽得一頭霧水。他們或許會大笑三聲，要不然光是聳聳肩膀。到底該說什麼話才無懈可擊呢？最有效的做法，當然就是要擊破讓人變得麻木不仁的裝甲，來拯救自己的心靈。果真是這樣嗎？

我努力想找出答案來，可是想來想去都不得要領。看來沉默才是上策。

我又回憶起另外一個人——他其實是相當討人喜歡的同伴——針對法院審理國會大廈縱火案所發表的意見（他講話的時候心平氣和，甚至帶著某種善意）。他說道：「我不相信那些被告就是真正的犯案人。可是這又有什麼大不了的？反正已經有充分的證據足以陷人入罪，所以我們可以抬起頭來不必感到難過。多死幾個人或少死幾個人其實並沒有太大差別。」

聽見這種意見以後，其實應該一事不做、二話不說，立刻拿起一把斧頭朝著講那種話的人劈頭砍下去。就是這個樣子，而且只有這麼做才對。可是真要我自己拿斧頭去砍嗎？而且講那句話的人，平時相當彬彬有禮。有一天晚上，當我覺得身體不對勁的時候，是他主動從床上爬起來，攙扶我去上廁所，並給我套上一件浴袍。我總不能拿著斧頭朝他頭上砍去吧……？而且誰又曉得，他「私底下」的「真正」想法如何？或許那僅僅是口誤而已……。況且當他發表那種意見的時候，我只是默不做聲聽他講話，我們兩個之間難道會有很大差別嗎？那豈不是五十步笑百步嗎？

我又試著轉了一下身子，從另外一個角度來思索：假如我真的砍了下去？是啊，那麼決定性的差別就冒出來了……。可是當我們驟然面臨真正應該做出抉擇的時刻，又有誰能夠找出解決辦法呢？萬一戰爭突然在此刻爆發，我們直接從這裡開赴戰場，必須為希特勒開槍殺人……，你會怎麼做？你會把槍丟掉，然後投奔敵營嗎？或者你會開槍把鄰兵幹掉，可是他前一天才剛幫助你擦槍？怎麼辦？到底該怎麼辦？

我嘆了一口氣，強迫自己不再繼續想下去。現在我注意到，我的整個自我都掉進了這個陷阱。我實在不應該來這個營地的。如今我已落入「同志般的團體生活」之陷阱。

39 被「同志化」的德國人

白天的時候，我們沒有時間可供思考，也缺乏機會來扮演「我」的角色。「同志般的團體生活」在日間是一種幸福。而且毫無疑問的是，「同志情誼」所帶來的幸福感正在此類的「營區」之內欣欣向榮。這種幸福就是：大家共同在操場進行晨間跑步、一起脫得精光站在浴室沖熱水、不時相互分享家中寄來的包裹、當某人出了狀況以後就有難同當、在五花八門的小事上互伸援手和情義相挺、在一切日常事務上彼此絕對信賴、像小孩子一般嬉戲打鬧、每個人都不再具有外在的區別。依賴性和表面上的親密關係，於是形成一條安全而緩緩流動的巨大川流，人們就在裡面飄浮，任其將自己撐托起來……

有誰能夠否認，那是一種幸福？有誰能夠否認，人類生來即對此充滿嚮往，可是在正常、和平與文明的生活當中，那通常是遙不可及的事情？

至少我不會對此加以否認。然而我十分清楚，並極力強調的一個事實卻是：這種幸福感與「同志般的團體生活」，可以成為泯滅人性的可怕工具，而且在納粹手中果真變得如此。納粹把它用作誘人上鉤的釣餌，將心中對此存有憧憬的德國人，浸泡在這種「同志情誼的酒精」裡面，直到他們罹患「震顫性譫妄」[1]為止。納粹在每個地方都把德國人變成了「同志們」，讓他們從小就染上這種毒癮。「希特勒青年團」、「突擊隊」、「國防軍」、成千上萬個營區和聯合會，便從德國人心中移除了某些要素，而那是「同志情誼」的幸福所無法彌補回來的。

「同志般的團體生活」是屬於戰爭的東西。它和酒精一樣，可為必須生活在非人性條件下的人帶來很大的慰藉與助益，原本令人難以承受的事物因之而變得能夠被接受。它產生麻醉作用，故可協助人克服死亡、傷痛及苦難。它使人沉迷其中，遺忘了文明的基本價值。它具有神聖的地位，而這來自於可怖的環境與慘重的犧牲所帶來的強制性。

一旦它失去了上述因素以後，當人們為了樂在其中及獲得麻醉——亦即純粹為了追尋「同志情誼」——而過著「同志般的團體生活」的時候，它就變成一種毒癮。它只能帶來一時的幸福，卻無法造成任何改變。它比酒精和鴉片更能讓人墮落頹廢。它使人再也無法獨力過著負責任的文明生活。它甚至變成了「去文明化」的工具。納粹在各地煽起「同志情誼」的熱情，藉此來誘惑德國人，使這個民族墮落到無以復加的程度。

我們絕不應忽視，「同志般的團體生活」可以是多麼可怕的一級毒品。我只想再強調一次：毒品能夠讓人感覺幸福，所以肉體和心靈都可能對它產生依賴性，而且毒品也可以帶來某種療效以致讓人上癮。這就是其之所以為毒品的原因。

「同志般的團體生活」為了凌駕一切之上，於是徹底移除了個人的自我責任心。這不單單在社會生活方面如此，更糟糕的是在宗教規範的領域內亦然。而一個人只要過著「同志般的團體生活」，就不必再擔憂自己的生存，也免除了生活中的艱苦奮鬥。他在營房裡面擁有臥榻、他有飯可吃、有制服可穿。他從早到晚每小時該做的事情都被規定得一清二楚，所以不必再為任何小事煩心。他不再受到「自力更生」這個嚴厲法則的羈絆，反而可以樂享「人人為我」的優厚待遇。

天下最大的謊言之一，就是集體生活較個人化的平民生活來得嚴苛。其實前者的法則反而鬆垮垮軟綿綿，只適用於實際參戰的士兵（也就是那些隨時性命不保的人）。也唯有面對死亡時的哀痛逾恆，才可能使人以此種極端的方式，放棄了對人生應盡的責任。我們曉得，縱使是最勇猛的戰士，也會因為長期沉浸在「同志情誼」之中，日後往往無法重新適應艱苦的平民生活。

更不幸的是，「同志般的團體生活」會讓人不再信賴自己，失去在上帝之前和面對

1「震顫性譫妄」（delirium tremens）乃酗酒者酒精中毒或戒酒之後，所出現的注意力和意識上的改變。其症狀包括激躁不安、定向障礙、記憶損害、幻覺及被迫害妄想等等。「譫妄」（delirium）一詞在二十世紀初期亦泛指一切形式的瘋狂病症。

自己良心時所應具備的責任感。他做著每個人都在做的事情。他別無選擇，也沒有時間來思考（除非他不巧剛好在晚上獨自清醒過來）。「同志們」就是他的良心，他只要跟著做出每個人都在做的事情，即可豁免一切罪責：

眾友人乃共舉陶杯
哀嘆世間的悲慘道路
及其苦痛之法則
隨即將男童往下拋擲。
彼等摩肩接踵緊緊攢聚
一同站立於懸崖之側
緊閉雙眼合力將之向下投入山谷
無人之罪責可甚於旁人
而後並將團團泥土
以及扁平石板
擲下。

這摘自德國左翼文人布萊希特的劇作，[2]他以正面及贊許的態度描繪了那一幕。就此點與其他許多方面而言，共產黨與納粹黨的觀點其實並沒有兩樣。

像我們這樣的見習生，至少均接受過高等教育，皆為知識分子及未來的法官，不可能都是缺乏信念、個性全無的軟骨頭。可是我們抵達裕特堡不過幾個星期以後，竟然全部變成了既劣等，又沒有思想能力的草莽群眾。類似前面所引述有關巴黎的言論，或關於帝國大廈縱火案被起訴者的看法，每天都不斷出現，而且皆未遭受駁斥。這也就充分反映出大家的精神水準。這一切都是「同志般的團體生活」所造成的結果。因為「同志般的團體生活」正意味著：集體的智力水平被鎖定在最低階的程度，而且無法接受任何形式的討論。一浸泡在「同志般的團體生活」這個「化學溶劑」以後，「討論」立刻就會染上「唱衰」和「找麻煩」的色彩——那可是滔天大罪。

在「同志般的團體生活」裡面，思想缺乏立足之地，所存在的只有群眾的原始妄想，而且那是想躲也躲不掉的。如果有誰打算擺脫它，就等於自絕於「同志情誼」。在我們的營區裡面，過了幾個星期以後也出現這種主宰一切，令人無從迴避的現象。它雖然

2 布萊希特（Bertolt Brecht, 1898-1956）為德國左派劇作大師，一九三三年開始流亡海外，一九四八年自好萊塢返回東柏林。此處所引用文字摘自其一九三〇年的學生歌劇《唯唯諾諾的人》（*Der Jasager*），內容改寫自日本能劇《谷行》（一個與老師及同學遠遊求藥的男童因病而被從懸崖投入山谷摔死）。

並非納粹官方的意圖，卻與其構想有著異曲同工之妙。那也就是大戰期間當我們還是小孩子的時候、戰後在「老普魯士賽跑同盟」，以及在史特雷斯曼時代的體育俱樂部之中，瀰漫於我們心中的觀點。只不過納粹世界觀的某些特質當時還沒有真正向下紮根而已。

比方說，「我們」其實還不是毒性十足的反猶太主義者，但「我們」也無意堅守自己的立場。反正那些都只不過是無足輕重的小事，不值得任何人為此費神。「我們」是集體的動物，而且一旦加上了心智上的怯懦與團體生活的虛偽以後，只要看見會擾亂集體滿足感的事物，便會出於本能一概加以忽視……。那就是一個具體而微的「第三帝國」。

「同志般的團體生活」以引人注目的積極方式，將所有攸關個人與文明的事物腐蝕一空。個人生活當中最為重要，而且沒辦法動不動就融入「同志情誼」的事項，那就是愛情。「同志情誼」卻也有武器來對此進行反擊：黃色笑話。

每晚最後一次巡查寢室以後，大家便行禮如儀，躺在床上聆聽此類的笑話。這可以說是每個男性團體共通的現象。或有論者以為，這是為了彌補無法滿足的性慾而出現的疏濬管道。然而這種講法非常容易產生誤解：那些笑話的目的並不在於產生刺激、製造出淫穢的效果。完全相反的是，其目的正在於讓人對愛情倒盡胃口，把它當作不痛不癢、可以任人取笑的事情。那些口出黃腔，並以粗鄙言詞來形容女性身體部位的人，正好藉此否認自己曾經陷入溫柔的戀情、曾經風度翩翩討人喜歡，並曾以甜言蜜語來描繪同樣的人體部位……。現在他們就以粗俗的方式，踐踏了那種甜蜜的文明生活。

文明社會的禮儀規範也就在同樣的模式之下，理所當然輕易淪為「同志情誼」的犧牲品。人們羞澀而僵硬地彎腰行禮，或者在社交場所觀摩有教養行為方式的時代已成過去。而今在營區裡面，「狗屎」是表達不同意見時的正常講法，「你們這些混球」是友善的打招呼用語，「拍火腿」[3]則為頗受歡迎的遊戲。

抵達此地以後，就連必須長大成人的壓力也遭到排除。現在的新壓力反而是務必要跟著別人一起變成小孩子。於是晚上有人用「水彈」攻擊隔壁寢室，那就是把盛滿水的杯子投到被攻擊者的床上。接著便出現一場熱鬧萬分、鬼哭神嚎的混戰，不跟著這麼玩的人便是壞同志！巡夜人員走過來察看的時候，大家就發出怪聲，在剎那間一哄而散紛紛跳回床上，然後躺在那邊故意發出鼾聲，假裝已經熟睡。而那些被偷襲者

3「拍火腿」（Schinkenkloppen）是德國小男童玩的遊戲：一個人蒙眼彎腰任人在其臀部打一下，然後由他來猜是誰動的手。此處所指應為營地學員所動用的私刑。

必須依據「同志情誼」的基本法則，在管理人員面前表現得不清楚到底發生了什麼事，寧願宣稱是自己把床弄溼的。到了第二天晚上，別人就得提防他們採取報復性的突襲行動……

於是這又觸及了「同志般的團體生活」血腥而昏暗的另外一面。如果有誰膽敢做出違背「同志情誼」的舉動，尤其假若他擺出紈褲子弟的姿態、喜歡炫耀賣弄，或展現「同志情誼」所允許範圍之外的個人特質，便難逃夜間在私設的刑堂接受體罰之命運。犯行輕微者就被押解到抽水唧筒底下淋成落湯雞。可是萬一有人被認定在分配牛油的時候——當時牛油還相當充足——圖利自己的話，就會招致私刑法庭的恐怖報復行動。他們會趁著被告不在場的時候，私下商議應當採取的懲罰方式。等到夜間巡查已經結束，行刑工作即將展開之際，寢室內便瀰漫著一股把人壓得透不過氣來的緊張氣氛。連那些行禮如儀講出來的黃色笑話也無法再引起笑聲。

此時突然轟隆一聲，響起了那位自我任命的私刑法官的聲音：「麥耶爾，我們有話要對你說！」可是他們說了還沒有幾句話，那個倒楣鬼就被從床頭拖了下來，按倒在一張桌子上面。私刑法官接著又用雷鳴一般宏亮的聲音說道：「現在每個人都必須狠狠揍麥耶爾一下，而且任何人皆不得規避。」接著我就從室外聽見裡面傳來一陣陣毆打的聲音。

我終究還是成功逃遁，不必加入那種行動。我曾經插科打諢表示，自己看到血就會昏倒，所以他們乾脆大發慈悲，允許我在門外把風。被打的人則只得乖乖認命。假如他膽敢出面告發的話，只會背叛那個就像一團迷霧籠罩著我們，而且並非吾人意志所能掌控的「同志情誼法則」。如此一來，他就會面臨真正的生命危險。整個事件就此不了了之，過了幾天以後，那個慘遭修理的傢伙又彷彿若無其事，重新與眾人打交道，一點也不覺得自己的榮譽和尊嚴曾經遭到打擊。所以就連榮譽感與自尊心，也承受不了「同志般的團體生活」這個腐蝕劑的侵襲……。

由此即可看出，多方面為人所頌揚、看起來既無害又美好的男性團體生活，其實可以有如妖魔一般充滿了深不可測的危險性。

當納粹把「同志般的團體生活」強加到全民頭上時，他們完全清楚自己在做什麼。德國人因為生來就比較缺乏塑造個人生活、追尋個人幸福的才能，於是歡欣鼓舞加以接受。他們是如此的心甘情願，以致捨棄了柔嫩而香氣四溢，但高高在上看似危險的自由之果實。他們寧可採擷身旁垂手可得、枝繁葉茂而且渾圓多汁的毒果，結果換來了不由分說針對每一個人，而且會教人變得卑鄙可恥的「同志般的團體生活」……。

有人說，德國人正在遭受奴役。這話只說對了一半。他們的情況其實有所不同，甚至尤有下之，而且找不到現成的貼切用語來形容——他們已經被「同志化」。那是一種極端危險的狀態，會讓人著魔而活在一個有如酒醉般的夢幻世界。人們在裡面覺得幸福至極，同時卻以駭人的方式喪失了自我價值。他們洋洋自得，同時卻醜陋得無以復加；他們趾高氣昂，同時卻變成了極端卑賤的下等人。人們自以為在山巔漫遊，事實上卻爬行於泥淖之中。當那個魔咒繼續有效的時候，幾乎就找不到任何可加以破除的解藥。

40 兩個狂歡晚會

這種情況固然危險萬分，但是它與任何建立於欺騙、麻醉和符咒之上的狀態一樣，都具有相同的致命傷。一旦外在的條件消失以後，它也就立刻煙消雲散了。即使是戰時出現的真正同志情誼，也不斷顯露一個現象：那些在戰壕之中義無反顧、不惜為伙伴犧牲性命，而且不只一次共享最後一支香菸的人，一等到解甲歸田以後，只會於重聚之際彼此顯得陌生、羞赧和尷尬。令他們覺得虛幻和迷惑的，卻並不是回歸平民生活之後的相逢。裕特堡急就章製造出來的納粹「同志情誼」更因為只著眼於營區內的生活，後來甚至在介於兩場「同志情誼之夜」的一個星期以內，就如同鬼魅般飛速消失得無影無蹤。

其中之一是我們在裕特堡的惜別晚會。一言以蔽之，那就是「同志情誼」的狂歡節，人人酒酣耳熱，狂飲不已。假如當初我們沒有被迫以「你」相稱的話，那時一定也會每個人都自動這麼做，而且如兄弟般縱情暢飲。當晚不時有人上台演講。而營區的負責人，一個「突擊隊旗隊長」[1]，也忘記了當初自己的人馬被調走，以及國防軍官兵過來接手所造成的不快，終於在演說中揭穿我們「世界觀教育」的內情。

他表示：其實根本毋須舉辦任何聲勢浩大的演說，也不必做出任何教導和解釋。只需要把我們這些德國年輕人放入一個正確的環境，讓我們離開虛偽的資產社會氛圍和腐朽的案牘塵埃，很快就會自動顯現出來，我們其實都是真正的納粹。國家社會主義成功的祕密，正在於它深深觸及了所有德國人的本質。我們當中還沒有是出於理智而變成納粹的人，現在也終於完全領悟自己的天性為何。其他的一切自然會水到渠成了……

令人覺得可怕的事情就是，如果仔細分析那篇演說，便不難發現它還頗有幾分道理。別人確實只需要給我們特定的生活條件，即可製造出一種化學反應。它足以分解我們的自我認同，並產生催化作用，使我們變成對任何操弄行為均興奮莫名的物質。當天晚上，這個化學反應達到了最高潮，肝膽相照的表現也臻於極致。人人相互標榜，人人舉杯對飲。那位中尉軍官稱許我們的軍人本色，我們則極力讚揚他的戰略天才。我們的士官則以其特有的坦率而古怪的幽默語調，舉杯說道：他怎麼樣也沒有想到，居然可以把法學家和博士們訓練成如此優秀的軍人。勝利萬歲！

有些人還在醉得東倒西歪、早已失去批判能力的聽眾面前，高聲朗誦自己撰寫的幽默短詩，博得了滿堂喝采。最後在慶祝會結束之際，大家又齊聲唱出《我們是蓋耶爾的黑色雜牌軍》。唱到「嘿呀呵呵」的時候，眾人更是狂興大發，順手把椅子和啤酒杯砸得稀爛。我們表現得就像是躊躇滿志的食人族正在歡慶勝利。

接著我們又用「水彈」向隔壁寢室展開攻勢，進行了一場前所未見的戰役。有幾個人突然出了一個鬼點子，想把我們當中的一個人拖去抽水唧筒旁邊。那倒並非因為該人犯下了任何過錯，而是他們打算象徵性地把活人祭獻給「同志情誼之神」。那個倒楣鬼可不想吃這種苦頭，於是立刻有二、三人自告奮勇願意頂替，不過那位醺醺然的「祭司」對此很不滿意。接著又有幾人出面向那個倒楣鬼好言相勸，建議他為了「同志情誼」的緣故，也為了避免破壞當晚的氣氛，最好還是犧牲一下。

在情緒亢奮、濃濃酒意和瘋狂狀態之下，當時的情況有一點令人毛骨悚然，卻也顯得興高采烈。「好吧，」那個人在迫不得已之下表示：「我願意這麼做，但是你們只准把我的頭按在唧筒下面，我可不想再把睡衣弄濕。」眾人答應了。可是一走到唧筒旁邊以後，他就被整成了落湯雞。他怒吼道：「你們這些混球！」所換來的卻只是一陣陣有如狂潮般的笑聲。最後他毫無選擇，只得任人擺布。好一個喚醒人類原始野蠻本能的慶祝會！

第二天我們便乘車返回柏林，接著在一週之內參加了考試。現在的日子突然變得

1「突擊隊旗隊長」(Standartenfuhrer)，相當於上校。

大不相同。我們重新穿上平民服裝、恢復用刀叉和盤子來吃飯、使用的是抽水馬桶、用餐時講的是「多謝」而非「狗屎」、看見年邁的主考官便躬身行禮。我們還用知識分子的標準德文回答他們考出來的問題，並針對諸如「債權抵押」或「夫妻財產共有制」之類生疏已久的課題做出說明。有些人不及格，其他人則順利通過考試。這兩種人之間突然形成了一道鴻溝。

大家再度與以往的熟人見面，打招呼的時候又可以說「您好」，而非「希特勒萬歲」。現在可以跟別人交談了，而且進行的是真正的對話。大家發現「我」還存在，於是重新跟自己攀交情。每當有人問起營區生活怎麼樣的時候，我只能忸忸怩怩地回答：「啊，其實並沒有那麼糟糕。」然後三言兩語簡單帶過，表示我們學會了射擊以及一些非常怪異的歌曲。

我又一心想著巴黎，而且把它當成真實的事物，不像在營區的時候，它只不過是海市蜃樓而已。可是當我有一天前往位於「選侯大道」的一家酒館時，我夢寐以求的那座城市又暫時消失不見了。大家曾在惜別時約定，一週以後要到那間酒館碰面。雖然我略有心理障礙，而且已經出現很不好的預感，但不管怎麼樣，我還是過去了。「同志情誼」的魔力到底尚未完全消退。

那是一個令人難堪的晚上，雖然裕特堡的狂歡節還只不過是一個星期以前的事情。

現在除了落第者憤不出席之外，大家再度齊聚一堂，可是那又彷彿一生中的首次相逢。穿上老百姓的衣服以後，每個人的樣子都迥然不同，有些人甚至已經教我認不出來了。我還注意到，其中某些臉孔顯得非常文雅，能夠讓人產生好感；有些則完全是一派下等人的模樣。在營區的時候，他們之間的差異可沒有那麼明顯。

我們交談得很不熱絡，大家都不想討論跟考試有關的事情。（通過了考試以後，還會有誰想再去談它！）但很奇怪的是，大家也不怎麼希望回憶起營區的經歷。有少數人曾經興致勃勃開口重提往事，卻一直無法引起共鳴。此類的話題於是在眾人意興闌珊之下無疾而終。那看起來反而類似初抵裕特堡火車站時的情景！更教人覺得彆扭的是，我們仍然以「你」相稱。假如大家開口說的是「您」或者「同事先生」的話，交談起來可能反而會比較容易。

大家只是彼此詢問未來的生涯規劃，舉杯敬酒的時候也顯得不怎麼真心誠意。酒館裡面有一個大聲演奏的樂隊，鼓樂齊鳴填補了我們談話當中的空檔。那些突擊隊員很快就組成了自己的小圈子，討論突擊隊內部較高層級的事務。他們怒罵自己的黨以及其官僚作風十足的文書往來，並不時舉杯為某位姓艾爾伯斯特的「突擊隊師隊長」[2]

2「突擊隊師隊長」（Gruppenfuhrer），相當於中將。

浮一大白。其他人沒有配合他們的動作，因為我們已經不再覺得有那麼做的必要。

與會者很快就分散成許多個小團體。我則與一個小伙子坐在一起；當初在裕特堡的時候，有時我會在星期日跟他在營地外面盡情討論音樂。那天我們更赫然發現，離開營地以後的那個星期日，我們都不約而同前往欣賞福特萬格勒[3]的音樂會。當我們正在熱烈評論那場音樂會的時候，有一個在旁邊聽我們講話的人突然喊道：「啊，大家趕快來聽聽這兩個紙上談兵的傢伙在說些什麼！」我們只是抬起頭來，以不解的目光瞧了他一眼，然後不受打擾地繼續討論下去。

即使分成小組以後，當晚的聚會還是變得越來越無趣，十二點左右就已經有人開始偷偷望著手錶。整個團體隨即正式四分五裂：隔壁桌一群身分可疑的少女引起了我們這邊的注意，有幾個人就跟她們打情罵俏起來，甚至一個個坐了過去，要不然就從那邊拉幾個人坐到我們這邊……。有一個人忍不住大聲說道：「現在實在是無聊透頂。」接著提議乾脆解散算了。一大群人馬上附和其意見，我也跟著走了出去。

走到路邊以後，有個人建議大家不妨上另外一家酒館。可是竟然沒有任何人答腔。這時我看見有一輛公共汽車駛來，連忙說道：「那是我的車子！」向眾人說罷「再見」以後，我就伸手攔下公車，快步跳了進去。

那群人依然站在原處，以後我再也沒有見過他們之中的任何人。巴士快速載著我離開。此時全身上下襲來一陣寒意，我感到非常羞恥，但也覺得終於重獲了自由。

3 福特萬格勒（Wilhelm Furtwängler, 1886-1954）為德國名指揮家及卡拉揚在「柏林愛樂」的前任。

後記

讀者們想必已經注意到，本書的結尾部分並未履行一開始所做的承諾。書中收筆部分引用賀德齡的文字，描繪出尚未發生的災難及一時的歡樂。可是如此表達出來的氛圍，卻很難解釋成「最後他如何還是必須終止戰鬥……必須把戰鬥轉移到另外一個層次」。這本書顯然並沒有寫完。因此有必要在此解釋一下，它當初為什麼會被擱置下來，以及為何過了這麼多年以後，卻又突然浮上檯面，而且還被付梓公諸於世。現在本人設法盡己所知，在後記的部分對這些疑問做出答覆。

家父賽巴斯提安·哈夫納去世之後，我在遺物中發現了這份手稿。起初我並不清楚它的來由以及完成的時間。先父於晚年對自己的作品持保留態度，並以批判的眼光看待初抵英倫那幾年所撰寫的文字。他生前從未向我透露任何有關本手稿的訊息。他固然經常談論自己青年時代草擬的小說，也提及一九四一年前後開始為《觀察家報》撰述的文字，可是當他談起此前發表的書籍時，卻會略露窘態。

如此一來，起先我只能憑藉手稿內容來推斷其完成的年份。本書初版之後，各界人士紛紛向我提供相關資訊，它們殊途同歸，均證實本人當初所做的推斷：手稿完成於一九三九年。其中最主要的參考資料之一，就是尤塔·克魯格女士的碩士論文。此外還有先父母致先妣的前夫——哈洛德·蘭卓利先生——之信函。[1]二者皆非常有助於重建這份文稿的來龍去脈。

先父於一九三八年夏末移居英國，比先母埃莉卡晚了幾個月過來。二人相繼逃離德國，這很可能就是書中所謂的「終止戰鬥」。先父母在英國並非完全沒有可施予援手的朋友，可是他們依然窮困潦倒。當先父還在德國的時候，曾在「烏爾斯泰因出版社」擁有一份不錯的工作，可是他初抵此地之際卻沒沒無聞。其語言能力僅勉強夠用而已，他的法語反而說得比英語好很多。他甚至為自己買來一架徠卡相機，[2]打算透過可獨立於文字之外的圖片來補拙。只可惜他實在拙於攝影——其天賦在於寫作及演說。此外，起初他只能藉著與烏爾斯泰因出版社旗下某家雜誌社簽訂的一紙假合同，獲得短期居留許可，必須一再辦理延長居留的手續。想延長居留都已經變得越來越困難，當然就更不可能獲得工作許可了。

弗烈德瑞克·瓦爾堡這位出版商，曾於其回憶錄《作家皆生而平等》[3]的第二冊做

1 喬治·維辛—布蘭德斯先生曾為本人提供來自蘭卓利先生遺物的信函，謹在此向之致以最誠摯的謝意。
2 那架徠卡相機起初被拿去典當，而後於一九三九年以三十一英磅的價格售出。
3 Fredric Warburg, *All Authors are Equal*, London: Hutchinson, 1973.

出報導如下：「一九三九年初，哈夫納在極度絕望的情況下，將他正在構思的一本書之綱要寄給了我。(……)那是一本政治性的自傳，我還記得那是我所見過最傑出的構想。」

瓦爾堡提到的顯然就是本書的文字。至於當初的構想為何，以及先父是否曾交給他一些樣張過目，今天都再也無法查證。不過我相信本書的撰寫工作至少當時即已開始。無論如何，瓦爾堡收到綱要之後，每週即固定支付先父二英磅潤筆費。瓦爾堡出版社雖然出版了諸如湯瑪斯．曼等知名作家的撰著，可是當時的財務狀況並不穩定，而且二英磅即使在那個時代也並非大筆金額。可是這已經勉強足以讓人糊口，為先父母減輕了不少生活上的壓力。先父甚至在大戰結束很久以後，還寫了封信向瓦爾堡致謝：「無論是此前或此後，我都從來沒有過這種鬆了一口氣的感覺。」

瓦爾堡也在居留許可方面提供了助力。先父曾在一九三九年六月十三日致書蘭卓利表示：「今天我從極端的恐懼和沮喪之中解脫出來。不但烏瑟爾[4]再度提出申訴，而且瓦爾堡也寫了一封『極為有力的推薦函』，稱許我的文學素養和高尚品格，這終於軟化了內務部的態度，同意給我為期一年的居留許可。其先決條件是，我只能為塞克爾和瓦爾堡兩位先生進行撰寫工作。」

先父於是在一九三九年年初至夏季之間撰寫了這份手稿，而且不知何時還出現了英文版。這個翻譯版本也一直留存至今。譯文出自何人之手已不可考，唯一可確定的就是譯者絕非英國人。此外，英譯本在〈序幕〉的結尾部分，中斷得比德文手稿還要來得早。

一九三九年八月二十日，先父寫信向蘭卓利表示：「我正在工作，只可惜文思並不十分順暢，所以進展過於緩慢。前天我才把第三章交了出去。」

從下面引用的另一封信函即可看出，他在此所謂的「章」，顯然就是本書中的各部：〈序幕〉、〈革命〉及〈告別〉。

瓦爾堡還表示，先父曾在一九三九年秋向他建議變更寫作計劃，使書中的內容較為簡潔、更合乎英國的觀點，而且能夠著眼於已經開始的戰爭。這本書暫時以德文命名為《提綱挈領話德國》。瓦爾堡寫道[5]：

「那本書（《哈夫納回憶錄》）始終沒有殺青。哈夫納才寫好一半，戰爭即告爆發。他認為現在應該減少對個人的描述，以更直接的方式把政治層面表達出來。

一九三九年秋末，他寄了幾章《提綱挈領話德國》的文字給我過目。（……）我建議將書名更改為《論德國之雙重性格》。」

4 奧利佛・普雷策按：家母的一位姊妹。

5 *All Authors are Equal*, p.7.。

家父一九三九年十月六日寫給蘭卓利的信中，把這件事描述得更加清楚。信中的內容是：

「現在我不但繼續進行自己的那本書[6]（只寫好四章共二百七十頁），還已經著手撰寫另外一本小書。其頁數不會超過兩百頁，標題是《提綱挈領話德國》。全書計有八章，分別為：〈一〉希特勒；〈二〉納粹領導階層；〈三〉納粹黨人；〈四〉效忠的百姓；〈五〉不效忠的百姓；〈六〉反對派；〈七〉政治難民；〈八〉各種可能性。

這種編排方式把德國的眾生相一網打盡，舉凡高高在上者或卑微低下之人、雜七雜八的思想，以及各種傳統、傾向、觀感等等均無所不包。其最主要的著眼點，就是為英國的對德宣傳工作人員寫出一本綱要手冊，但它當然也適合一般大眾閱讀。大致說來，我寫得相當心平氣和，也沒有針對自己心中的念頭大做文章，以致把德國描繪成一個謀殺者的巢穴。你覺得這個主意還過得去嗎？」

《哈夫納回憶錄》現存之手稿，縱使把殘缺不全的章節一併計算進來，總共也只有二百三十四頁。全文僅包括了三大段落，第四個段落則完全不知所終，而且第三個段落的結尾部分看來也已經散佚。

無論如何，先父於一九四〇年一月已將《論德國之雙重性格》的全部手稿交給瓦爾堡。該書出版以後，先父在英國的寫作生涯從此出現了突破。

據我所知，先父在大戰期間並未繼續撰寫《一個德國人的故事》。他難道還有這樣做下去的必要嗎？這個主題已經不再有趣，而且他實際上已經變成了英國人，以英國人的觀點來撰述。不過他在一九四六年返回德國停留了一段時間，而且又寫下幾頁文字，這表明他並沒有忘記本書。這幾頁文字同時使用了兩種語言。說不定當他親眼看見故國的殘破山河以後，又萌生回顧自己以往生活的念頭。這個想法雖然並未促成後續的動作，但我還是在下面列出那幾頁文字的德文版，我們或許能夠據以推斷，假如繼續寫下去的話，本書將會出現何種面貌。

他在第一頁列出了目錄綱要：

我的矛盾生活

獅穴之舞

三〇年代私人生活編年記

事先的報導

一　崩潰即探險

6 所指即為《哈夫納回憶錄》。

二　光榮的失敗
三　障礙下的順從
四　違背意願的事業
五　危機
六　移居英國
後記

隨後五頁列出了以上五大段落的細目。不過現在只剩下了德文，而且最後三個段落只有標題而已，某些標題並與綱要有所不同：

一、告別與突圍
我的父親
法朗克·蘭道
泰蒂
一九三三年二月
柏林的嘉年華舞會

假革命

革命

三月三十一日，星期五

四月一日，星期六

柏林高等法院，一九三三年四月

一九三三年背景資料

一群朋友的分崩離析

我的父親（之二）

查莉

泰蒂（之二）

裕特堡（之一）：抵達

裕特堡（之二）：世界觀教育

裕特堡（之三）：「我」而今安在？

裕特堡（之四）：同志般的團體生活

裕特堡（之五）：兩個狂歡晚會

談話與拜訪

一九三四年六月的柏林
以左手過活
男性天體運動者
戴博瓦飯店
插曲：泰蒂（之四）
論幸福
巴黎，一九三四年十月九日
三、障礙下的順從
四、違背意願的事業
五、慢動作脫逃

以上的構想顯然相當不同。例如從第一次世界大戰直到希特勒奪權之間的背景歷史，對今天的讀者而言非常重要，可是這在那個草擬的版本卻付諸闕如。縱使如此，我們仍然可以據此臆測《哈夫納回憶錄》將如何繼續發展下去：直到〈泰蒂〉（之二）以前，各標題與現存的手稿大致相符。接著位於裕特堡的候補文官營區將被詳細描繪出來。再來就是先父於一九三四年初首度前往巴黎的經過。先父在這第一次的移民嘗試之後又返回柏林。可惜此章的內容已經不復可考，因為先父除了曾向我們兄妹講述少許奇聞軼事之外，從來沒有提過當時的經歷。該構想的最後部分，就是先父母如何逃赴英倫。我們對這一段歷史雖然所知較多，可是仍然不夠清楚。

先父曇花一現動了那個念頭以後，便沒有再重拾手稿。它就與其他戰前的作品一起擺在書桌抽屜裡面，其中包括一部長篇小說、一部中篇小說、一些短篇故事以及他在三〇年代為「烏爾斯泰因出版社」撰寫的許多小品文章。

先父曾經把手稿中的兩個小段落抽出來單獨發表。它們分別是第十章（關於一九二三年的惡性通貨膨脹），以及第二十五章（關於一九三三年四月一日抵制猶太人的行動）。前者發表於何時何地已不可考，而且原文已經散佚。至於後者，他在一九八三年把它交給《明星雜誌》，於事件發生五十週年之際刊出，藉以描述當初的經過。因此我進一步推斷，前者應該發表於一九七三年。先父把這兩章抽出來的時候，顯然並未將手稿的完整性列入考慮。他把那幾頁交出去以後，就沒有把它們要回來。他的態度大概與中世紀農民看待古羅馬遺跡的方式沒有兩樣：那整個東西雖然毫無用處，但裡面還是找得到既好看又可以重新利用的廢物。

以上即為父親辭世以後，我發現這份手稿時的情形。現在我就繼續說明手稿成書的經過及其後續發展。

先父在世的最後幾年已經體弱多病，無法繼續寫作。我只要有時間就過去探望，與他討論科學與政治，家中的雜事免不了也成為我們閒聊的對象。時機適當的時候，我們偶爾也會談及他一生的經歷。今天我才發現，有許多問題早就應該好好向他請教才對。只不過他不喜歡自吹自擂，所以除非有人提出具體的問題，否則他不會主動說出有關自己的資訊。當時我對許多事項還缺乏認識，以致無法提出該問的問題。儘管先父謙沖為懷，他仍然相信自己寫下了若干值得保存的東西，有時更與我討論可於其身後出版的作品。關於自己早年的撰著，他提到了藏在書桌夾層裡面的一本小說。

父親於一九九九年一月去世以後，舍妹即接洽德國「聯邦檔案處」，並以兄妹二人的名義與之達成協議，由該處代為保管先父的遺稿。我於是開始整理先父工作室內的各種文件，將之匆匆瀏覽一遍以分辨其重要性，並千方百計尋找那本放在「夾層」裡面的小說。然而先父的書桌根本就沒有夾層。

他曾在一九八〇年代中葉，把自己擁有的兩張書桌之一送給犬子伯里斯，另外一張則留供自己工作使用。他送給小犬的那一張固然有夾層，裡面卻空空如也。另外一張書桌則根本就沒有夾層。我只能假定，那本小說和其他的文稿夾在一起，可是始終遍尋不著。又過了一段時間以後，我們才在一個五斗櫥的抽屜下面意外發現，小說與他第二任妻子克麗斯塔・羅特綽爾的許多作品放在一起。

我翻尋那本小說的時候，卻先找到了《哈夫納回憶錄》的英文翻譯。它擺在一個上面寫著「自傳」的文件夾裡面，我對其蹩腳的英文略感失望，於是把文件夾丟到一邊。接著我很快又發現了本書的德文手稿，它立刻吸引了我的注意力。除此之外，我還忙於閱讀所找到的其他資料，比方一份長達二十頁，關於先祖父生平事跡的未完成打字稿。起初我並沒有想到要把本書的手稿拿來出版，只打算（舍妹尤其如此）避免有人未得許可即擅自將之發表。因此我們與「聯邦檔案處」達成協議，我們選定的某些遺稿必須分開處理——那兩份自傳稿當然也包括在內——同時檔案處必須將全文拷貝一份交予繼承人留存。

當我們開始把公寓騰清的時候，柏林有一位名叫烏韋·蘇庫普的新聞記者兼出版商也過來幫忙。因為他是先父的崇拜者，我也一直把他當成朋友看待，再加上為了向之表示謝意，於是我把遺稿拿給他過目，其中最主要的當然就是《哈夫納回憶錄》。他率先建議出書，並立刻豁達大度地表示：「不要找我出，你們該去跟大出版社洽談。」

可是遺稿還沒有達到可以付梓的程度，它短少了兩章的文字，有那麼大的缺口存在，是沒有辦法出書的。烏韋·蘇庫普很快找到了第二十五章的蛛絲馬跡。他出版的哈夫納選集《介於兩次大戰之間》裡面有那篇收錄自《明星雜誌》的文字，它的標題正是〈告別〉。從那篇文字的前言部分可以清楚看出，這就是第二十五章的簡明版。於是我開始準備寫信給《明星雜誌》。

一九九九年五月，我們自「聯邦檔案處」獲得了文字的拷貝。同時我也請求《明星雜誌》賜知第二十五章原稿的下落。所獲得的答覆卻是，原稿並沒有保存下來。關於一九二三年的那一章文字則始終下落不明。我因而決定，在那年夏天依據英譯本來重建這些短缺的文字。當初它採取了直譯的方式，所以把它譯回德文並非特別困難的工作。不過目前我至少已經在重建的文字內，找到一個用字有異於原文之處。例如我把英文「Saviour」(拯救者）一字，譯成了德文的「Erlöser」。可是我在稍後的章節發現，家父說的是「慕尼黑的救世主」(Münchner Heiland)。因此第十章所使用的字眼應該也是「Heiland」(救世主)。

重建的文字在一九九九年秋天翻譯完畢，舍妹與我於是決定出版本書。翌年年初，我接獲「德意志出版社」(DVA）米夏埃爾．內爾先生的來函。他在信中表示有意印行先父的遺作。舍妹於是著手準備一個展示會，我則推薦了這本書，並在回函中寫道：「這份手稿並沒有展現出他成為賽巴斯提安．哈夫納以後的簡潔文體。其風格反而相當情緒化，而且比較像是『文學』作品，(……）不過卻生動描繪出其所生活的時代。」

米夏埃爾．內爾對我的提議非常興奮，並解決了出書前的最後一個難題：手稿的每一章都沒有另起一頁，因此出現那兩個缺口以後，前後銜接的句子也跟著一同消失。

這在第十章倒不成問題，我可以把承上啟下的部分也一起根據英譯本重建出來。然而英譯本在第十五章已經中斷，無法對第二十五章提供助力。〈革命〉這個大段落則隨著第二十五章而告結束，因此第二十六章開始於新的一頁。可是第二十四章的結尾部分卻在一個句子的中間被切斷。內爾先生注意到，如果刪除那個句子的開頭部分，整章仍然可以出現一個合情合理的結尾。於是我們就移除了第二十四章最後出現的半個句子：「當我早上還在高等法院的時候，曾經……」。本書的第一版就在倉促之間問世，以致付梓時不慎遺漏了手稿中的一頁文字。現在這也在增訂版中補足，此即本書第十九頁[7]。

本書能夠獲得如此可觀的成功，這是我做夢也無法想像的事情。新聞界及大眾的熱烈反應，起初更令我瞠目結舌，尤其這只是一部未完成的作品，於一九三三年年中便戛然而止[8]，更何況後來還出現了許多較此更為惡劣的狀況。可是事後回顧起來，熱烈的反應並不難理解：本書以目擊者報導的方式，回答了一個問題：「當初怎麼會演變成那種局面？」這是後生晚輩不斷向戰前出生的那一代人提出的問題。他們所獲得的答案往往卻是：「我們自己也不曉得。」

可是本書以毫不含糊的方式，反駁了以上的答覆：凡是什麼都看不見的人，就會做出那種事來，因為他存心對一切都視而不見。本書也讓德國人在兩次世界大戰之間所處的心靈狀態變得一目瞭然，使旁人理解納粹之所以能夠竄升的原因，同時又不給人可供脫罪的藉口。其中包括了令人覺得不可思議並不願接受的第一次世界大戰之敗績、受到壓抑的革命、惡性通貨膨脹所帶來的各種冒險行為、不受人喜愛的威瑪共和國，再加上民主黨派政治人物的怯懦。這一切都以既直接又令人信服的方式詳加著墨，使人無法不看出一個結論：發展到了最後只可能導出那種惡果。

我固然覺得，如果先父在二戰結束以後就能夠把本書撰寫完畢的話，那可該有多好。可是若換個角度來看，假如他果真把第一次世界大戰至一九三三年之間的背景故事略而不提，那也將意味著一個極大的損失。

奧利佛・普雷策

倫敦，二〇〇一年

7 譯按：即中譯本第三章，從「我必須在此為自己的家人說幾句公道話」開始的兩段文字。

8 譯按：當時還沒有發現第三十五至第四十章。

對增訂版的說明

西元二〇〇二年三月，舍妹莎拉．哈夫納與本人自「聯邦檔案處」獲悉，該處有一位自西元二〇〇〇年開始負責整理先父遺稿的年輕歷史學家——于爾根．施密特先生，發現了兩份屬於《哈夫納回憶錄》的文件。

新發現的第一份文件為打字謄寫稿，此即本書當初殘缺不全的第二十五章。現在可藉由這個版本來重建該章銜接第二十四章的部分，並以之來還原當初被《明星雜誌》刪節的文字。

第二份文件則為三十八頁手寫稿，可將書中的故事延伸至一九三三年十二月，並以額外的六章篇幅描繪位於裕特堡的候補文官營地。增加了這些頁數以後，全文得以恢復至先父在「後記」中引用的一封函件（一九三九年十月六日）所描述的全貌。雖然它們均為初稿而已，現仍不加修改即將之刊出。

有了這兩份文稿以後，除第十章必須重新譯回德文之外，全書已經完全吻合手稿於一九三九年秋被擱置下來時的狀況。

奧利佛·普雷策[1]

二〇〇二年四月

1 譯按：本書作者賽巴斯提安·哈夫納原名萊蒙德·普雷策。其子奧利佛·普雷策現為英國倫敦帝國學院數學教授。

譯名對照表

ㄅ

巴本（威瑪共和國末期投機取巧的總理） Franz von Papen
巴爾扎克（十九世紀法國小說家） Honoré de Balzac
伯里斯（作者的孫子） Boris
《柏林日報》（被納粹收編的報紙） *Berliner Tageblatt*
柏林高等法院（前普魯士王室最高法院） Kammergericht
波茨坦大街（位於柏林市） Potsdamer Straße
波茨坦之日（一九三三年三月二十一日） Tag von Potsdam
被同志化 Verkameradet
貝爾格納，伊莉莎白（奧地利女演員） Elisabeth Bergner
鮑姆，維姬（二十世紀奧地利女作家） Vicky Baum
邦議會 Landtag
比羅（馬恩河會戰時主攻巴黎的德國第二軍團司令） Bülow
別墅街（位於柏林市） Villenstraße
鞭打普魯士（興登堡進行的由上而下之政變） Preußenschlag
《布登勃洛克家族》（湯瑪斯·曼的長篇小說） *Buddenbrooks*
布萊希特（二十世紀德國左派劇作大師） Bertolt Brecht
布勞恩，奧圖（社民黨籍的普魯士末代民選總理） Otto Braun
布蘭登堡邊區（柏林一帶的普魯士核心地區） Mark Brandenburg
布蘭登堡城門（介於東西柏林之間） Brandenburger Tor
《布里格扎記》（奧地利作家里爾克的小說） *Malte Laurids Brigge*
布洛克（作者加入納粹黨的同學） Brock
布隆貝格（下令德軍向希特勒宣誓效忠的國防部長） Werner von Blomberg
布呂寧（威瑪共和末期的德國總理） Heinrich Brüning

ㄆ

帕瑟瓦克（希特勒於一戰末期負傷就醫的軍醫院） Pasewalk

帕爾齊法爾（英國古代亞瑟王傳奇中的騎士） Parsifal
派爾策（二〇年代德國運動健將） Otto Peltzer
菩提樹下大街（柏林市中心的幹道） Unter den Linden
樸茨茅斯（英國足球隊名） Portsmouth
普勒岑湖（柏林監獄所在地） Plötzensee
普雷策，萊蒙德（即賽巴斯提安・哈夫納） Raimund Pretzel
普雷策，奧利佛（本書作者之子） Oliver Pretzel
普魯士（面積佔德國三分之二的邦國） Preußen
普魯士國王腓特烈二世（即「大帝」） Friedrich II.（der Große）
普昂卡瑞（出兵占領魯爾區的法國總理） Raymond Poincaré

ㄇ

馬恩河會戰（一戰初期進行於巴黎城外的戰役） Marneschlacht
摩瑟爾河（位於德國西部的著名白葡萄酒產區） Mosel
莫泊桑（十九世紀法國小說家） Guy de Maupassant
墨林，理查（即彼得・甘） Richard Möring
《每日廣訊報》 *Tägliche Rundschau*
《謎語變奏曲》（艾爾加的作品） *Enigma Variations*
毛奇（名將毛奇之侄子，一戰初期的德軍參謀總長） Helmuth Johannes Ludwig von Moltke
曼，湯瑪斯（二十世紀德國作家） Thomas Mann
曼，海因利希（二十世紀德國作家） Heinrich Mann
蒙特維多（烏拉圭首都） Montevideo
民族奮起之日（一九三三年三月四日大選的前一天） Tag der nationalen Erhebung
民族的叛徒 Volksverräter
民族集中內閣 Kabinett der nationalen Konzentration
《明星週刊》（二戰後的著名德國雜誌） *Stern*
米勒（納粹任命的「帝國主教」） Müller
米勒，赫爾曼（二〇年代末期的德國總理） Hermann Müller
慕尼黑的救世主（即希特勒） Münchner Heiland

ㄈ

法西斯的標誌（一束棍棒中間捆著一把斧頭）　Liktorenbündel
法院見習生、候補文官　Referendar
佛坦（華格納樂劇中的諸神之王）　Wotan
廢話屋（納粹對國會的稱呼）　Quatschbude
凡・德・盧伯（被處決的荷蘭籍國會大廈「縱火者」）　Marinus van der Lubbe
芬尼（百分之一馬克）　Pfennig
芬克，維爾納（著名德國「卡巴萊」演員）　Werner Finck
馮・哈根（作者任職納粹司法界的同學）　von Hagen
福婁拜（十九世紀法國作家）　Gustave Flaubert
福煦（一戰末期協約國部隊的總指揮官）　Ferdinand Foch
《福斯日報》（被迫停刊的普魯士歷史最悠久之報紙）　*Vossische Zeitung*
福伊希特萬格（流亡美國的德國作家）　Lion Feuchtwanger
弗里克（納粹時代的德國內政部長）　Wilhelm Frick
伏爾泰（十八世紀法國作家）　François-Marie Arouet de Voltaire
輔助警察（主要由納粹「突擊隊」組成）　Hilfspolizei

ㄉ

德比式的帽子　Derby-Hut
德國聯邦檔案處　Bundesarchiv
德國聯邦刑事局　Bundeskriminalamt
德國共產黨　KPD（Kommunistische Partei Deutschlands）
德國中央銀行　Reichsbank
德國超越一切（威瑪及納粹時代的德國國歌歌詞）　Deutschland über alles
德皇威廉紀念教堂（位於西柏林）　Gedächtniskirche
德皇威廉二世　Wilhelm II.
德意志本土基督教會（納粹的「基督教會」）　Deutsche Christen
德意志民主黨（威瑪時代中間偏左的自由派政黨）　DDP（Deutsche Demokratische Partei）

德意志民族黨（威瑪時代中間偏右的自由派政黨） DVP（Deutsche Volkspartei）
德意志勞動陣線（納粹取代獨立工會的組織） DAF（Deutsche Arbeitsfront）
德意志國家民族黨（威瑪共和時代德國極右派的政黨） DNVP（Deutschnationale Volkspartei）
德意志之歌（一九二二起的德國國歌） Das Deutschlandlied
「德意志出版社」（本書德文原稿的出版者） DVA（Deutsche Verlags-Anstalt）
道氏計劃（一九二四年規範德國賠款時間表的計劃） Dawes Plan
狄更斯（十九世紀英國小說家） Charles Dickens
帝國主教（納粹任命的德國基督教領袖） Reichsbishof
地下墓穴（柏林著名的「卡巴萊」劇場） Katakombe
地產抵押馬克 Rentenmark
第三帝國 Das Dritte Reich
第五元素 Quintessenz
多爾富斯（被納粹刺殺的奧地利法西斯總理） Engelbert Dollfuß

ㄊ

塔里朗（十九世紀初期的法國外交家） Charles Maurice de Talleyrand-Périgord
泰蒂（本書作者的女性好友） Teddy
泰爾，威廉（瑞士傳說中的民族英雄） Wilhelm Tell
《泰晤士報》 *Times*
坦能堡（一戰時德俄在東普魯士決戰的地點） Tannenberg
《提綱挈領話德國》（即《論德國之雙重性格》） *Deutschland, ein Abriß aufzugeben*
提契諾（瑞士南部義語區的州名） Tessin（Ticino）
提爾花園（柏林市的王室公園） Tiergarten
圖林根（德國東南部的省分） Thüringen
屠格涅夫（十九世紀俄國小說家） Ivan Sergeyevich Turgenjew

突擊隊（納粹的街頭打手部隊） SA（Sturmabteilung）
《托尼歐・克洛格爾》（湯瑪斯・曼的長篇小說） *Tonio Kröger*
托爾斯泰（十九世紀俄國作家） Lev Nikolayevich Tolstoj
同步化（即「納粹化」） Gleichschaltung
同志情誼、同志般的團體生活、同志共同體 Kameradschaft
同志情誼的酒精 Kameradschafts-Alkohol

ㄋ

納粹的萬字標誌（卐） Hakenkreuz
內爾，米夏埃爾（「德意志出版社」的聯絡人） Michael Neher
內爾，卡蘿拉（卒於蘇聯的德國舞台劇經典人物） Carola Neher
尼布甲尼撒（西元前六世紀的巴比倫國王） Nebukadnezar
（Nebuchadnezzar）
尼采（十九世紀德國哲學家） Friedrich Nietzsche
《尼爾斯・呂那》（丹麥作家雅可伯森的現代主義小說） *Niels Lyhne*
努爾米（二〇年代芬蘭長跑健將） Paavo Nurmi
諾斯克（廣受爭議的威瑪共和國首任國防部長） Gustav Noske

ㄌ

拉貝（十九世紀德國文學家） Wilhelm Raabe
拉丁區（位於巴黎） Quartier Latin
拉特瑙（遭暗殺的威瑪共和國猶太裔外長） Walther Rathenau
徠卡（著名的德國照相機製造廠） Leica
萊茵共和國 Rheinische Republik
賴伊（納粹「德意志勞動陣線」的頭子） Robert Ley
老普魯士賽跑同盟 Rennbund Altpreußen
老戰士（資深納粹黨員） Alte Kämpfer
蘭道，法朗克（作者的猶太籍同學及好友） Frank Landau
蘭卓利，哈洛德（本書作者之妻埃莉卡的前夫） Harald Landry
朗貝爾提（二〇年代的德國神祕主義者） Lamberty
李卜克內希（德共創黨元老） Karl Liebknecht

里昂（法國東南部的城市） Lyon
里爾克（十九、二十世紀之交的奧地利作家） Rainer Maria Rilke
利希騰貝格（柏林市區） Lichtenberg
劣等人種 Untermensch
林布蘭（十七世紀荷蘭畫家） Rembrandt
臨時國旗（納粹時代的黑白紅三色旗） Vorläufige Reichsflagge
盧斯特花園（柏林市皇宮正前方的大型廣場） Lustgarten
盧森堡，羅莎（德共創黨元老） Rosa Luxemburg
魯登道夫（曾與希特勒共同發動流產政變的德國名將） Erich Ludendorff
魯榭爾（一戰後的法國財政部長） Louis Loucheur
魯爾地區（位於德國西部） Ruhrgebiet
魯爾戰爭（威瑪共和對法國出兵所做的消極抵抗） Ruhrkrieg
路易十八（拿破崙下台後的法國國王） Ludwig XVIII（Louis XVIII）
羅姆（被希特勒槍斃的「突擊隊參謀長」） Ernst Röhm
羅特，約瑟夫（二十世紀猶太裔奧地利作家） Joseph Roth
羅特綽爾，克麗斯塔（作者的第二任妻子，亦為作家） Christa Rotzoll
羅加諾（瑞士南部城市） Locarno
《論德國之雙重性格》（作者在英國的成名作） *Germany, Jekyll and Hyde*
呂北克（德國北部的海港） Lübeck
《呂特利誓約》（十三世紀末建立瑞士聯邦的盟約） Rütli-Schwur

ㄍ

戈培爾（納粹德國的宣傳部長） Joseph Goebbels
戈林（希特勒的副手） Hermann Göring
歌德（十八、十九世紀之交的德國文豪） Johann Wolfgang von Goethe
《歌集》（海涅的作品） *Buch der Lieder*
格魯那瓦德（位於柏林西南部的市區） Grunewald
格奧爾格（十九、二十世紀之交的德國詩人） Stefan George
《葛雷的畫像》（王爾德的小說） *Dorian Gray*
蓋世太保（國家祕密警察） Gestapo
蓋耶爾，弗洛里安（十六世紀農民戰爭的民兵領袖） Florian Geyer

蓋耶爾的黑色雜牌軍（十六世紀農民戰爭時期的民兵） Des Geyers schwarzer Haufen
甘，彼得（德國翻譯家） Peter Gan
鋼鐵陣線（威瑪時代的中間勢力） Eiserne Front
鋼盔團（威瑪時代的極右派準軍事組織） Stahlhelm
國防軍（威瑪共和及納粹初期德國軍隊的名稱） Reichswehr
國會大廈縱火案 Reichstagsbrand
國際聯盟 Völkerbund
國家緊急防衛 Staatsnotwehr
國家社會主義法學家聯合會 Nationalsozialistischr Juristenbund
國家社會主義機動車駕駛人協會 Nationalsozialistisches Kraftfahrkorps
國家社會主義者（納粹黨人） Nationalsozialist
《觀察家報》（本書作者於二戰時服務的英國報社） *Observer*
官式德文，尺牘德文 Amtsdeutsch
《攻擊報》（納粹宣傳部長戈培爾的傳聲筒） *Der Angriff*
《共和國保護法》（拉特瑙外長遇刺後頒布的法規） Gesetz zum Schutze der Republik
共產黨前線參戰士兵同盟 Kommunistischer Frontkämpferbund

ㄎ

卡巴萊（幽默諷刺劇場） Kabarett
卡普政變 Kapp-Putsch
卡拉卡斯（委內瑞拉首都） Caracas
喀爾文（十六世紀法國新教改革人物） John Calvin
科佩尼克（柏林的市區） Köpenick
科佩尼克大屠殺 Köpenicker Massenmord
科爾尼希（一九二〇年代德國短跑健將） Helmut Körnig
《可恥的凡爾賽和約》 Schandfrieden von Versailles
克倫威爾（十七世紀推翻斯圖亞特王朝的共和派領袖） Oliver Cromwell
克魯格，尤塔（曾向本書作者之子提供有關本書資料） Jutta Krug
克魯克（馬恩河會戰時的德國第一軍團司令） Kluck

凱勒（十九世紀瑞士作家）　Gottfried Keller
庫斯特林（奧德河東岸的德國城市）　Küstrin

ㄏ

哈夫納，莎拉（本書作者之女，為著名藝術家）　Sarah Haffner
哈夫納，賽巴斯提安（本書作者，德國名政論家）　Sebastian Haffner
賀德齡（十八、十九世紀之交的德國詩人）　Friedrich Hölderlin
海佛利希（德國經濟學家）　Karl Helfferich
海格（一戰時歐陸英軍的指揮官）　Douglas Haig
黑白紅戰鬥陣線（納粹的極右派盟友）　Kampffront Schwarz-Weiß-Rot
黑紅金國旗同盟（威瑪共和國的中間勢力）　Reichsbanner Schwarz-Rot-Gold
黑衫隊、親衛隊、黨衛軍　SS（Schutzstaffel）
黑瑟爾（作者流亡海外的同學）　Hessel
後波美拉尼亞（二戰後劃歸波蘭的普魯士省分）　Hinterpommern
漢妮（法朗克・蘭道的前任女友）　Hanni
亨區（須為馬恩河會戰失利負責的德軍中校參謀官）　Hentsch
《橫笛與短劍》（海因利希・曼的小說）　*Flöten und Dolche*
胡奔（一九二〇年代德國短跑健將）　Hubert Houben
《護民衛國行政命令》（頒布於國會大廈失火的翌日）　Verordnung zum Schutz von Volk und Staat
霍夫曼斯塔爾（十九、二十世紀之交的奧地利劇作家）　Hugo von Hofmannsthal
霍斯特・威瑟爾之歌（納粹黨歌）　Horst-Wessel-Lied
霍爾茲（作者加入納粹黨的同學）　Holz
霍伊瑟爾（一九二〇年代神祕教派的領袖）　Häusser
《紅旗報》（德國共產黨的黨報）　*Die Rote Fahne*

ㄐ

基爾（德國北部的海港）　Kiel
加里耶尼（馬恩河會戰時的巴黎衛戍司令）　Joseph Simon Gallieni
街頭藝人吟唱的敘事曲　Moritat

傑辛斯基（社民黨籍的普魯士警察總長） Albert Grzesinski
《介於兩次大戰之間》（哈夫納的選集） *Zwischen den Kriegen*

ㄑ

旗隊長（突擊隊及黑衫隊的「上校」） Standartenführer
齊采林（蘇聯外交部長） Georgy Tschitscherin
《前進報》（德國社會民主黨的黨報） *Vorwärts*
虔信教派（反納粹的德國基督教派） Bekennende Kirche
槍騎兵短夾克 Ulanenjäckchen
青年聯盟（被納粹查禁的德國自由青年運動組織） Bündische Jugend

ㄒ

希特勒青年團 HJ（Hitlerjugend）
希爾胥（作者流亡海外的猶太同學） Hirsch
錫安主義者（猶太民族主義者） Zionist
霞飛（一戰時的法軍元帥） Joseph Jacques Césaire Joffre
新千年至福說的信奉者 Chiliast
《新愛洛綺思》（盧梭的作品） *La Nouvelle Héloise*
新營區（即「候補文官工作營」） Neues Lager
興登堡（德國名將，威瑪共和國第二任及末任總統） Paul von Hindenburg
選侯大道（位於柏林市西部的幹道） Kurfürstendamm

ㄓ

制服風的時髦款式 Mode à la uniforme
戰爭罪責謊言 Kriegsschuldlüge
《真相雜誌》（被納粹收編的雜誌） *Die Tat*
震顫性譫妄 Delirium tremens
中隊長（突擊隊及黑衫隊的「上尉」） Sturmführer
中世紀雇傭兵歌謠 Landsknechtslieder
中央黨（威瑪共和國中間偏右的政黨） Das Zentrum
種族文學和本土文學 Blut-und Bodenliteratur

ㄔ

查莉（本書作者猶太裔女朋友的別名） Charlie
長刀之夜（即一九三四年的「羅姆政變」） Nacht der langen Messer
《衝鋒報》（納粹的反猶太報紙） *Der Stürmer*

ㄕ

師隊長（突擊隊及黑衫隊的「中將」） Gruppenführer
施密特（作者在裕特堡營區的排長） Schmidt
施密特，于爾根（德國聯邦檔案處的工作人員） Jürgen Peter Schmied
施萊歇爾（遭納粹擊斃的威瑪共和國末任總理） Kurt von Schleicher
《十一月》（福婁拜的小說） *Novembre*
實物交付協定 Sachlieferungsabkommen
史特萊歇爾，尤利烏斯（紐倫堡地區的納粹領導人） Julius Streicher
史特雷斯曼（二〇年代的德國外長） Gustav Stresemann
世紀末頹廢美感 Fin de siècle
《世界報》（二戰後著名的德國報社） *Die Welt*
沙赫特（中央銀行總裁及納粹執政前期的財政部長） Hjalmar Schacht
蛇怪的目光（指希特勒的眼神） Basiliskenblick
社會民主黨（中間偏左的德國政黨） SPD（Sozialdemokratische Partei Deutschlands）
《授權法》（納粹上台後架空國會立法權的修憲案） Ermächtigungsgesetz
上薩爾茨貝格（希特勒山頂別墅的所在地） Obersalzberg

ㄖ

柔術（柔道的舊稱） Jiu-Jitsu
人面獅身的「斯芬克斯」 Sphinx
人民法官（納粹的法官） Volksrichter
《人民觀察家報》（納粹黨報） *Völkischer Beobachter*
人民海軍師（德國一九一八革命後的左派革命部隊） Volksmarinedivision
人種學（納粹的偽科學） Rassenlehre

ㄗ

自由戰爭（德境反抗拿破崙的「解放戰爭」）　Freiheitskriege
澤偉林（普魯士社民黨籍的內政部長）　Carl Severing
總統內閣制（威瑪共和末期架空國會的制度）　Präsidialkabinett

ㄙ

斯巴達克思同盟（德國共產黨的前身）　Spartakusbund
斯巴達克思起義（即一九一九年的「一月暴動」）　Spartakusaufstand
斯湯達爾（十九世紀法國小說家及文學評論家）　Stendhal
薩克雷（十九世紀英國小說家）　William Thackeray
薩克森（位於德國東南部的邦國）　Sachsen
賽德曼（威瑪共和國首任總理）　Philipp Scheidemann
掃羅（西元前十一世紀的猶太國王）　Saul
三月陣亡者（一九三三年三月搶著加入納粹黨的人）　Märzgefallene
蘇庫普，烏韋（曾撰寫哈夫納傳記的德國新聞記者）　Uwe Soukup
綏靖政策、姑息政策　Appeasement

ㄞ

埃里歐（任期長達五十年的法國里昂市長）　Édouard Herriot
埃莉卡（作者猶太裔的妻子，全名埃莉卡．希爾胥）　Erika（Erika Hirsch）
埃爾哈特旅（參加「卡普政變」的右派民兵）　Brigade Ehrhardt
艾伯特（威瑪共和國首任總統）　Friedrich Ebert
艾希霍恩（一九一八革命時的柏林極左派警察總監）　Eichhorn
艾爾加（英國作曲家）　Edward Elgar
愛倫（法朗克．蘭道的未婚妻）　Ellen

ㄠ

奧伯佛恩（納粹盟友「德意志國家民族黨」的黨鞭）　Ernst Oberfohren
奧圖，漢斯（遭納粹殺害的著名德國舞台劇演員）　Hans Otto

奧拉寧堡（納粹最初成立的集中營之一） Oranienburg

ㄦ

二頭肌貴族政治（即「體育病」） Bizeps-Aristokratie

ㄧ

藝術家聚落（位於柏林—威爾瑪斯多夫） Künstlersiedlung
義勇軍（威瑪共和初期的右派民兵） Freicorps
亞歷山大廣場（位於柏林市中心的廣場） Alexanderplatz
雅利安人 Arier

ㄨ

烏爾斯泰因出版社（德國著名的出版集團） Ullsteinpresse
無祖國者 Sans-patrie
無憂宮（位於波茨坦的普魯士王宮） Sans-Souci（Sanssouci）
伍弗漢普頓（英國足球隊名） Wolverhampton
瓦瑟爾曼（二十世紀猶太裔德國作家） Jakob Wassermann
瓦爾堡，弗烈德瑞克（曾贊助本書作者的英國出版商） Frederic Warburg
威廉街（柏林市國家行政中樞所在的街道） Wilhelmstraβe
威爾瑪斯多夫（位於柏林） Wilmersdorf
威爾遜（一戰時的美國總統） Woodrow Wilson
魏爾蘭（十九世紀法國詩人） Paul Verlaine
萬湖（位於柏林） Wannsee
王爾德（十九世紀愛爾蘭作家） Oscar Wilde

ㄩ

雨果（十九世紀法國作家） Victor Hugo
裕特堡（布蘭登堡邊區南部的城市） Jüterbog
元首（指希特勒） der Führer

哈夫納生平		歷史事件
	1871	德意志帝國成立，普魯士國王威廉一世被德境王候推舉為共主。
	1890	德皇威廉二世解除帝國首相俾斯麥的職務。
	1914.6.28	奧匈帝國皇儲斐迪南大公及夫人在波士尼亞首府薩拉耶佛遇刺身亡。塞爾維亞政府間接涉入此暗殺事件。
	1914.7.6	德意志帝國宣佈無條件支持奧匈帝國（對奧匈帝國開出「空白支票」）。
	1914.7.23	奧匈帝國向塞爾維亞提出最後通牒，限該國於四十八小時內提出答覆。
	1914.7.25	塞爾維亞同意奧匈帝國開出的大多數條件，但同時下令全軍動員。奧匈帝國不滿塞爾維亞之答覆，乃斷絕兩國外交關係。奧軍局部動員。俄羅斯帝國宣佈支持塞爾維亞，英國及德國調停無效。
	1914.7.28	奧匈帝國向塞爾維亞宣戰。德意志帝國試圖軟化奧地利之態度。
	1914.7.30	俄軍總動員。奧匈帝國亦於次日總動員。(動員實同宣戰)
	1914.7.31	德國向俄國提出最後通牒，要求俄軍於十二小時內停止動員。
七歲，告別童年渡暑的森林莊園。返回柏林後沉迷於「戰爭大戲」。	1914.8.1	俄國對德國之最後通牒不加理睬，德國乃全軍總動員，並向俄宣戰。
	1914.8.3	德國向俄國之盟邦法國宣戰。德軍開入比利時以借道進攻法國。
	1914.8.4	英國提出最後通牒，要求德國尊重比利時之中立。此舉形同對德宣戰。
	1914.8.6	塞爾維亞向德國宣戰。奧匈帝國則向俄羅斯帝國宣戰。
	1914.8.11	法國向奧匈帝國宣戰，翌日英國亦向奧匈帝國宣戰，大戰從此一發不可收拾。
	1914.8.30	興登堡在坦能堡戰役大敗俄軍，化解東戰場危機。

1914.9.6	馬恩河會戰結束，德國失去速戰速決的獲勝機會。
1916.8	興登堡元帥成為德國陸軍最高指揮官。
1917.4.6	美國向德國宣戰。
1917.4	德國社民黨左翼人士成立「獨立社會民主黨」（USPD），反對繼續進行戰爭。
1917.11.6	俄國「十月革命」爆發。
1918.3.3	德俄簽訂和約，俄國正式退出大戰，烏克蘭成為德國之附庸國。
1918.8.8	英軍在亞眠展開大規模坦克攻勢，德軍全面後撤。
1918.8.14	德國軍方於御前作戰會議中確認：德國已無獲勝可能。
1918.9.29	德國軍方要求平民政府進行停戰談判。
1918.10	巴登親王出任德意志帝國總理。
1918.10.29	威廉港的德國艦隊士兵因拒絕出戰而叛變。
1918.11.4	基爾的海軍水手叛變。革命行動蔓延全德，各地均出現「工人士兵蘇維埃」。
1918.11.7	慕尼黑爆發革命，成立「巴伐利亞人民共和國」。
1918.11.8	德意志帝國開始與協約國進行停戰談判。
1918.11.9	柏林爆發革命：帝國總理巴登親王自行宣佈德皇退位，社民黨黨鞭塞德曼於當日下午在帝國國會大廈的陽台向群眾宣佈成立「德意志共和國」。 帝國首相巴登親王將政權交予社民黨黨魁艾伯特。
1918.11.10	德皇威廉二世出奔荷蘭。德國由「人民委員」組成臨時政府。
1918.11.11	停戰協定生效，德軍必須交出潛艇及一切重裝備。

十一歲，依舊盼望德國的最後勝利，最讓人生氣的是，每個人都在這個節骨眼對戰爭失去了興趣。

報上出現德皇退位消息，其簡短令人訝異。學校有同學因為玩「革命遊戲」遭老師處罰。這樣的革命絕對不會有前途。

派出所張貼的戰情快報沒有了。怎麼可能？停戰協定業已簽署——他的幻想世界完全破滅了。「我們」居然也有戰敗的時候，這竟是一場一場大勝之後的最終結果。	1918.11.12	奧匈帝國解體後，新成立的「德意志奧地利共和國」宣佈與德國合併，但協約國加以否決。
	1918.11.18	德國外交部呼籲美國國務院終止對德海上封鎖，以解決饑荒危機。
	1918.12.23	「人民海軍師」的水手因領不到薪水而佔領柏林皇宮，並挾持政府官員為人質。
	1918.12.24	佔領皇宮的水手與正規軍進行「聖誕節戰鬥」，結果水手獲勝。政府從此改用「義勇軍」對抗革命武力。
	1918.12.23	「斯巴達克思同盟」部分改組成「德國共產黨」（KPD）。
	1919.1.4	柏林警察總監艾希霍恩（Emil Eichhorn）因圖利「斯巴達克思同盟」而遭撤職。
	1919.1.5	數千名柏林工人上街遊行支持艾希霍恩，結果演成「一月暴動」。「德意志勞工黨」（DAP）成立，是為納粹黨之前身。
	1919.1.6	「斯巴達克思同盟」與極左派人士合組革命委員會，宣佈接掌政權。
十二歲，班上組成「老普魯士賽跑同盟」，相信「為祖國而跑」是重要的愛國表現。	1919.1.8	諾斯克「人民委員」率領政府軍向「斯巴達克思同盟」展開反擊。
	1919.1.12	「一月暴動」（「斯巴達克思起義」）被敉平。
	1919.1.15	「義勇軍」拘捕羅莎．盧森堡及李卜克內希，二人隨後皆遭殺害。
	1919.1.18	協約國與德國在巴黎進行和平談判。
	1919.1.19	德國舉行「國民議會」選舉，社會民主黨獲勝。
	1919.2.6	因柏林政情不穩，「國民議會」的制憲委員會開始在威瑪舉行會議。
	1919.2.11	「國民議會」選舉艾伯特出任威瑪共和國首任總統。
學校成為政府軍指揮總部，而隔壁的國民小學則變成紅軍的據點。	1919.3.3	柏林左派工人喊出「一切權力歸於蘇維埃」之口號，並於發動總罷工後展開暴動。
	1919.3.13	柏林「三月騷動」被敉平，死者共一千二百人。
	1919.4.7	慕尼黑成立「蘇維埃共和國」並建立紅軍。

1919.5.2	忠於政府的「義勇軍」於激烈戰鬥後攻佔慕尼黑。
1919.5.7	德國代表團接獲《凡爾賽和約》之草約， 其嚴酷條文在德國引起極大反彈。
1919.6.16	協約國提出最後通牒，限德國於五日內接受《凡爾賽和約》。
1919.6.28	協約國與德國簽訂《凡爾賽和約》，德國須割地賠款， 且軍隊之總人數不得超過十萬人。
1919.7.12	協約國結束對德海上封鎖。自一九一五年以來， 德國計有七十五萬人因「饑餓封鎖」而死亡。
1919.7.31	德國「國民議會」通過《威瑪憲法》(德國第一部議會民主憲法)。 《威瑪憲法》中關於德奧合併的條文於戰勝國之堅持下被迫刪除。
1919.10.21	「德意志奧地利共和國」更名為奧地利共和國。
1919.11.18	興登堡向德國「國民議會」之調查委員會做出不實陳述： 德國軍方失利的原因是有政治人物「在背後捅了一刀」。
1920.1.10	《凡爾賽和約》開始生效。
1920.2.29	國防部長諾斯克在戰勝國的指示下解散某些「義勇軍」單位， 德軍軍階最高的現役將領呂特維茨（Walther von Lüttwitz）出面抗拒。
1920.3.4	「德意志勞工黨」更名為「國家社會主義德意志勞工黨」， 簡稱「國社黨」(NSDAP) 或「納粹黨」(Nazi)。 其黨綱包括廢止《凡爾賽和約》及註銷猶太人之德國國籍。
1920.3.13	呂特維茨與「埃爾哈特海軍旅」發動政變， 並任命卡普出任總理（「卡普政變」）。德國工會發動總罷工加以抵制。
1920.3.15	魯爾區的左派工人組成「魯爾紅軍」以抗拒「卡普政變」。
1920.3.16	德國全國計有一千二百萬名工人參加總罷工。
1920.3.17	「卡普政變」結束。工會要求諾斯克下台，以此做為結束總罷工之條件。 「魯爾紅軍」擊敗「義勇軍」並佔領多特蒙德市。

十三歲，學校停課，
接著，停水、停電，
什麼東西都沒有了。
除此之外，什麼事
情都沒發生，生活
中一切均陷入休止。
真是場怪異的革命！

	1920.3.22	諾斯克辭去國防部長職務，轉任漢諾威州長。
	1920.4.2	「國防軍」開入魯爾區鎮壓「魯爾紅軍」。
	1920.11.30	普魯士依據新憲法成為採行議會民主制的自由邦，由奧圖．布勞恩擔任總理。
	1920.12.16	《人民觀察家報》成為納粹黨報。
	1921.1.29	協約國在巴黎敲定德國賠款金額（二千二百六十億金馬克，分四十二年支付）。
	1921.2.1	德國政府表示無力支付協約國訂出的賠款金額。
	1921.4.27	巴黎賠款委員會將德國賠款總額降低為一千三百二十億金馬克，分六十六年支付。
	1921.5.5	協約國限德國於六日內接受賠款金額，否則將佔領魯爾地區以為報復。
	1921.5.11	德國國會表決通過賠款金額。
十四歲，感受到拉特瑙憑藉其高深文化素養所散發出的群眾領袖魅力，重新注意起政治，在初中與同學激辯。	1921.5.30	拉特瑙出任重建部長。
	1921.7.29	希特勒成為納粹黨主席。
	1921.8.3	納粹黨成立準軍事化組織，十一月四日將之定名為「突擊隊」（SA，即「褐衫隊」）。
	1922.1.18	法國前總統普昂卡瑞（Raymond Poincaré）出任總理及外長。
	1922.1.31	拉特瑙出任德國外交部長。
目睹數十萬人自發參加拉特瑙喪禮，儀式結束後人群不散，遊行了好幾個小時。	1922.6.24	拉特瑙被二名極右派的年輕人暗殺（暗殺者二週後遭警方格斃）。
	1922.7.18	德國國會通過《共和國保護法》，政府得禁止反共和國的組織。
	1922.9.2	《德意志之歌》成為德國國歌（「德國超越一切」）。
	1923.1.11	法國及比利時出兵佔領魯爾區。
	1923.1.13	德國政府呼籲百姓對外國佔領軍進行消極抵抗。

十六歲，馬克崩盤期間，人人皆投資股票保值，但父親堅持「普魯士官員絕不投機」。由於薪俸的購買力隨時在波動，母親只得在父親領到月薪的次日儘量採購食物，接下來整個月全家毫無現金可用。	1923.3.31	法軍在埃森槍殺十三名示威工人。
	1923.7.30	馬克對美元匯率打破一百萬大關。
	1923.8.13	史特雷斯曼出任總理，組成大聯合政府。
	1923.9.17	馬克對美元匯率超過二億比一。
	1923.9.26	史特雷斯曼內閣在通貨膨脹之強大壓力下，宣佈放棄對法國佔領軍進行消極抵抗。
	1923.10.21	萊茵區分離主義者宣布成立獨立的「萊茵共和國」，三週後即因百姓反對而告終。
	1923.10.22	「國防軍」開入薩克森以鎮壓當地的共黨政府。
	1923.11.5	「國防軍」開入圖林根以鎮壓當地的共黨政府。
	1923.11.8	希特勒於慕尼黑發動「啤酒館政變」，並企圖「向柏林進軍」。
	1923.11.9	巴伐利亞警方以武力驅散暴動者。納粹黨遭到查禁，希特勒則於二天後被逮捕。
	1923.11.15	史特雷斯曼進行貨幣改革，解決了德國通貨膨脹的問題。
上星期五領的錢，到這星期四照樣買得到東西，時人為之驚異不已。	1923.11.16	德國開始使用「地產抵押馬克」。每一「地產抵押馬克」兌換一兆馬克；四點二「地產抵押馬克」兌換一美元。)
	1923.11.23	史特雷斯曼內閣下台，史特雷斯曼從此轉任外長。
	1924.2.22	社會民主黨成立「黑紅金國旗同盟」以捍衛威瑪共和國。
	1924.4.1	希特勒被判刑五年，於獄中口述《我的奮鬥》。
全心投入練習跑步，心中念茲在茲的是國際田徑場上諸位「德國大師」。	1924.4.9	戰勝國公布「道氏計劃」以重新規劃德國的賠款時間表。
	1924.7.18	德國共產黨成立「紅色前線參戰士兵同盟」做為自己的戰鬥組織。
	1924.12.20	希特勒被提前釋放出獄，出獄後重組納粹黨，並企圖以「合法方式」奪取政權。

	1925.2.28	威瑪共和國首任總統艾伯特病逝。
參加大學裡的網球社，深為愛戀仙女般的「泰蒂」。另一方面，他慢慢發現身邊出現可憎的「褐色德語」。	1925.3.29	德國首度舉行直接民選的總統選舉，七位候選人無人獲得過半數選票。
	1925.4.26	興登堡以七十八歲高齡參加第二輪總統大選，並獲得當選。
	1925.7.18	希特勒出版《我的奮鬥》第一冊。
	1925.11.9	納粹成立「黑衫隊」(SS)。
	1926.12.6	希特勒出版《我的奮鬥》第二冊。
	1926.12.10	德國外長史特雷斯曼與法國外長白里安共同獲得諾貝爾和平獎。
	1929.6.7	楊氏計劃在巴黎簽署。德國每年賠款二十億馬克，支付至一九八八年。
得知史特雷斯曼去世，全身上下汗毛直豎。現在誰來馴服那些怪獸呢？	1929.10.3	德國外長史特雷斯曼中風去世。
	1929.10.25	紐約股市崩盤（「黑色星期五」），全球經濟危機爆發。 德國國內通貨膨脹一發不可收拾，全國失業人口亦不斷激增，最後超過六百萬人。
泰蒂前往巴黎定居。	1930.3.29	興登堡任命布呂寧為總理， 從此出現架空國會內閣同意權的「總統內閣制」。
	1930.9.14	納粹黨及德國共產黨於大選中選票大增，德國政治光譜開始兩極化。 納粹並成為德國第二大黨。
	1931.10.10	興登堡總統與布呂寧總理共同接見希特勒，商討與之合作的可能性，但不得要領。
	1931.10.11	納粹黨與「德意志國家民族黨」(DNVP) 及「鋼盔團」 共組「哈爾茨堡同盟」。
	1932.2.25	希特勒取得德國國籍，以便參加德國總統選舉（希特勒是奧地利人）。
	1932.4.10	希特勒競選總統，僅獲得百分之三十六點八的選票而遭興登堡擊敗。
	1932.5.30	布呂寧內閣下台，興登堡任命巴本為總理。

	1932.6.28	巴本總理撤銷對納粹「突擊隊」(SA) 及「黑衫隊」(SS) 之禁令。
二十四歲，聽從父親建議，完成法律學業，通過國家初級考試而成為候補文官，於法院及行政機構見習。雖然他憑直覺斷定納粹是他所珍惜的一切事物之敵人，卻沒看出他們是多麼可怕的敵人，於是以事不關己的態度作壁上觀。	1932.7.17	國會選戰期間，漢堡郊外隸屬普魯士的阿爾托納 (Altona) 爆發共黨、納粹及警方之間的槍戰。史稱「阿爾托納血腥週日」。
	1932.7.20	興登堡總統在保守人士鼓動下，以「阿爾托納血腥週日」為由， 解散普魯士由社民黨執政的政府， 並任命巴本總理為中央政府駐普魯士全權代表。 經此「鞭打普魯士」行動後，德境已無足以抗拒納粹的勢力。
	1932.7.31	納粹於國會選舉中獲得百分之三十七點四的選票，成為最大黨。
	1932.8.13	興登堡召見希特勒，欲將之任命為副總理，但希特勒加以拒絕。
	1932.11.6	德國再度舉行國會大選，納粹仍為最大黨， 但得票率已減少百分之四點三 (33.1%)。
	1932.11.17	巴本內閣下台。
	1932.11.21	興登堡召見希特勒，表示願任命其為總理，但希特勒須獲得國會支持。
	1932.11.24	希特勒提出一份由二十位德國經濟界聞人共同簽署的聲明， 表示支持希特勒組成獨立於國會之外的內閣。興登堡對此加以拒絕。
	1932.12.3	興登堡任命施萊歇爾為總理。
	1933.1.28	施萊歇爾於出任總理五十七日後黯然下台。
晚報刊出希特勒任總理消息，他試圖擺脫心中寒意，努力冷靜思考，想到不少令人安心的理由。晚上與父親討論，結論是該政府不大可能長期執政。	1933.1.30	興登堡任命希特勒為總理，巴本出任副總理。 當晚約有一萬五千名「突擊隊」、「黑衫隊」及「鋼盔團」成員 在柏林市布蘭登堡城門持火炬遊行慶祝。
	1933.2.1	興登堡應希特勒之要求解散國會。
	1933.2.2	戈林被指派為普魯士內政部長，並禁止一切由共黨舉辦的遊行。
	1933.2.10	「德意志國家民族黨」與「鋼盔團」合組「黑白紅戰鬥陣線」進行選戰。
	1933.2.11	「黑白紅戰鬥陣線」表態支持希特勒內閣。

於狂歡節由網球社友人「麗莎」介紹，與迷人的「查莉」成為情侶，而舞會隨即遭驅散。國會大廈縱火案後，麗莎的男友被捕，他是柏林著名的左派醫生。	1933.2.22	戈林在普魯士成立「輔助警察」（由突擊隊、黑衫隊組成），並鼓勵他們「積極開槍」。
	1933.2.27	國會大廈失火，納粹政府以此為藉口，在國內全面展開鎮壓行動、阻礙其他政黨活動、限制新聞自由並整肅公職人員。
	1933.2.28	興登堡簽署《緊急行政命令》（《護民衛國行政命令》），限制言論、新聞及集會的自由，並擴充警方權限，為納粹獨裁政權排除路上之障礙。
	1933.3.5	舉行威瑪共和末次選舉。納粹黨雖以執政黨的身分營造一切有利條件，並限制對手參選，仍僅獲得百分之四十三點九的選票。
	1933.3.8	納粹政府依據《緊急行政命令》，註消共黨議員在新國會的全部席次（共黨於選舉中獲得百分之十二點三的選票）。
	1933.3.13	納粹政府成立「宣傳暨國民啟蒙部」，由戈培爾擔任部長。
	1933.3.20	納粹在達豪及薩克森豪森成立集中營來囚禁政敵。
高等法院出現納粹突擊隊驅離猶太人。當晚他一時與查莉失聯，大為忐忑。	1933.3.21	新國會揭幕，興登堡總統參加納粹一手籌劃的波茨坦之日慶祝活動，進一步助長了希特勒的氣焰（「老德國」與「新德國」之結合）。
	1933.3.23	德國國會唱名表決通過臨時修憲案（《授權法》），將立法權交予政府。
	1933.3.31	納粹政府立法將地方政府與中央政府「同步化」，終結了地方分權的聯邦體制。
摯友「法朗克」匆匆訂婚，趁出境證規定生效前流亡蘇黎世。	1933.4.1	納粹發動「百姓」抵制猶太人商店、猶太籍教授、教師、律師及醫師。「突擊隊」並以暴力對付不遵從抵制行動者。
	1933.4.7	納粹政府頒佈《專業公務人員制度重建法》，規定猶太人不得擔任公職。一九三五年九月以前允許例外存在。
	1933.4.11	戈林被希特勒任命為普魯士總理。
	1933.4.25	納粹立法規定，猶太籍大學生之人數比例不得超過百分之一點五。
	1933.4.26	戈林在普魯士成立「國家祕密警察」（蓋世太保）以進行恐怖統治。

法院獲准繼續開庭，柏林高院的猶太老法官遭下放，新來的年輕地院法官傳言是黑衫隊高幹。	1933.4.27	英國《曼徹斯特衛報》刊出一份名為「奧伯佛恩備忘錄」的文件，指稱國會大廈縱火案實乃自導自演，導致德國極右派陣營內部失和。
	1933.5.2	納粹政府明令禁止工會存在，並以武力逮捕工會領袖。
	1933.5.3	納粹政府搗毀工會以後成立「德意志勞動陣線」（DAF），藉以掌握全國勞動人口。
	1933.5.7	「德意志國家民族黨」黨鞭奧伯佛恩「自殺」於基爾市。
	1933.5.10	納粹在柏林歌劇院廣場大規模焚燒禁書。隨後幾天內，全國圖書館均遭「清洗」，移除「違反德意志精神」的書籍。
	1933.6.21	「科佩尼克血腥週」開始，持續至二十六日。數百名社民黨及共黨人士被押赴柏林科佩尼克的突擊隊分部，遭受拷打或殺害。其中二十一人被縫入麻袋擲入河中，其他遇害者大多下落不明。
	1933.6.22	「社會民主黨」遭到查禁，財產全部充公，其黨員不得出任公職。
學習小組相聚時，他與「霍爾茲」針鋒相對，弄到對方揚言考慮將他舉報給蓋世太保。	1933.6.26	納粹的友黨「德意志國家民族黨」（DNVP）被迫解散。
	1933.7.3	納粹政府成立廣播局以控管全國的廣播節目及收音機買賣。
	1933.7.4	「德意志民族黨」（DVP）宣佈解散。
	1933.7.5	「中央黨」（Zentrum）宣佈解散。納粹成為全德唯一合法政黨。
	1933.7.7	「社會民主黨」在德國各級議會的席次均遭註消。
	1933.7.8	納粹政府成立「工作營」，普魯士即將參加國家考試的法律系學生皆須前往受訓，以接受「世界觀教育」。
柏林高等法院見習期滿，決心移居巴黎，父親竟未強烈反對，只堅持他必須通過國家中級文官考試。	1933.7.11	內政部長弗里克（Wilhelm Frick）宣佈「德意志革命」已大功告成。
	1933.7.12	內政部宣佈，各級學校之歷史課程須教授「人種學」及「元首原則」。內政部宣佈，電影製片人須證明自己為「雅利安人」。
	1933.7.13	納粹政府任命「帝國主教」，基督教會亦納粹化。
	1933.7.14	納粹政府立法禁止成立政黨。

	1933.7.23	親納粹的「德意志本土基督教會」於「教會選舉」中得票逾三分之二。
	1933.7.25	警方、「突擊隊」與「黑衫隊」於中午全員出動，攔檢全國火車及汽車。
	1933.8.4	紐倫堡率先禁止猶太人使用公共游泳池。
查莉盲腸炎發作，住院開刀。	1933.8.10	「包浩斯建築學院」被納粹勒令關閉。
	1933.8.22	德國工業協會宣布，各工作場所須行「希特勒式敬禮」。
	1933.9.1	納粹在紐倫堡舉行黨大會，製造出震撼人心的宣傳效果。
泰蒂返回柏林道別，她將嫁為人妻。	1933.9.21	萊比錫法院開始審理國會大廈縱火案。
	1933.9.22	納粹立法規定，猶太人不得從事新聞、文藝及自由業。
	1933.10.4	納粹政府立法將全德新聞界「同步化」。
前往裕特堡候補文官營區接受世界觀教育。	1933.10.14	宣傳部長戈培爾宣布，德國擬退出國際聯盟，不再參加國際裁軍談判。 納粹政府解散國會（僅召開過三次會議）， 並宣佈將於十一月十二日重新選舉， 同日亦將就退出國際聯盟進行公民投票。 全德地方議會均遭解散，此後州長由中央直接任命。
他發現自己落入同志情誼的巨大川流，想不出該如何應對才正確。	1933.10.19	德國政府正式向日內瓦行文宣佈退出國際聯盟。
	1933.10.26	《福斯日報》刊出八十八位德國作家共同簽字的效忠希特勒誓詞。
	1933.11.12	德國國會進行「改選」：選票僅列出單一候選人清單， 選民的選擇只有「是」或「否」。納粹所獲得的「支持率」為 92.1%。 德國公民投票通過退出國際聯盟（95.1%）。
考試結束之後與同梯受訓學員重聚，十分彆扭。	1933.12.1	納粹黨被立法規定為全德唯一合法政黨（「一黨國家」）。
	1933.12.23	國會大廈縱火案宣判，涉嫌縱火的凡．德．盧伯被判處死刑。
	1934.6.30	希特勒下令撲殺「突擊隊」（SA）領導階層（「長刀之夜」）。 「黑衫隊」（SS）從此成為納粹黨內的最大勢力。
	1939.9.3	英法兩國向德國宣戰。

試居巴黎，又返柏林，最後定居英倫。	1934.8.2	德國總統興登堡去世，希特勒成為德國國家元首。 德國「國防軍」向「元首及帝國總理」個人宣誓效忠。
	1939.9.3	英法兩國向德國宣戰。
《論德國的雙重性格》在英國出版，成為英國內閣人手一本的書籍。	1940.5.10	德、英、法三國開始交戰。

左岸｜人物257

一個德國人的故事（2017年新版）

1914-1933回憶錄

作　　者　賽巴斯提安・哈夫納（Sebastian Haffner）
譯　　者　周全
總 編 輯　黃秀如
特約編輯　王湘瑋
封面設計　黃暐鵬
內頁排版　宸遠彩藝

社　　長　郭重興
發行人暨出版總監　曾大福
出　　版　左岸文化／遠足文化事業股份有限公司
發　　行　遠足文化事業股份有限公司
23141新北市新店區民權路108-2號9樓
電　　話　02-2218-1417
傳　　真　02-2218-8057
客服專線　0800-221-029
E-Mail　service@bookrep.com.tw
左岸臉書　https://www.facebook.com/RiveGauchePublishingHouse/
法律顧問　華洋法律事務所 蘇文生律師
印　　刷　成陽印刷股份有限公司
初版一刷　2005年3月
二版一刷　2012年3月
三版一刷　2017年6月
三版三刷　2022年3月
定　　價　420元
ISBN　978-986-5727-56-7

國家圖書館出版品預行編目資料

一個德國人的故事：1914-1933回憶錄 / 賽巴斯提安・哈夫納(Sebastian Haffner)著；周全譯. -- 三版. -- 新北市：左岸文化出版：遠足文化發行, 2017.06
面；　公分. -- (左岸人物；257)

譯自：Geschichte eines Deutschen: Die Erinnerungen 1914-1933

ISBN 978-986-5727-56-7(平裝)

1. 哈夫納(Haffner, Sebastian)　2.傳記　3.德國史

743.255　　106007877